BIBLIOTHÈQUE JAPONAISE

LIBRAIRIE ET IMPRIMERIE
ci-devant
E. J. BRILL
LEYDE — 1896

BIBLIOTHÈQUE JAPONAISE.

BIBLIOTHÈQUE JAPONAISE

CATALOGUE RAISONNÉ

DES

LIVRES ET DES MANUSCRITS JAPONAIS

ENRÉGISTRÉS

À LA BIBLIOTHÈQUE DE L'UNIVERSITÉ DE LEYDE

PAR

le D͏ʳ. L. SERRURIER,

Directeur du Musée National d'Ethnographic Générale à Leyde.

LIBRAIRIE ET IMPRIMERIE
CI-DEVANT
E. J. BRILL
LEYDE — 1896.

IMPRIMERIE ci-devant E. J. BRILL, LEYDE.

PRÉFACE.

Régler sans abolir la tradition, réunir sans niveller, centraliser sans étouffer l'initiative: ce sont là des problèmes dont l'étude appartient à l'Administration. Le règlement de la Bibliothèque de l'Université de Leyde présente un cas de solution satisfaisante: les musées et les laboratoires, qui tous dépendent de l'Université, ont conservé le droit de recueillir des livres et des manuscrits par don et par achat, sans restriction aucune; seulement ceux-ci doivent être enrégistrés à la Bibliothèque de l'Université, qui les réclame au bénéfice des personnes qui désirent les consulter. Ainsi les livres, décrits dans le présent catalogue appartiennent-ils à différentes institutions; d'abord à la Bibliothèque elle-même, ensuite à la collection de livres orientaux, dite Legatum Warnerianum; puis au Musée National d'Ethnographie Générale et enfin au Herbier National (Rijks-Herbarium).

La présente collection de livres japonais a pris son origine dans le petit musée ethnographique, rapporté du Japon par M. J. Cock Blomhoff à son retour de l'île de Desima en 1824, où il avait rempli la fonction de chef de la factorerie hollandaise, et par M. J. F. van Overmeer Fisscher, ancien employé de la même factorerie, allé en retraite en 1831. Offert à l'État par la libéralité de S. M. le Roi des Pays-Bas, et conservé à la Haye pendant une longue série d'années, sous le nom étrange de „Cabinet de curiosités", ce musée fut incorporé au Musée National d'Ethnographie Générale à Leyde en 1883.

Les livres japonais de M.M. Cock Blomhoff et Van Overmeer Fisscher faisaient cependant depuis longtemps partie de la bibliothèque japonaise, que M. Ph. Fr. von Siebold en 1845 avait fondée à Leyde et vendue au Gouvernement Néerlandais avec une quantité considérable d'objets scientifiques, qu'il avait recueillis pendant son séjour prolongé au Japon. Le catalogue des livres, au nombre de 594, décrits par feu le dr. J. J. Hoffmann, fut publié par M. Von Siebold sous le titre de: Catalogus librorum et manuscriptorum japonicorum, Lugdunum Batavorum 1845. Plus tard, en 1861 une centaine de livres japonais, surtout des traductions japonaises d'ouvrages hollandais, recueillis par M. J. H. Donker Curtius, commissaire délégué du Gouvernement Néerlandais au Japon, fut achetée par l'État et jointe à la collection existante. On en trouvera cité le catalogue plus loin à la page 19 (description du n°. 58 a).

En 1881 par l'initiative de l'auteur du présent catalogue, les dictionnaires, les livres de grammaire, de littérature, d'histoire, de géographie, etc. furent cédés à la Bibliothèque de l'Université, tandis que le Musée Ethnographique ne conservait que les albums de dessins et les livres illustrés, dont le contenu fut jugé d'utilité pour l'étude de l'ethnographie japonaise. À partir de cette époque plusieurs acquisitions ont été faites. Je passe sous silence les dons fréquents de livres isolés, pour mentionner seulement les collections suivantes:

Les livres japonais laissés par feu le professeur J. J. Hoffmann, décédé en 1878, acquis par la Bibliothèque de l'Université.

Les albums de dessins japonais reçus en 1885 de M. L. Gonse par le Musée National d'Ethnographie en échange de quelques doubles de la collection Von Siebold.

La bibliothèque japonaise de feu M. le dr. K. W. Gratama, ci-devant professeur à l'école de médecine à Nagasaki, offerte en 1886 par sa veuve au Musée National d'Ethnographie, portée sur l'inventaire du Musée sous la série 578, et dont le catalogue a été publié par l'auteur du présent travail.

Les livres japonais laissés par feu le dr. A. J. C. Geerts, décédé en 1883, ci-devant professeur à la même école de médecine, achetés en partie par le Musée National d'Ethnographie, par le Legatum Warnerianum et par l'Herbier National (Rijks-Herbarium). Un catalogue de vente a été édité par l'auteur du présent catalogue en 1887, et publié chez E. J. Brill à Leyde.

Grâce au crédit, accordé par le Gouvernement sur la demande de mon Collègue M. le dr. W. N. du Rieu, directeur de la Bibliothèque de l'Université de Leyde, je suis à même de publier ma description de tous les livres japonais, qui se trouvent dans les collections nationales de Leyde. À la suite d'une série de circonstances imprévues j'ai été malheureusement obligé de rédiger et de faire imprimer le présent catalogue pour ainsi dire à la veille de mon départ pour Batavia, où je suis appelé à enseigner l'ethnographie à l'École Spéciale pour le Service Civil des Indes Néerlandaises, carrière que je me suis empressé de choisir à cause du refus de notre Chambre Législative, au mois de Décembre de l'an dernier, de voter un édifice convenable pour le Musée National d'Ethnographie. Quelques fautes d'impression, quelques légères inconséquences de rédaction, quelques descriptions un peu concises, où j'aurais voulu insister davantage, sont les traces d'un travail surmené. Aussi je me fais un devoir de reconnaître l'aimable concours de M. Louis D. Petit, conservateur à la Bibliothèque de l'Université de Leyde, toujours prêt à se livrer à toutes sortes de recherches bibliographiques au bénéfice de ceux qui s'occupent de la science, et qui, me consacrant une partie de son temps, a contribué à me faire arriver avant mon départ au terme de cette entreprise.

Le Japon entier, d'un bout à l'autre, le Japon à vol d'oiseau a été choisi sur la couverture pour symboliser le caractère du présent catalogue, qui embrasse toutes les phases, toutes les branches de la civilisation japonaise. C'est la reproduction d'une excellente xylographie de Kitawo Kei-sai Masayosi, non datée, mais publiée probablement vers la fin du siècle dernier (N°. 364 du présent catalogue). On voit se dessiner à l'horizon la vague silhouette des montagnes de la Corée. Les îles de Tsusima, qui forment pour ainsi dire le lien géographique de l'archipel avec le continent, viennent en tête de l'innombrable série des îles et des îlots, qui constituent l'Empire Japonais. À gauche la terre de Kiu-siu avec les îles de Yakusima et de Tanegasima, qui s'en détachent dans la direction du royaume de Lieou-kieou. Puis le détroit de Simonoseki — fameux dans l'histoire des relations étrangères — marquant l'extrémité de l'île principale, tordue et sinueuse comme le corps du dragon, projetant à droite et à gauche ses promontoires bizarres. Sur le premier plan le Fuziyama, le volcan poétique, élève sa cime neigeuse et sillonnée, et un peu plus à droite on voit la grande baie qui baigne la capitale, indiquée par deux chateaux. C'est là le centre de la composition; il y a des détails, des fleuves, des rizières, des forêts. Plus loin encore les vallées disparaissent, les profils des montagnes s'enchâssent les uns dans les autres, à mesure que la queue de l'île se perd dans le lointain fuyant, vis-à-vis des sinistres montagnes, des solitudes de Yezo.

Un petit croquis japonais termine le texte. Il représente le magasin du libraire, éditeur du Sai-kok' ziyun-rei sai-ken (voir le n°. 415). Les lambrequins de la façade nous apprennent le nom de la maison, trois fois écrit en jolis caractères; c'est la „boutique du chrysanthème", ou Kiku-ya. Un employé est en train de ranger le tirage le long du mur; un autre invite les passants à jeter un coup d'oeil à l'intérieur; un troisième sur l'arrière-plan, remplit la fonction de caissier, tandis que le maître de la maison, assis à la manière japonaise, s'occupe d'un prêtre à la tête rasée, qui vient d'entrer pour examiner les livres, étalés sur le sol. Deux autres clients se sont mis à leur aise et on leur sert du thé. Un écriteau porte la reproduction à large échelle d'une carte routière en guise de réclame, tandis que l'adresse de la maison se trouve affichée sur les parois d'une boîte d'annonces, placée à l'extérieur.

La transcription du syllabaire japonais en caractères romains est celle, adoptée pour le dictionnaire japonais du dr. Hoffmann, continué par l'auteur du présent catalogue; quelques concessions ont été faites à la prononciation, toutefois sans faire disparaître les traces de l'étymologie, qui dans l'orthographe adoptée des Anglais est rendue méconnaisable.

Pour la prononciation des caractères chinois, j'ai suivi les auteurs des livres, toutes les fois que cette prononciation se trouvait indiquée en kana japonais; voilà pourquoi le même caractère se trouve transcrit tantôt d'une façon, tantôt d'une autre.

Les livres manuscrits sont toujours signalés.

Les expressions „sinico-japonais classique", „sinico-japonais cursif", „caractères chinois peu cursifs" demandent une courte explication. Au lieu de désigner le genre d'écriture par un des termes en vogue dans la littérature indigène, j'ai préféré me borner aux deux formes principales: le genre carré ou classique et le genre cursif, en indiquant toutes les formes intermédiaires par la simple dénomination de „caractères chinois peu cursifs". J'ai appelé „sinico-japonais classique" le style, généralement adopté pour les travaux sérieux, c. à. d.: la forme carrée des caractères chinois, cachant les mots japonais dont les désinences paraissent en katakana, tandis que la succession des mots dans la phrase est marquée par des signes conventionels. Par „sinico-japonais cursif" nous avons à entendre la forme cursive des caractères chinois mêlée à l'écriture hiragana.

Le papier, dont les Japonais se servaient autrefois ne répond nullement à la mesure de nos feuilles; suivant l'exemple donné dans le catalogue de la bibliothèque Nordenskiöld nous avons donc indiqué les formats usuels d'une façon approximative.

L'absence d'informations au sujet de la date et du lieu de publication a été exprimée par les lettres s. l. e. d., en usage chez les bibliographes.

LEYDE, le 25 Juillet 1896.   SERRURIER.

TABLE DES MATIÈRES.

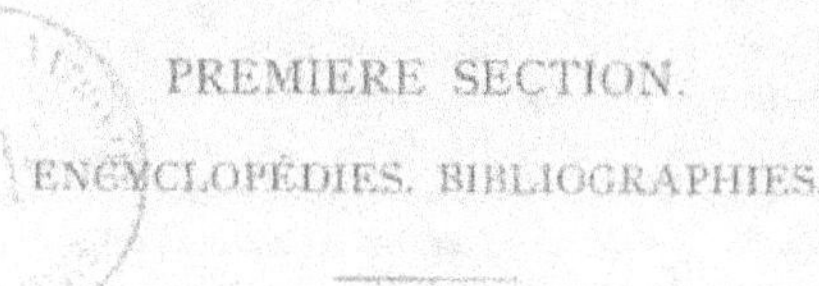

PREMIERE SECTION.

ENCYCLOPÉDIES. BIBLIOGRAPHIES.

Si j'avais voulu écrire un titre japonais en tête de cet ouvrage,
j'aurais choisi celui de „miroir de l'esprit japonais". En effet, la
civilisation du peuple japonais — peuple écriveur par excellence —
est réflétée comme dans une glace dans sa litérature où ses institutions
sociales, ses mœurs et ses coutumes, ses arts et ses métiers, en un
mot toutes les manifestations de la vie intellectuelle se trouvent dé-
peints avec un amour du détail qui caractérise l'Orient.

Ce sont surtout les encyclopédies qui nous donnent à vol d'oiseau
un aperçu de l'ensemble des connaissances locales, ensemble immo-
bile, crystallisé, se répétant sans cesse, j'usqu'à ce que l'Europe et
l'Amérique eussent réveillé le Japon, et ramené ce peuple intelligent
à une activité d'une étonnante puissance. Nous voyons se traduire
cette immobilité dans la fréquente apparition des éditions nouvelles
de la plupart des livres; et plus encore les différents auteurs se co-
pient les uns les autres en ajoutant des notes et des chapitres.

Tout classement systématique porte plus ou moins le caractère
d'un compromis; il est donc évident que certains livres, classés dans
une section du présent catalogue, se rapportent également à un des
autres groupes. Le caractère principal du livre a décidé le choix.
Ainsi il s'en trouve parmi les épistolaires qui pourraient être considérés comme de petites encyclopédies; tandis que les encyclopédies
contiennent en général un dictionnaire japonais-chinois dans les deux
écritures, classique et cursive, arrangé suivant l'alphabet japonais,
et subdivisé en groupes homologues d'après la conception nationale.

1. 和 漢 三 才 圖 會

Wa-Kan san-saidzu-e.

„Les trois règnes de la nature au Japon et en Chine". Nouvelle édition, considérablement augmentée de l'encyclopédie chinoise San-tsai tu-hui de Wang-khi, laquelle parut en 1609. L'éditeur japonais est le médecin Simayosi Ankô. Texte en sinico-japonais classique. Figures noires, 105 tomes en 80 volumes gr. in-8°. Ed. 1714. — Tome (et volume) 66, contenant la description des provinces Kôtsuke, Simotsuke, Hitatsi, Katsusa, Simosa et Ava, manque.

Une analyse de cet important ouvrage se trouve chez A. Rémusat, Notices et extraits des manuscrits, tome XI; un répertoire analytique très détaillé se trouve dans le catalogue des livres et manuscrits japonais collectionnés par M. A. Lesouef, Leyde 1887, et une liste des chapitres a été communiquée par M. de Rosny, page 261 de son Catalogue de la bibliothèque Nordenskiöld, Paris 1883.

2. 頭 書 增 補 訓 蒙 圖 彙

Kasira-gaki, zou-bo. Khi-mou dzu-i.

„Collection d'estampes à l'usage des enfants, édition augmentée et revue avec un texte explicatif en tête de chaque dessin". Petite encyclopédie. De méchantes gravures sont accompagnées de courtes explications, chaque page étant divisée en quatre parties du haut en bas, un texte et une série de gravures alternativement. Texte en caractères chinois peu cursifs et hiragana. Figures noires. 21 tomes en 7 volumes. in-8°. Miyako 1695; la préface est datée de 1666. Les tomes 15—18 font défaut.

2. a. Le même ouvrage. Edition de 1789 en 21 tomes ou 10 volumes in-8°. Les pages de cette édition assez soignée, sont seulement divisées en deux parties (texte et gravures). Tome XII et la première partie du tome XIII ont été publiés et traduits en français par l'auteur du présent catalogue. Leyde 1875.

3. 鶯 宿 梅

Uguisu yadoru muma.

„Le prunier logeant le rossignol." Petite encyclopédie. Texte en caractères chinois cursifs et hiragana. Planches en noir par Go-so-ken Tatsibana Morikuni († 1748). 7 volumes reliés ensemble. in-8°. Miyako 1740.

Mentionné par W. Anderson, Descriptive and historical catalogue

of a collection in the British Museum, London 1886, page 339 sous
le titre phonétique de Ô-shuku-baï.

4. 唐 土 訓 業 圖 彙
Morakosi kun-mou dzu-i.

„Aperçu des choses relatives à la Chine à l'usage des élèves,
illustré de dessins." Par Hirazumi Sen-an. Texte en caractères
chinois peu cursifs et hiragana. Figures noires par Tatsibana
Naramura Iuzei. 14 tomes en 10 volumes in-8°. Miyako 1796.
La première édition de 1719 est mentionnée par l'éditeur.

5. 倭 漢 節 用 無 雙 囊
Wa-Kan sets'-you mu-sau bukuro.

„Réticule incomparable de notions nécessaires des choses japonaises
et chinoises". Encyclopédie avec dictionnaire japonais-chinois. L'ouvrage
contient en outre une série de biographies des principaux généraux
du Japon et un traité héraldique. Par Sawai dzui san. Texte en
caractères chinois classiques et cursifs avec hiragana. Dessins en noir
de Simo-kawabé (1765—1791, catalogue Anderson p. 342). 1 vol.
pet. in-4°. Miyako, Yedo 1799.

6. 萬 代 節 用 字 林 寶 藏
Man-dai sets'-you. Zi-rin bau-zau.

„Le nécessaire de tous les âges et le trésor de la forêt littéraire."
Encyclopédie populaire, contenant toutes sortes de notions sur les arts
et métiers, la politesse, la vie sociale, les rangs, la science héraldique,
etc. Une grande partie de l'ouvrage est occupée par un dictionnaire
japonais-chinois. Le livre se termine par une série de chapitres voués
aux sciences occultes, l'astrologie, les pronostics, etc. Mauvaise impression en sinico-japonais cursif. Vignettes en noir. 1 vol. pet. in-4°.
Miyako 1806.

7. 萬 海 節 用 字 福 藏
Man-kai sets-you zi-fuku-zau.

„Magasin de ce qui est nécessaire partout au monde". Encyclopédie avec dictionnaire japonais-chinois; le livre contient un chapitre
assez volumineux sur des sujets astrologiques et un epistolaire calli-
graphique (en chinois cursif avec transcription juxtalinéaire en hiragana). Figures noires. 1 vol. pet. in-4°. Ohosaka 1808.

8. 增 字 百 倍 萬 寳 節 用 富 貴 藏

Zou-zi hiyaku-bai. Man-bau sets'-you fu-ki-zau.

„Magasin bien garni des choses précieuses et utiles, édition augmentée de plusieurs centaines de caractères", Encyclopédie avec dictionnaire japonais-chinois qui en forme la partie principale; l'encyclopédie se borne à de courtes notices surtout sur les cérémonies de la vie sociale. Texte en caractères chinois classiques et cursifs avec hiragana. Dessins en noir de Simo-kawabé Ziu-sui, le fils, voir le n°. 5. 1 vol. pet. in-4°. Deuxième édition. Miyako 1811 (la première était de 1788).

9. 博 物 筌

Haku-buts'-zen.

„La nasse du savoir". Encyclopédie. La matière est divisée en 13 chapitres arrangés suivant l'alphabet japonais. Par Ran-zai Yamasaki Uyemon. Texte en caractères chinois classiques avec katakana. 1 vol. in-16°. obl. Ohosaka. Miyako 1817. La préface est empruntée à une édition antérieure et datée de 1768.

10. 類 聚 百 人 一 首 教 文 庫

Rui-yeu Hiyak'-nin i'-ssiu keu-mon-ko.

„Bibliothèque instructive de l'anthologie des cent poètes, édition appelée: feuilles hétérogènes". Encyclopédie spécialement destinée au sexe féminin contenant les matières suivantes: Joujoux. Habillements et parures des femmes. Les arts et métiers féminins. Les six fleuves et montagnes célèbres. Conseils pour femmes enceintes. L'éducation graduelle des enfants. Portraits de femmes vertueuses de l'antiquité chinoise. Poèmes japonais sur les quatre saisons. Le style épistolaire variant avec les saisons. L'origine du miroir dans le Sintoïsme. L'impératrice Zin-gu et les femmes chastes en général. Huit dessins de femmes représentées dans différentes occupations avec épigrammes. Traité sur une espèce d'écriture secrète, où la succession des caractères est indiquée par leur grandeur relative. Les événements périodiques pendant le cours d'une année. Les cent poètes (portraits et poèmes). Les trois dieux de la chanson. Les femmes intelligentes du Japon. La fête appelée Kiyok-sui. Les occupations féminines. Les coutumes du mariage. Les devoirs de la femme mariée. Les instruments de musique. Les proverbes arrangés par ordre alphabétique avec illustrations. Trente-six poètes. L'harmonie des caractères entre mari et femme. Les noms poétiques des mois.

Mauvais tirage, texte chinois en caractères classiques et hiragana, planches en noir, frontispice en couleurs. 1 vol. gr. in-8°. en étui. Yedo, Ohosaka 1817.

11. 萬 會 節 用 百 家 象 選
Man kuwai sets'-you hiyak'-ka zau-sen.

„Collection populaire de toutes sortes de choses utiles". Ce livre contient un aperçu de la noblesse, une chronique des Siyô-gun, une énumération des principaux sanctuaires sintoïstes, des prescriptions pour la durée du deuil, un catalogue des fêtes calendaires, etc., etc.

La première partie du premier volume port le titre de 玉海節用, Kiyok'-kai sets'-you. „Une mer de jade de choses utiles", titre également ment écrit en tête du second volume, étant un dictionnaire japonais-chinois (caractères classiques avec katakana, caractères cursifs avec hiragana). La deuxième partie du premier volume porte le titre de 文林節用筆海 Bun-rin sets'-you hi'-kkai, „l'Ocean de la calligraphie de tout ce qui est utile dans la forêt de la littérature"; titre également écrit en tête du troisième volume, qui contient les phrases usitées dans le style épistolaire, arrangées par ordre alphabétique. Sinico-japonais cursif. Figures noires. 3 vols. gr. in-8°. Yedo, Ohosaka 1818.

12. 都 會 節 用 百 家 通
To-kuwai sets'-you hiyak'-ka tsuu.

„Encyclopédie urbaine pour tous les rangs de la société", avec dictionnaire japonais-chinois. Des monogrammes d'artistes et emblèmes héraldiques occupent dans ce livre une place assez étendue; il se termine par une topographie des trois villes principales du Japon et un tableau des noms propres avec leurs équivalents en caractères archaïques. Sinico-japonais cursif. Figures noires par Ta u-ta u-kei. 1 vol. pet. in-4°. Tôkyô. Ohosaka 1819, nouvelle édition par Kama Siyô-ka à Tôkyô.

L'éditeur fait mention d'une première édition de 1801 compilée par les sociétés savantes des trois villes Miyako, Yedo et Ohosaka et rédigée par Taka Asiya à Ohosaka.

13. 大 日 本 永 代 節 用 無 盡 藏

Dai Nippon ei-tai sets'-you mu-zin-zau.

„Magasin inépuisable de tout ce qui est en tout temps important au Japon". Compendium de la civilisation japonaise, avec dictionnaire japonais-chinois. Texte en plusieurs genres d'écriture. Par Hori Gen-fu-si. Figures noires et en couleurs. 1 vol. pet. in-4°. Retaillé en bois et publié en 1849, en vente à Yedo et à Miyako. L'éditeur mentionne une première édition de 1831.

Une table analytique de cette encyclopédie se trouve dans le Catalogue de la bibliothèque Nordenskiöld publié par M. L. de Rosny, Paris 1883.

14. 江 戶 大 節 用 海 內 藏

Yedo dai sets'-you kai-nai zau.

„Grand magasin d'Yédo de ce qui est nécessaire en déça des quatre mers" (c.-à.-d. le Japon). Encyclopédie très-populaire, avec dictionnaire japonais-chinois. Ce livre contient entre autres un cours d'histoire, de mythologie, de géographie, de science héraldique, d'histoire naturelle. Sinico-japonais cursif; excellente exécution xylographique. Figures noires et en couleurs, 2 vols pet. in-4°. Yedo, Miyako, Ohosaka 1863. Les éditions antérieures de 1704 et de 1835 sont mentionnées par l'éditeur.

Une table analytique a été publiée par M. de Rosny, voir le numero précédent.

15. 大 福 節 用 無 盡 藏

Dai-fuku sets'-you mu-zin sau.

„Magasin inépuisable de tout ce dont on a journellement besoin". Encyclopédie avec dictionnaire japonais-chinois par Ta-ura Dai-an. En plusieurs genres d'écriture. Planches noires et en couleurs. 2 tomes en 1 vol. gr. in-8°. Miyako 1863.

16. 古 今 和 漢 万 寶 全 書

Ko-kin Wa-Kan man-bau ben-siyo.

„Manuel complet de toutes les choses précieuses japonaises et chinoises, anciennes et modernes". Cette encyclopédie contient principalement des notices biographiques sur les peintres du Japon et de la

Chine, sur les calligraphes, les célèbres potiers, des données sur les anciennes monnaies, sur les monogrammes des armuriers, etc. Sinico-japonais cursif. Figures noires. Yedo et Ohosaka. Nouvelle édition de 1845. L'éditeur fait mention des éditions antérieures de 1718, 1755 et 1770.

17. 女 用 至 宝 都 名 所 盡
Dziyo-you si-bau. Miyako mei-siyo tsukusi.

„Description complète des endroits célèbres de la ville de Miyako, cours précieux d'enseignement à l'usage des jeunes filles". Petite encyclopédie pour le sexe féminin, formant un abrégé du contenu des grandes encyclopédies, en particulier de celle portée sous le numéro 10. Par Ikéda To-uri-sai. Sinico-japonais cursif. Gravures en noir; deux frontispices en couleurs. 1 vol. in-12°. Miyako, Ohosaka 1824.

18. 女 智 惠 袋
Dziyo-tsi-ye fukuro.

„Réticule de l'esprit féminin". Encyclopédie à l'usage des dames, contenant tout ce qui a rapport aux connaissances féminines, surtout à la poésie. Sinico-japonais cursif. Planches noires; frontispice en couleurs. 1 vol. gr. in-8°. s. l. e. d.

De pareils recueils nous montrent la fausseté de l'assertion que l'étude du chinois serait exclue de l'éducation des jeunes filles.

19. 彙 刻 書 目
I-koku siyo-moku.

Catalogue de livres xylographiés imprimés en Chine sous la dynastie des Mandschu's. Publié dans la quatrième année de Kiä-king (1799) par Ku sieû lo. Caractères chinois classiques, 10 vols. pet. in-8°. Réimprimé au Japon en 1818.

20. 合 類 書 籍 目 錄
Go-rui siyo-riyak' mok'-roku.

Catalogue de livres. Aperçu systématique de la littérature japonaise. Caractères chinois classiques. 12 vols. in-12°. obl. Ohosaka 1801.

21. 近 代 名 家 著 述 書 目 録

Kin-tai mei-ka tsiyo-ziyuts'-siyo mok'-roku.

„Catalogue de livres, publiés dans les temps derniers par des Japonais célèbres". Il contient une énumération de 360 noms d'écrivains arrangés par ordre alphabétique avec les titres de leurs ouvrages sur l'histoire, les sciences naturelles, la littérature chinoise, etc. A la fin de l'ouvrage se trouve une liste de 37 bonzes avec les titres de leurs écrits théologiques. Caractères chinois classiques. 5 vol. in-16°. obl. Yedo 1836.

22. 蔵 書 目 録

Zau-siyo mok'-roku.

Catalogue d'une bibliothèque japonaise. Caractères chinois classiques et katakana. Une longue feuille pliée en forme de paravent entre deux couvertures en bois laqué. s. l. e. d.

23. 和 漢 書 画 一 覧

Wa-Kan siyo-kuwa itsi-ran.

„Aperçu des auteurs et des artistes japonais et chinois"; avec de courtes notices biographiques sur les fameux calligraphes, médecins, prêtres, maîtres des cérémonies, etc. Caractères chinois classiques et katakana. 1 vol. in-16°. obl. 1° et 5° éditions s. l. 1787 et 1821. Les autres éditions mentionnées dans le livre datent de 1800, 1809 et 1814.

24. 文 藝 類 纂

Bun-gei rui-san.

„Compilation sur la littérature et les beaux arts". Les deux premiers volumes traitent de l'écriture et de la calligraphie, les deux suivants des différents genres de littérature; ensuite viennent deux volumes sur l'enseignement des arts et des sciences, les deux derniers sur les ustensiles pour la peinture et la reproduction des dessins. Caractères chinois classiques et hiragana; par Yanagibara Yosino. Publié par ordre du Ministère de l'Instruction publique. Planches noires et en couleurs. 8 vols. gr. in-8°. s. l. 1878.

DEUXIÈME SECTION.

DICTIONNAIRES ET VOCABULAIRES, MANUELS DE CONVERSATION. GRAMMAIRES. CALLIGRAPHIE. ÉPISTOLAIRES. ABÉCÉDAIRES, LIVRES D'ENSEIGNEMENT ET D'ÉDUCATION.

Pour la langue japonaise littéraire intimement liée au chinois, et pour cette raison appelée sinico-japonaise, il est à distinguer deux espèces de dictionnaires: ceux où les caractères chinois sont interprétés soit en chinois, soit en japonais, et ceux où les mots de la langue japonaise sont expliqués par leurs synonymes chinois. Les premiers sont généralement arrangés suivant les clefs de la langue chinoise, ils donnent la signification (yomi), la prononciation (koye) d'après deux dialectes chinois (de HAN et de U), le ton et la rime; les deux derniers sans autre importance que pour le méchanisme des poésies chinoises. Les derniers sont ordinairement arrangés suivant l'irova et subdivisés soit d'après le nombre des syllabes, soit en groupes homologues dans la conception japonaise, à savoir: 1° le ciel et la terre; 2° les divisions du temps; 3° la religion; 4° le gouvernement; 5° les noms de famille; 6° rapports et actes humains (parenté, emplois, métiers, etc.); 7° le corps humain; 8° le vêtement; 9° nourriture et boissons; 10° matières premières et ustensiles; 11° les animaux; 12° les végétaux; 13° les nombres, poids et mesures; 14° locutions. Pour quelques dictionnaires japonais de date moderne l'arrangement scientifique ou sanscrit a été adopté.

Parmi les dictionnaires il y en a qui se rattachent aux grammaires et où l'étymologie occupe une place prédominante; ils contiennent une foule de renseignements excellents, mais doivent être consultés avec une extrême prudence; d'abord les étymologies sont-elles en

grande partie absurdes, et ensuite sont traités comme mots indépen-
dants les désinences appartenant au méchanisme de la langue, formes
verbales liées aux racines par l'agglutination, comme l'a savamment
démontré feu le docteur Hoffmann.

Les Japonais, compilateurs acharnés, ont publié une foule de vocabulaires spéciaux: vocabulaires des synonymes de la langue poétique
et du vieux japonais, d'histoire naturelle, de technologie, etc. Ils ont
été portés sur le présent catalogue à la suite des livres au contenu
desquels ils se rapportent.

La connaissance de la langue hollandaise jusqu'au milieu du 18e
siècle interdite à tout autre qu'aux membres du collège des interprètes à Nagasaki, qui étaient obligés de la transmettre verbalement
de père en fils, a néanmoins fait de rapides progrès et fut largement
répandue au Japon dès l'abolition du décret prohibitif, surtout dans
le but de consulter la littérature médicale et stratégique de l'Europe;
plusieurs dictionnaires, une foule de traductions mentionnées dans le
présent catalogue en sont la preuve. L'usage des caractères romains ayant
été interdit au commencement, on a transcrit les mots étrangers en
katakana; méthode absolùment défectueuse, rendant ces mots presque
inintelligibles, et qui malheureusement s'est perpétuée pendant un siècle.

Les manuels de calligraphie rentrent dans le groupe des épistolaires; une lettre étant à la fois une œuvre d'art et d'esprit. Ces
derniers se rattachent aux livres d'éducation, partant du principe en
vogue au Japon sous l'ancien régime: le style c'est l'homme. Les
livres d'éducation du Japon féodal sont de petites encyclopédies aux-
quelles on a ajouté de fameux traités de morale, rédigés dans un
esprit de rationalisme chinois.

25.   頭   書   字   彙

Tou-siyo zi-i (tsae lui ou tsze wei).

„Dictionnaire garni de notes en tête des pages". Explication des
caractères de la langue chinoise en chinois, par le Chinois Mei-ing
tsû 1615. Edition en sinico-japonais classique. 7 vols. de texte, 1
vol. de préface, et 1 vol. de supplément, en tout 9 vols. pet. in-4°.
s. l. 1672; les vols. 2, 6, 9—11 manquent.

Une description de ce livre se trouve chez Fourmont, Catal. libr.
Bibl. Regiae sinicorum et chez J. Klaproth, Verzeichniss der Chinesischen und Mandschuischen Bücher und Handschriften der Kgl. Bibl.
zu Berlin p. 122.

26. 增 續 大 廣 益 玉 篇

Zou siyoku dai kuwau-yeki giyoku-ben.

„Feuilles précieuses (c. à. d. dictionnaire chinois-japonais) avec supplément, considérablement augmenté". Par Mori Tei-sai. Caractères chinois classiques et katakana. 12 vols. in-8°. Miyako 1691.

27. 增 新 字 林 玉 篇

Sin-zau zi-rin giyok'-ben.

„Feuilles précieuses pour la forêt des caractères (la langue chinoise), édition nouvelle et augmentée"; dictionnaire chinois-japonais
par Kamada Tei-san. Caractères chinois classiques et katakana.
1 vol. in-12°. obl. Ohosaka 1820; suivant l'éditeur la première édition
date de 1797.

Ce livre a été reproduit par de Siebold et Hoffmann sous le titre
de Novus et auctus literarum ideographicarum thesaurus, Leide 1834
dans la Bibliotheca Japonica.

28. 字 林 玉 篇

Zi-rin giyok'-ben.

Dictionnaire chinois-japonais, par Yamasaki et Hanabusa
Tsiu. Caractères chinois classiques et katakana. Réédition du numéro précédent. 1 vol. in-12°. obl. Yedo, Ohosaka 1856.

29. 删 定 增 補 小 字 彙

San-tei zou-ho seu zi-i.

„Petit dictionnaire chinois-japonais, corrigé et augmenté". Caractères chinois classiques et katakana. 1 vol. in-12°. s. l. e. d.

30. 眞 字 玉 篇 大 成

Sin-zi giyok'-ben dai-sei.

„Feuilles précieuses contenant les vrais caractères (forme carrée ou
classique) de la langue chinoise". Dictionnaire chinois-japonais. L'auteur a voulu perfectionner l'arrangement suivant les clefs en inventant
des sous-clefs. Caractères chinois classiques et katakana. 1 vol. in-12°.
obl. en étui. Ohosaka 1808.

31. 天 明 新 刻 増 補 字 彙 畫 引 大 成

Ten-mei sin-koku zou-bo zi-i kuwak'-in dai-sei.

„Vocabulaire arrangé suivant le nombre des traits des caractères, édition augmentée et nouvellement gravée pendant la période Tenmei (1781—1788)". Dictionnaire chinois-japonais. Caractères chinois classiques et katakana. 1 vol. pet. in-8°. obl. 1784.

32. 直 草 字 引 大 成

Sin-zau zi-biki dai-sei.

„Dictionnaire chinois-japonais très complet, donnant le caractère classique avec la forme cursive", la prononciation et la synonymie japonaise en hiragana. 2 vols. in 8°. reliés ensemble. Miyako 1820. La première édition de 1707 est mentionnée par l'éditeur.

33. 會 玉 篇 大 全

Kuwai giyok'-hen dai-zen.

„Le grand livre des bijoux réunis", dictionnaire chinois-japonais avec commentaire en tête de chaque feuille; explication en caractères chinois et japonais, forme classique et katakana. Par Mou-ri Tei-sai. 2 vols. in-8°. s. l. 1780. La première édition de 1735 est mentionnée dans le livre.

34. 學 語 論

Gak' go-ron.

Dictionnaire des mots composés chinois en usage au Japon. Arrangé par groupes homologues; par Tsiku Ziyau. Caractères chinois classiques et katakana. 2 vols. reliés ensemble. pet. in-8°. s. l. 1772.

35. 經 學 扳 錦 國 字 解

Kei-gaku batsu-kin koku-zi kai.

„Fleurs choisies des études classiques expliquées en kana". Explication des mots composés de la langue chinoise en usage au Japon. Les feuilles de ce dictionnaire ont été découpées et collées dans un album pet. in-4°. Sans date.

36.　落　葉　集

Raku yeu siu.

„Feuilles tombées". Dictionnaire chinois-japonais des mots composés,
suivi d'un vocabulaire japonais-chinois, d'une liste des fonctionnaires
et des provinces du Japon, le tout en sinico-japonais cursif, arrangé
suivant l'irova, et *imprimé en types mobiles*. Publié par les RR. PP.
Jésuites au Japon. Titre latin: Racuyoxu in collegio Japonico Socie-
tatis Jesu cum facultate superiorum Anno 1598. 1 vol. relié gr. in-8°.
L'exemplaire porte la note suivante: ex legato illustris viri Josephi
Scaligeri. Le Dr. de Siebold, bien que résidant à Leide, n'a pas vu
ce livre assez rare; sur l'autorité de Thunberg il en cite un exemplaire conservé à Paris, dans son Isagoge in Bibliothecam Japonicam p. 16.

37.　譯　文　筌

Yeki-mon-zen.

„Nasse de caractères traduits"; explication en japonais des synonymes de la langue chinoise. Par S o r a i. Caractères chinois classiques et katakana. 6 tomes en 3 vols. in-8°. s. l. 1715.

38.　和　漢　音　釋　書　言　字　考　合　類　大　節　用　集

Wa-Kan on-seki Siyo-gen zi-kau Zav'-rui dai-sets'-yon siv'.

Dictionnaire des mots et des expressions qui se trouvent dans les
livres avec leur synonymie japonaise et chinoise. Arrangé suivant
l'irova et subdivisé en groupes homologues. Par M a k i n o s i m a
T e r u - t a k e; revu par K o m a t a n i S a u - z i n. Caractères chinois
classiques et katakana. 10 vols. in-8°. Miyako, Yedo, Ohosaka 1717.
Deux éditions du même ouvrage de 1766 et de 1856 sont en 13 vols.
Une copie de ce livre faite par le chinois Ko-tsching-dschang a été
reproduite dans la Bibliotheca Japonica de M. M. de Siebold et Hoffmann. Leide 1833—41 sous le titre de Thesaurus linguae japonicae.
Une concordance des éditions japonaise et hollandaise avec registre
alphabétique des mots japonais, pour faciliter la recherche a été
publiée par M. M. Severini et Puini sous le titre de Repertorio sinico-
giapponese, Florence 1875.

39. 早 引 節 用 集

Hayabiki sets'-you siu.

„Manuel pratique". Dictionnaire japonais-chinois donnant seulement la synonymie presque sans commentaires. Arrangé suivant l'irova et subdivisé d'après le nombre des syllabes. Le dictionnaire se termine par des listes des noms poétiques des mois, des noms de famille, des nen-gou (période chronologiques), des fonctionnaires etc.

Par Yori-giri San-zin, les éditions postérieures par Asada Kuwan-zan. 1 vol. in-12°. obl. Yedo, Miyako, Obosaka. Éditions de 1817, 1823, 1827, 1847—1851, 1860, 1864. A l'exception de celle de 1823 le titre de toutes les éditions est précédé par les mots 大全 dai-zen „très complet".

40. 早 引 永 代 節 用 集

Hayabiki ei-tai sets'-you siu.

„Manuel perpétuel et pratique". Dictionnaire dans le genre de celui porté sous le numéro précédent; arrangé suivant l'irova, et subdivisé en groupes homologues. Par Yamasaki Kiu. 1 vol. in 12°. obl. Yedo 1850 3e édition. L'éditeur fait mention des tirages de 1830 et de 1843.

41. 大 全 早 字 引 節 用 集

Dai-zen haya-zi-biki sets'-you siu.

„Glossaire pratique très complet". Dictionnaire dans le genre de celui mentionné sous le numéro 39. Le livre se termine également pas une série de listes de noms propres et communs. Figures noires. 1 vol. in-12°. obl. 3e édition s. l. 1859. L'éditeur fait mention des tirages de 1843 et de 1854.

42. 早 引 増 字 節 用 集

Hayabiki zou-zi sets'-you siu.

„Manuel pratique riche en articles". Dictionnaire dans le genre du précédent. Le livre commence par une série de fameux paysages, une description illustrée de fêtes religieuses et seigneuriales et une série de biographies d'hommes illustres civils et militaires. A la suite du dictionnaire se trouve une encyclopédie. Planches en noir et en couleurs. 2 vols. in-12°. obl. Yedo 1863.

43. 偶 奇 假 名 引 節 用 集

Teu-han Kanabiki-sets'-you siu.

„Manuel arrangé suivant les syllabes pairs ou impairs". Dictionnaire japonais-chinois, donnant seulement la synonymie et la définition presque sans commentaires. Les mots sont arrangés en deux classes selon qu'ils se composent d'un nombre pair ou impair (teu-han) de syllabes (kana). Le dictionnaire est suivi d'une série de listes de noms propres et communs. Genres d'écriture comme le n°. 39.

Par Tanaka Nobu. Les premières pages manquent. 1 vol. pet. in-8°. obl. Yedo, Miyako, Ohosaka 1820. L'éditeur mentionne un tirage antérieur de 1802.

44. 雜 字 類 編

Zatsu-zi rui-ben.

Dictionnaire japonais-chinois arrangé suivant l'irova et subdivisé en groupes homologues. Caractères chinois classiques et katakana. Par Han-ai Dou no Siyu-zin. 2 vols. in-8°. Yedo, Miyako 1786.

45. 和 訓 栞

Wa-gun no siwori.

„Indicateur des études japonaises", Grand dictionnaire étymologique de la langue japonaise. Par le fameux grammairien Moto-ori no Norinaga. Arrangé suivant l'alphabet sanscrit. Caractères chinois classiques et hiragana. 36 tomes reliés en 9 vols. Miyako, Yedo 1830. Avec supplément contenant la série des voyelles et les séries K. et S. formant chacune un vol. relié, les volumes 13 et 14 contenant les syllabes Ta et Tsi non reliés. Le supplément a été achevé en 1862. En tout 14 vols. pet. in-4°.

46. 雅 俗 幼 學 新 書

Ga-zoku you-gaku sin-siyo.

„Le nouveau livre de la langue classique et vulgaire pour la jeunesse". Dictionnaire japonais-chinois, arrangé suivant l'irova et subdivisé en groupes homologues. Caractères chinois classiques et katakana. Par Fuu Sai Mori. 2 vols. in-8°. Yedo, Miyako, Ohosaka 1854. Enveloppe illustrée à l'encre de Chine.

47. 和 名 類 聚

Wa-mei rui-siyu.

„Les mots de la langue japonaise arrangés par classes". Explication et synonymie en sinico-japonais classique. Arrangé en groupes homologues. Par Minamoto no Sitagavu, 5 vols. pet. in-4°. Yedo 1617. Une autre édition du même ouvrage est datée de 1851.

48. 稚 言 集 覽

Ga-gen-siu tan.

„Revue des mots classiques". Dictionnaire japonais arrangé suivant l'irova. Les mots sont expliqués en sinico-japonais cursif. Par Isikawa Ga-bau. 3 vols. in-8°. La préface est datée de 1812. Les lettres Va—To et Ka—Ta font défaut. Le livre finit avec la lettre Ne à cause de la mort de l'auteur. Par les soins de feu le Dr. Hoffmann le manuscrit de la partie inédite a été acquis pour l'Université de Leide; le manuscrit consiste en 100 cahiers gr. in-8°. et commence par la lettre Yo. Tous les cahiers ont été plus ou moins sérieusement endommagés par le feu.

49. 增 補 伊 呂 波 韻

Zou-ho Irova in.

„Dictionnaire phonétique de la langue japonaise". Arrangé suivant l'irova et subdivisé en groupes homologues. Explication et synonymie en caractères chinois classiques et katakana. Édition de poche. 1 vol. in 12°. Miyako 1784. L'éditeur fait mention d'un tirage de 1774.

50. 語 彙

Go-i.

Dictionnaire de la langue japonaise. Explication et synonymie des mots en caractères chinois classiques et hiragana. Arrangé suivant l'alphabet sanscrit. Seulement la lettre A. 5 vols. Avec 2 vols. de supplément contenant un traité sur les verbes auxiliaires et un tableau de la conjugaison du verbe. En tout 7 vols. gr. in-8°. Publié par le Gouvernement japonais, Tôkyô 1871. Resté inachevé. Ce dictionnaire a servi à feu M. le Dr. Hoffmann pour la rédaction de la première lettre de son dictionnaire.

51. 摩 光 韻 鏡

Ma-kuwau un-kei.

„Miroir poli et brillant de la phonétique" (chinoise). En sinico-japonais classique. Par Bun-iu Sokei, religieux du couvent de Ren-siyau-si à Miyako, qui pendant dix années a habité la Chine, dans le but d'y poursuivre des études de linguistique. 2 vols. pet. in-4°. Nouvelle édition, s. l. 1787. La première édition de 1744 est mentionnée par l'éditeur.

52. 柳 園 叢 書

Yagi-sono zou-siyo.

„Les écrits réunis du parc aux saules" (Yagi sono ou Yanagi sono) allusion puérile au nom de l'éditeur Yanagawa ou Yanagi gawa, c.-à-d. fleuve du saule. Le livre contient un exposé des parties du discours, suivi d'un tableau de la conjugaison du verbe japonais. En caractères chinois classiques et katakana. Par Suzuki Akira. 1 vol. in-8°. s. l. e. d.

53. 助 語 審 象

Ziyo-go sin-zau.

„Recherches sur la nature des mots auxiliaires" (de la langue japonaise), d'après l'instruction verbale de Kitsuyen Miyake. Caractères chinois classiques et katakana. 3 vols. pet. in-8°. Yedo, Owari, Ohosaka 1817.

54. 語 學 新 書

Go-gaku sin-siyo.

„Le nouveau livre de la grammaire" (japonaise). Deuxième titre ou 一 名 itsi-mei:

西 洋 仮 字 必 讀

Sai-yau han-zi hitsu-toku.

„Enseignement nécessaire des parties du discours suivant la méthode de l'Occident". Grammaire japonaise; en caractères chinois classiques et hiragana. Par Nakabayasi Tsurumine. 1 vol. gr. in-8°. Miyako, Yedo, Ohosaka 1833.

55. 詞 八 衢

Kotoba no yatsimata.

„Le carrefour du langage". Traité de grammaire japonaise. Par Moto-ori Haru-niwa. Avec supplément portant le même titre, suivi des caractères 補遺 ho-i (supplément) par Nakasima. En tout 4 vols. gr. in-8°. Miyako, Yedo, Ohosaka 1858. L'éditeur fait mention d'une édition de 1807 par Uyematsu no Arinobu.

56. 日 本 小 文 典

Nihon siyau bun-ten.

Petite grammaire de la langue japonaise. En caractères chinois classiques et katakana. Par Nakane Siyuku. 2 vols. in-8°. Tôkiyô 1876.

57. 日 本 語 學 階 梯

Nihon go-gaku kai-tei.

„Méthode graduée pour apprendre la langue japonaise". En caractères chinois classiques et katakana. Par Horihide Nari. 2 tomes et un appendice contenant des tableaux de conjugaison, en tout 3 vols. in-8°. Tôkiyó 1877.

58. 蠻 語 箋

Ban-go-sen.

„Liste de mots barbares". Vocabulaire japonais-hollandais. Les articles sont arrangés par groupes homologues; les mots hollandais en katakana, l'explication en sinico-japonais classique. Par Katsuragawa Hosan. L'ouvrage se termine par un vocabulaire de géographie. 1 vol. pet. in-8°. s. l. 1798.

58a. 改 正 蠻 語 箋.

Kai-sei Ban-go-sen.

Édition revue et corrigée de l'ouvrage précédent; la transcription des mots hollandais en italiques y est ajoutée. Le deuxième volume contient un abrégé des principales parties de discours, une série de locutions et quelques dialogues (déjà publiés chez Overmeer Fischer, Bijdrage tot de kennis van het Japansche Rijk, Amsterdam 1833) par

Issok 'An. 2 vols. pet. in-8°. s. l. 1848. L'auteur de l'édition de 1850 est retourné à la déplorable méthode d'écrire les mots hollandais en kana (katakana et hiragana) en omettant la transcription de l'édition de 1848. Yedo. 1 vol. pet. in-8°.

Pour les dictionnaires, grammaires etc. rédigés et publiés par le collège des interprètes à Nagasaki, et en général pour les traductions de livres hollandais en japonais, mentionnées à plusieurs reprises dans ces feuilles, il est à consulter le mémoire sur la bibliothèque Donker Curtius, de feu le Dr. Hoffmann, publié par l'auteur du présent catalogue dans le périodique de l'Institut pour les sciences des Indes Orientales, à la Haye (Bijdragen tot de taal-, land- en volkenkunde van Nederlandsch-Indië. 4de Volgreeks VI. 1883), sous le titre „Verzameling van japansche boekwerken".

59.

„Nieuw verzameld Japans en Hollandsch woordenboek", c.-à-d. Nouveau dictionnaire japonais-hollandais, par Minamoto Masataka, prince de Nakats', imprimé aux frais du prince „par son serviteur" Kamiya Hiroyosi et avec le concours de B. Sadayosi, interprète de la factorerie de Desima. Les mots sinico-japonais en forme classique, arrangés suivant l'irova et subdivisés en groupes homologues sont expliqués en hollandais (caractères romains). 5 vols. gr. in-8°. 1810. Voir le n°. 86.

60.

„Nieuw gedrukt Bastaardwoordenboek". Dictionnaire des mots d'origine étrangère en usage en Hollande. Par Ohoye Sunto, médecin du prince de Nakats', d'après le 1er volume de L. Meyer's Woordenschat. Arrangé suivant l'alphabet, explications en sinico-japonais classique des mots étrangers écrits en caractères romains. Facsimile d'une préface hollandaise écrite par le prince lui-même, datée 1822. 2 vols. gr. in-8°. s. l.

61. 譯 鍵

Yak'-ken.

„La clef de l'interprète". Dictionnaire hollandais-japonais. Arrangé par ordre alphabétique, les mots hollandais en caractères romains, expliqués en sinico-japonais classique. Par Fudzibayasi Daisuke, 2 vols. gr. in-8°. Miyako 1810. Un des exemplaires avec notes manuscrites.

62. 江 戸 ハ ル マ

Yedo Halma.

Dictionnaire hollandais-japonais. Arrangé par ordre alphabétique;
les mots hollandais en caractères romains, explications en sinico-
japonais classique. Ce dictionnaire a été fait par le collège des interprètes à Nagasaki, sous la présidence de Hendrik Doeff, en suivant le dictionnaire hollandais-français de Fr. Halma, Amsterdam 1717.
Publié à Yedo environ 1818. Le même ouvrage copié à la main —
les exemplaires imprimés étant assez chers — par quelque savant
désirant déchiffrer la littérature médicale de la Hollande. 15 vols.
gr. in-8°. Voir De Siebold Isagoge p. 21. Ainsi parut, après quelques
tentatives plus ou moins abortives, non pas le premier dictionnaire
japonais en une langue européenne — celui des RR. PP. Jésuites qui
a servi de base au travail de L. Pagès lui fut antérieur de deux
siècles — mais le premier lexique d'utilité pratique pour les gens du
pays, servant à leur dévoiler les secrets de la science de l'Europe.

63.

Dictionnaire hollandais-japonais. M. S. Les mots des deux langues
écrites en italiques seulement. Arrangé par ordre alphabétique. Rédigé
par les soins de M. Cock Blomhoff par les interprètes Araki
Toyokitsi et Yoneso à l'aide du grand dictionnaire de Weiland.
Les lettres O. S. T. U. W. X. Y. Z. manquent. 40 vols. pet. in-4°. Environ 1824. Voir De Siebold Isagoge p. 22.

64. 和 蘭 辞 書

Wa-ran (Ho-lan) kotoba siyo.

Livre de mots hollandais. M. S. Vocabulaire japonais-hollandais.
Les mots japonais arrangés suivant l'irova et subdivisés d'après le
nombre des syllabes. Caractères chinois classiques et katakana. Rédigé par les soins de M. de Siebold avec le concours de Toto-
roki Buhitsiro, Oka Kenkai, Tsiusiro et Gonosuke. 200
pages pet. in-folio. 1828. Voir de Siebold Isagoge p. 23.

65. 和 蘭 字 彙

Wa-ran (Ho-lan) zi-i.

Dictionnaire hollandais-japonais. Nouvelle édition du Yedo Halma de Doeff (voir le n°. 62) considérablement augmentée. Par Katsu-ragawa Ho-siu, médecin impérial à Miyako. Exemplaires en 13, en 17 et en 18 vols. gr. in-8°. s. l. 1855. Ce livre a été décrit sous le n°. 39 dans le mémoire intitulé „Verzameling van japansche boekwerken" (voir le n°. 58ᵃ).

66. 蘭 語 通
Ran-go tsuu.

Dictionnaire hollandais; le premier volume (lettres A—D), d'une édition corrigée du Yedo-Halma de Doeff voir le n°. 62. Par Bai-ran Maki-ten-bok'. 1 vol. pet. in-4°. Yedo 1857. Voir le mémoire intitulé „Verzameling van japansche boekwerken" sous le n°. 40.

67.

Vocabulaire hollandais-japonais M. S. Sinico-japonais cursif, le hollandais en italiques. 1 vol. in-12°. obl. Sans titre.

68. 蘭 學 逕
Ran-gak'-kei.

„Les sentiers de l'étude hollandaise"; contient les syllabaires de l'Europe, l'orthographe du hollandais, les signes du zodiaque de l'Europe avec les signes correspondants de la Chine, les poids et les mesures, les noms des mois et des saisons, les préfixes et les suffixes de la langue hollandaise. L'ouvrage se termine par une prescription médicale contre les maladies intestinales et une description de la rate. Caractères chinois classiques et katakana, les mots hollandais en caractères romains et en italiques. Par Fudzibayasi Siyun-dou. 1 vol. gr. in-8°. s. l. 1810.

69. 和 蘭 語 法 解
Wa-ran (Ho-lan)-go hau-ke.

Explications des règles de la langue hollandaise d'après la traduction japonaise d'une grammaire hollandaise; les mots hollandais en italiques, le texte japonais en caractères chinois classiques et katakana. L'auteur dit dans la préface que son traité de grammaire est destiné à compléter le Yedo-Halma de Doeff (n°. 62 du présent catalogue). Par Fudsi no mori. 3 vol. in-8°. Miyako 1812. Voir le mémoire intitulé „Verzameling van japansche boekwerken" sous le n°. 47.

70.

Reproduction typographique de la grammaire hollandaise intitulée:
P. Weiland, Nederduitsche spraakkunst ten dienste der scholen.
Dordrecht, Blussé en van Braam 1820. 1 vol. pet. in-8°. Ce livre
nous prouve l'existence, j'usqu'ici ignorée, d'une imprimerie à types
mobiles à Nagasaki en 1857, et nous devons par conséquent admettre, que l'abolition du fameux traité, dont il a été question plus
haut (p. 10) ait eu lieu dans cette année. Il n'y a pas de doute possible sur le caractère vraiment typographique de cet ouvrage, et la
confusion des lettres r et l (vormaakt verledene tijd p. 77) nous
démontre que nous avons affaire à un compositeur japonais. L'exécution
est défectueuse au plus haut degré; on s'est servi de types usés
et démodés et de différentes grandeurs; les lignes sont mal fixées.
La présente réimpression japonaise ne porte pas de date; mais nous
sommes édifiés à cet égard par un petit volume, contenant les réglements des exercices de l'infanterie hollandaise, mentionné plus bas,
imprimé exactement de la même manière que la grammaire en question et portant au pied du titre les mots suivants: nagedrukt te
Nagasaki in het jaar Ansei 4 (1857). Réimprimé à Nagasaki l'an 1857.

71. 譯 和 蘭 文 典

Yaku Wa-ran (Ho-lan) bun-ten.

Traduction d'un livre de grammaire hollandaise écrit par Hendrik
Ravekes (?) Amsterdam 1822. Caractères chinois classiques et katakana, les mots hollandais en italiques. Par Ohoniwa Sessai. 1er
volume gr. in-8°. s. l. 1822.

72. 要 韻 府

Sei-in fu.

„Magasin des sons occidentaux". Abrégé du système phonétique hollandais. Cet ouvrage contient une tentative assez maladroite d'expliquer
aux Japonais le méchanisme de la langue hollandaise; l'auteur y pro-
pose un système de rendre les syllabes de la langue hollandaise par
des caractères chinois; système qui malheureusement a été adopté.
Les mots hollandais en caractères romains, le japonais en chinois
classique et katakana. Par Ohodzuki et Katsuragawa. 1 vol.
in-8°. Yedo 1823.

73. 西 音 發 微

Sei-in hats'-bi.

„Explication de sons occidentaux", ou du système phonétique occidental. Petit abécédaire d'après la méthode européenne suivant l'enseignement verbal du docteur Yagisono Nakano. Les mots hollandais en caractères romains, le japonais en caractères chinois classiques et katakana. Par le docteur Ohodzuki Gen-kan. 2 vols. gr. in-8°. s. l. 1826.

74. 蘭 語 冠 履 辭 考

Ran-go kuwan-ri zi-kau.

„Explication des préfixes et des suffixes (litt. couvrant la tête et les pieds des mots) de la langue hollandaise", arrangés par ordre alphabétique; les mots hollandais en italiques, le texte japonais en caractères chinois classiques et katakana. Par Ba-ba Sadayosi. 1 vol. in-8°. Yedo 1855. Voir le mémoire intitulé „Verzameling van japansche boekwerken" sous le n°. 46.

75. 洋 語 背 誦 歌

Yau-go-hai siyou-ka.

„Langue d'outre mer en rimes pour apprendre par cœur". Vocabulaire métrique des mots qui ont un sens opposé ou corrélatif, avec traduction hollandaise en katakana transcrite en italiques. Travail puérile; à cause de la constante intermixtion des lettres *l*, *r* et *v* parfois inintelligible même pour ceux qui savent le hollandais. Par Kai-sai Giyofu. 1 vol. in-8°. Miyako, Ohosaka, Nagoya, Yedo 1855. Voir le mémoire intitulé „Verzameling van japansche boekwerken" sous le n°. 44.

76. 和 蘭 文 典 字 類

Wa-ran (Ho-lan) bun-ten zi-rui.

Grammaire et vocabulaire du hollandais. Le texte en sinico-japonais classique est écrit de gauche à droite; les mots hollandais en italiques. Le vocabulaire est arrangé alphabétiquement. Par Ii Idzumi Si-ziyau. Le 1er volume, in-8°. s. l. 1856. Voir le mémoire intitulé „Verzameling van japansche boekwerken" sous le n°. 45.

77. 和 蘭 文 典 譯 語 筌

Wa-ran (Ho-lan) bun-ten yak' go-sen.

Transcription (en katakana) et traduction interlinéaire en sinico-japonais classique d'une partie de la grammaire hollandaise, par L. van Bolhuis publiée par la Société du salut public, Grammatica of Nederduitsche spraakkunst, uitgegeven door de Maatschappij tot Nut van 't Algemeen, 2e druk 1814, IIe hoofdstuk over de onderscheidene taal- of rededeelen. Par Tohoda Siyau-an. 1 vol. gr. in-8°. Yedo 1856. Voir le mémoire intitulé „Verzameling van japansche boekwerken" sous le n°. 53.

78. 和 蘭 文 典 讀 法

Wa-ran (Ho-lan) bun-ten tok' han.

„Méthode pour apprendre la grammaire hollandaise". Transcription en katakana et traduction interlinéaire en sinico-japonais classique d'à peu-près la même partie de la même grammaire que le numéro précédent; publiée indépendamment de l'autre. Par Take no utsi Munekata. 2 vols. gr. in-8°. Miyako, Yedo, Ohosaka 1856. Voir le mémoire intitulé „Verzameling van japansche boekwerken" sous le n°. 54.

79. 桶 譯 俄 蘭 磨 智 科

Sau-yeki Wa-ran (Ho-lan) ma-tsi-kuwa.

„Grammaire hollandaise avec traduction japonaise interlinéaire". Transcription en italiques de la grammaire mentionnée sous le n°. 77; traduction en sinico-japonais classique. Par Kohara Kou-zi. 1 vol. gr. in-8°. Yedo 1857. Voir le mémoire intitulé „Verzameling van japansche boekwerken" sous le n°. 52.

80. 洋 學 指 針

Yau-gaku si-sin.

„Boussole de l'étude d'outre-mer"; portant en hollandais le titre suivant: „courte explication des syllabes et des changements des mots de la langue hollandaise, rédigée d'après les indications des auteurs modernes avec traduction en pur japonais". Traité de grammaire hollandaise en italiques; version japonaise en chinois classique et katakana. Par Yanagawa Siyun-zan. 1 vol. pet. in-8°. Yedo 1857.

Voir le mémoire intitulé „Verzameling van japansche boekwerken" sous le n°. 48.

---

81. 洋 學 指 針
Yau-gaku si-sin.

„Boussole de l'étude d'outre-mer". Portant le sous-titre 英學 Yei-gaku, „étude de l'anglais". Ce livre est pareil à celui porté sous le numéro précédent, mais appliqué à la grammaire anglaise. Par Yanagawa Siyun-zan. 1 vol. pet. in-8°. Yedo 1867.

82. 三 語 便 覽
San-go ben ran.

„Aperçu facile de trois langues" (hollandais, français, anglais). Vocabulaire de mots japonais en caractères chinois classiques et katakana avec traduction trilingue en italiques et en katakana. Par Murakami Yosisige. 3 vols. gr. in-8°. s.l. 1854.

83a. 法 朗 西 單 語 篇
Furansei tan-go ben.

b. 英 佛 單 語 篇
Yei-Futsu tan-go ben.

a. Vocabulaire de noms communs français; titre français: „livre pour l'instruction dans l'école Kaiceizio à Yédo". vol. 1. pet. in-8°. 1ère édition s. l. 1866. Les mots de ce vocabulaire sont numérotés et se rapportent aux numéros écrits à coté des synonymes japonais, dont se compose:

b. „Mots isolés anglais et français", entièrement écrit en sinico-japonais classique. 1 vol. in-12°. obl. s.l. 1867.

84. 蕃 語 小 引
Ban-go seu-in.

„Introduction dans les langues étrangères". Titre anglais: translations of the english and dutch with pronunciation", c.-à-d.: traduction japonaise de l'anglais et du hollandais avec prononciation. Recueil de phrases japonaises avec traduction bilingue, principalement relatives à la monnaie, aux poids et aux mesures, etc. Première partie d'une série. 2 vol. in-12°. obl. Nagasaki 1860.

85. 對 話 集

Tai-wa-siu.

„Collection de dialogues". Titre anglais: „A new familiar phrases of the english and japanese languages; general use for the merchant of the both countries", c.-à-d. Dialogues en anglais et en japonais à l'usage des marchands des deux pays. 1 vol. in-12°. obl. Nagasaki 1859.

86. 英 語 箋 前 編

Yei-go-sen. Zen-ben.

Édition japonaise xylographiée de la première série du dictionnaire publié sous le titre suivant: An English and Japanese and Japanese and English vocabulairy compiled from native works by W. H. Medhurst, Batavia; printed by lithography 1839, c.-à-d. vocabulaire anglais-japonais et japonais-anglais, compilé de sources indigènes. Éditeur japonais Murakami Yosisige. 2 vols. gr. in-8°. s. l. 1857.

M. de Siebold, dans son Isagoge in Bibliothecam japonicam p. 20 nous apprend que les „sources indigènes" dont il est question consistent en le dictionnaire du prince de Nakats', porté sous le n°. 59 sur le présent catalogue.

87. 英 吉 利 文 典 字 類

Igirisu bun-ten zi-rui.

„Grammaire et vocabulaire anglais"; consistant seulement en un vocabulaire des mots anglais, avec leurs synonymes en japonais, en caractères chinois classiques et katakana; les deux dernières pages contiennent une liste des verbes irréguliers de la langue anglaise par Adatsi Bai-kei. 1 vol. pet. in-8°. s. l. 1866.

88. 英 和 對 譯 袖 珍 辭 書

Yei-Wa tai-yaku siu-tsin zi-siyo.

Titre anglais: A pocket dictionary of the english and japanese language. Second and revised edition. Dictionnaire de poche de mots anglais arrangés alphabétiquement avec leurs synonymes japonais, en caractères chinois classiques et katakana. Imprimé en types mobiles. 1 vol. in 12°. obl. Yedo 1867.

89. 增 訂 華 英 通 語

Zou-tei kuwa yei-tsuu-go.

„Phrases diverses anglaises, édition revue et complétée". Vocabulaire arrangé par groupes homologues, phrases sur des sujets de commerce; la synonymie japonaise en caractères chinois classiques et katakana. Par Fukusawa. 1 vol. in-8°. s. l. 1860.

90.

Eine Sammlung deutsch-japanischer Gespräche nach den Werken von Pylodet, Ahn, Gratama und Andern. Recueil de phrases de différents auteurs en allemand et en japonais. Par Kawakami. 1 vol. in-8°. Tôkiyô 1872.

91. 魯 西 亞 字 筌

Rosia zi-zen.

„Nasse de lettres russes", ou abécédaire russe, d'après les informations manuscrites d'un Russe, venu en 1853 à Nagasaki, suivi d'un petit vocabulaire japonais-russe-hollandais. Les mots japonais en caractères chinois, les mots russes en caractères du pays, les mots hollandais en italiques; tous les trois répétés en katakana. Par Sakakibaru Ho-siyak', avec la permission du Gouvernement japonais. 1 feuille pliée pet. in-8°. s. l. 1855. Voir le mémoire intitulé „Verzameling van japansche boekwerken" sous le n°. 55.

---

92. 藻 塩 草 蝦 夷 方 言

Mo-sivo gusa Yezo han-gen.

„Algues marines ou miscellanées; la langue de l'île d'Yezo". Vocabulaire. Les mots sont groupés en onze catégories selon leur signification; chaque mot japonais écrit en chinois peu cursif, suivi des désinences en hiragana et accompagné de son synonyme Aïno écrit en katakana. Le livre se termine par quelques textes en prose et en vers. Une petite carte en noir sert de frontispice. Par Siranizi Sai. 1 vol. pet. in-8°. obl. s. l. 1804. L'auteur fait mention d'une édition antérieure de 1792.

93. 蝦 夷 嶋 奇 語

Yezo ga sima kotoba.

Vocabulaire M. S. de la langue des Aïno's en katakana, arrangé suivant l'irova avec la synonymie en japonais (caractères chinois classiques et katakana). Par Mogami Tok'nai. Traduction des mots japonais en allemand ajoutée par le Dr. de Siebold. 1 vol. pet. in-8°. obl.

94. 蝦 夷 語 箋

Yezo go-sen.

Vocabulaire de la langue des Aïno's. Les mots japonais en caractères chinois peu cursifs avec hiragana, arrangés par groupes homologues. Synonymie en langue Aino, écrite en hiragana et en katakana. Par Uyekara. 1 vol. pet. in-8°. s. l. 1854.

95.

Vocabulaire Aïno-japonais-hollandais M. S. Le japonais en caractères chinois, les mots Aino en katakana, tous les deux répétés en italiques (transcription et traduction hollandaise). 1 vol. in-4°.

---

96. 類 合

Rui-govu (Lui-hô).

Vocabulaire chinois-coréen. M. S. Arrangé par groupes homologues; travail d'un Chinois, imprimé en Corée; le chinois en caractères classiques. 1 vol. gr. in-8°. Copie lithographique exécutée à Leyde par le chinois Ko-tching-dschang, et tirée sur papier japonais.

Ce livre a été publié en 1840 par MM. de Siebold et Hoffmann dans la Bibliotheca japonica sous le titre suivant: Lui-hô sive vocabularium Sinense in Kôraïanum conversum, avec traduction allemande. Voir le travail intitulé Isagoge p. 7.

97. 訓 点 千 字 文

Kun-ten sen-zi-mon.

„Le livre des mille mots en chinois avec les signes de lecture japonaise"; prononciation et traduction en coréen et en japonais (katakana). Par Mogami San-ze. 1 vol. gr. in-8°. Yedo 1715. Le „livre

de mille mots" est un poème classique chinois, au sujet de la date
et de l'auteur duquel les historiens ne sont pas d'accord. Il a été
introduit au Japon l'an 285 après J. C., par un savant Coréen du
nom de Wang-shin. Publié en 1840 dans la Bibliotheca japonica sous
le titre de Tsiän tsü wen, sive mille literae ideographicae, et traduit en allemand. Voir de Siebold Isagoge p. 6.

98. 千 字 文 大 本

Sen-zi-mon, tai-hon.

„Le livre des mille mots in-folio." Explication partielle en langue
coréenne et en japonais (caractères classiques chinois avec katakana)
1 vol. in-folio. s. l. e. d.

99. 朝 鮮 辞 書

Tsiyau-sen zi-siyo.

Miscellanées ayant rapport à la langue coréenne. M. S. Préface
bilingue (coréen et sinico-japonais), le corps de l'ouvrage tantôt en
caractères coréens, tantôt en chinois et coréen, ou bien en chinois
avec transcription japonaise (en katakana) et coréenne. 1 vol. in-folio
et 1 portefeuille in-4°. contenant 14 feuilles détachées.

---

100. 冊 云 摩 多 體 文

Sit'-tan (Si ddham) ma-ta tai-bun.

„Les voyelles (mata, matra) et les consonnes (ti-wen) sanscrits".
Mots indiens expliqués en sinico-japonais classique. Par Gen-seu
Rou-zin, prêtre bouddhique indien 1694. Édition japonaise. 1 feuille
pliée pet. in-folio. Miyako 1788.

101. 梵 言 集

Bon-gon atsume.

Recueil M. S. de mots indiens. Vocabulaire sanscrit-chinois; par un
prêtre bouddhique chinois. Copié par un Japonais. 1 vol. pet. in-8°. obl.

---

102. 七ツ 以 呂 波

Nanatsu irova.

„Sept syllabaires" de forme différente. Manuel pour l'écriture hiragana. Le livre se termine par une liste des provinces du Japon. Sans nom d'auteur. 1 vol. in-8°. Ohosaka. s. d.

102 *a*.

Le même ouvrage en caractères blancs sur fond noir. 1 vol. gr. in-8°.
Le procédé consiste à enduire de colle la planche gravée, qui en s'y attachant enlève l'épiderme noir du papier, de sorte que les caractères paraissent en blanc.

103. 以 呂 波 之 五 類

Irova no go-rui.

„Les cinq formes de l'alphabet japonais"; avec supplément, chiffres et texte en cinq formes d'écriture chinoise et japonaise. 1 vol. gr. in-8°. s. l. e. d. Le même opuscule sans le supplément, M. S. in-8°.

104. 假 字 類 纂

Kana rui san.

Recueil des formes différentes de l'écriture hiragana. Par Sekine Kou-san. 1 vol. gr. in-8°. 1854.

105. 以 呂 波

I-ro-va.

Modèles M. S. d'écriture hiragana pour les enfants. 1 vol. in-4°.

106. 神 代 字 三 十 六 入 首

Kami-yo mo-zi mi-so-tsi-mutari no uta.

„Trente six têtes de poèmes écrites (en partie) dans l'écriture sin-zi ou kan-na" (écriture divine) qui présente la plus grande ressemblance avec l'écriture employée aujourd'hui en Corée (voir de Rosny, Cat. Nordenskiöld p. 2). Elle est considérée quelquefois comme le pré-

curseur de l'écriture katakana, on la prend cependant généralement
pour une fiction. Les exordes sont parfois écrites dans les deux
syllabaires modernes du Japon. 1 vol. in-8°. s. l. e. d.

107.

Fantaisies sur la forme des caractères hiragana, représentés par
des figures humaines, en couleurs. 1 vol. in 12°. s. l. e. d.

108. イ ロ ハ 天 理 鈔
Irova ten-ri seu.

Traité sur la nature divine de l'alphabet japonais; en caractères
chinois classiques et katakana, par le bonze Riyau-ban. 2 vol. gr.
in-8°. Miyako 1678.

109. 以 呂 波 字 考 錄
Irova zi kau-rok'.

Examen de l'alphabet japonais. En plusieurs genres d'écriture. Par
le bonze Zen-tsiyau. Avec frontispice. 2 vol. gr. in-8°. Miyako,
Ohosaka 1736.

110. 假 字 本 末
Kana moto suye.

„Le commencement et la fin de l'écriture". Traité sur l'histoire et
les différentes espèces de l'écriture, commençant par un exposé de
l'écriture sin-zi ou kanna, voir le n°. 106. Texte en caractères chinois
classiques et hiragana Par Bau Nobutomo. 4 vols. gr. in-8°. s.l. 1850.

111. 米 南 宮 杜 律 墨 帖
Mi-nan-ku to-rots' bok'-teu (Mì Nân-kûng tú liŭ mé t'iĕ).

Autographes du philosophe Mì-Nân-kùng, contemporain de Confucius. Grands caractères cursifs en blanc sur fond noir (voir le n°. 102 a).
Réimpression japonaise. 1 feuille pliée in 4°. s. l. e. d.

112. 李 少 荃 法 書

Ri seu-sen hau-siyo.

Écriture modèle du général chinois Li Ko-chang (1875); édition
japonaise. Caractères blancs sur fond noir (voir le n°. 102 a). 1 feuille
pliée gr. in-8°. Tôkiyô 1878.

113. 画 引 十 體 千 字 文

Kuwa-in ziu-tai sen-zi-mon.

„Le livre des milles mots dans les (environ) dix formes principales
de l'écriture." Poème chinois classique, voir le n°. 97, en usage dans
les écoles. Le livre commence par une liste des caractères chinois
dont le poème chinois se compose, arrangés suivant le nombre des
traits et accompagnés de leur prononciation et de leur traduction
japonaise en katakana. Le corps du texte se compose du texte du
livre des mille mots en toutes sortes de formes d'écriture archaiques.
Une liste des caractères chinois les plus usités, avec leurs formes
sigillaires, les premiers arrangés suivant le nombre des traits, et une
liste des prénoms japonais, occupent le haut des pages. 1 vol. in-8°.
Éditions de 1756 et de 1849, la dernière publiée à Miyako par
Nisikame Son. Un exemplaire avec traduction hollandaise à la
plume.

114. 汪 由 敦 楷 書 千 字 文

Wau-lu-ton siyo sen-zi-mon (Wâng jeû tûn tschï schü tsiän dsü wên).

Le livre des mille mots par le célèbre Wang-jeû tûn. Modèle
d'écriture chinoise; caractères chinois classiques sur fond noir (voir le
n°. 102 a). 1757. 1 feuille pliée gr. in-8°. Réimprimé au Japon s. l. e. d.

115. 運 筆 麁 画

Un-pits' so-guwa.

Croquis calligraphiques en noir. Par Tatsibana Morikuni.
3 vol. gr. in-8°. Miyako 1789. Mentionné par Anderson, Catalogue
p. 339.

116. 小 學 習 字 本

Siyau-gaku siu-zi hon.

„Modèles d'écriture à l'usage des écoles primaires". Par Oka Siu-
setsu. Publié par le Ministère de l'instruction publique. 7 tomes en
8 vols. Le dernier volume (2ᵉ partie du tome 7ᵉ) in-8°. les autres
gr. in-8°. Tôkiyô 1877.

---

117. 庭 訓 往 來

Tei-kin wau-rai.

„Enseignement paternel du style épistolaire", livre réputé classique.
En sinico-japonais cursif. Texte et commentaire avec notes manuscrites. 1 vol. gr. in-8°. relié. s. l. e. d.

118. 庭 訓 往 來 大 全

Tei-kin wau-rai dai-zen.

Le même ouvrage, autre édition. Modèles de lettres de personnages
distinguées. En tête des pages se trouvent des notices historiques et
pédagogiques. L'épistolaire est suivi du traité classique intitulé Zitsu-go
kiyau, c. à. d. enseignement de la vérité. Texte chinois en caractères
cursifs et traduction japonaise juxtalinéaire en hiragana. Excellente
exécution xylographique. Vignettes en noir. 1 vol. gr. in-8°. Miyako,
Ohosaka, Owari. 1835.

119. 繪 本 庭 訓 往 來

Ye-hon tei-kin wau-rai.

Le même ouvrage avec illustrations en noir de Zen Hoku-sai
Tame-itsi. Belle édition. 1 vol. in-8°. Owari, s. d.

120. 當 用 手 習 狀

Tou-you te-naravi ziyau.

Modèles de calligraphie pour le style épistolaire moderne. En caractères chinois cursifs avec lecture partielle en hiragana. 1 vol. gr.
in-8°. s. l. 1809.

121. 日 本 往 來
Nippon wau-rai.

Épistolaire japonais. En caractères chinois cursifs avec lecture japonaise en hiragana. Par Nisigawa Riu-siyau-dou. Illustrations en noir de Tei-yau-sai. 1 vol. in-8°. Ohosaka 1827.

122. 書 狀 日 本 用 文 章
Siyo-siyau Nippon you-bun-siyau.

„Lettres. Épistolaire japonais." En caractères chinois cursifs avec lecture partielle en hiragana. 1 vol. gr. in-8°. Ohosaka 1830.

123. 年 中 用 文 章
Nen-tsiu you-bun-siyau.

„Recueil de lettres pour tout le cours de l'année". En sinico-japonais cursif. Par Nisigawa Riu siyau-dou. 2 vols. in-8°. Miyako 1837.

124. 諸 通 文 鑑
Siyo-tsuu bun-kan.

Épistolaire universel avec commentaire et notes manuscrites par feu de St. Aulaire. En sinico-japonais cursif. 2 vols. in-8°. Yedo, Miyako, Ohosaka 1841. Les éditions de 1800, 1803 et 1806 sont mentionnées dans le livre.

125. 嘉 永 用 文 章
Ka-yei you-bun-siyau.

Épistolaire pour la période Ka-yei (1848—1853). Sinico-japonais cursif, lecture juxtalinéaire en hiragana. En tête des pages se trouvent quelques indications sur l'art d'écrire, l'art de plier des billets, sur les noms de famille, les provinces du Japon, etc. Avec quelques dessins en noir de Matsugawa Han-zan (Anderson, Catalogue p. 369). 1 vol. in-8°. Ohosaka 1849.

126. 增 補 文 通 自 在
Zou-ho bun-tsuu zi-sai.

„Le passe-partout épistolaire revu et augmenté". Modèles de lettres pour toutes sortes d'occasions. Caractères chinois cursifs, explication partielle en hiragana. Le livre se termine par une liste des expressions propres au style épistolaire. 1 vol. gr. in-8°, s. l. 1841.

127. 大 全 新 童 子 往 來
Dai-zen-sin tou-zi wau-rai.

„Épistolaire complet à l'usage des garçons"; modèles de lettres,
avec quelques leçons sur l'art d'écrire, l'orthographe, etc. Le livre se
termine par le traité mentionné sous le n°. 118. Caractères chinois
cursifs et hiragana. Mauvais tirage. Avec plusieurs vignettes en noir.
1 vol. gr. in-8°. Yedo, Miyako, Ohosaka 1852. L'éditeur mentionne
la première édition de 1837.

128. 書 狀 手 習 鏡
Siyo-ziyau te-naravi kagami.

„Aperçu de l'art épistolaire". Traité du genre de celui mentionné
sous le numéro précédent. Par Nisigawa Riu siyau-dóu. Avec
quelques figures en noir de Matsugawa Hau-zan. 1 vol. in-8°.
Yedo, Miyako, Ohosaka 1853.

129. 兒 寶 古 狀 揃
Dzi-hou ko-ziyau soroye.

„Le trésor de la jeunesse, recueil de lettres anciennes". Série de traités sur l'art d'écrire et de dessiner, sur le style épistolaire, les rangs
et les titres, les noms, etc. Le fond des pages est occupé par des
lettres de personnages célèbres de l'antiquité et par les traités Dou-zi
kiyau, c. à. d. instruction de la jeunesse et Zitsu-go kiyau, voir
le n°. 118. Caractères chinois cursifs et hiragana. Figures noires par
Kiyo-sei-ou. 1 vol. gr. in-8°. Yedo, Ohosaka 1856.

130. 兩 點 早 字 引
Riyau-ten baya-zi-biki.

Dictionnaire de caractères chinois en usage dans les lettres et dans
les poésies, et qui se ressemblent soit par leur signification (synonymes) soit par leur apparence; leur forme cursive est accompagnée
de la traduction et de la prononciation en hiragana. Titre du tome
deuxième:

手 紙 案 文 集
Tegami no an-bun siu.

„Manuel épistolaire"; contenant une série d'informations à l'usage de
ceux qui écrivent des lettres. 2 tomes en 1 vol. pet. in-8°. s. l. 1857.

131. 用 文 章 繪 抄

You-bun-siyau ye-seu.

Modèles de lettres arrangées suivant les saisons, en chinois cursif
avec transcription japonaise juxtalinéaire en hiragana. Chaque phrase
est accompagnée de sa traduction japonaise et illustrée de vignettes
en noir. Opuscule important pour l'étude du style épistolaire. 1 vol.
pet. in-8°. s. l. e. d.

132. 亡 友 帖

Bau-yu-tsiyo.

„Lettres d'amis défunts". Lettres d'hommes illustres des temps
modernes; autographes en caractères chinois cursifs. Par Hikida
Masayosi. 1 vol. pet. in-folio. Tôkiyô 1878.

133. 東 照 宮 御 消 息

Tou-seu-guu go-seu-soku.

„Paroles de Tokugawa Iyeyasu"; recueil de lettres etc. du
grand législateur. Autographes en caractères chinois cursifs. Deux
planches en noir. 1 vol. gr. in-8°. Tôkiyô 1879.

134. 名 家 手 簡

Mei-ka siyu-kan.

Recueil d'autographes (surtout de lettres) de personnages distin-
gués. Chaque document est copié soigneusement sur l'original et reproduit par la xylographie; les autographes sont accompagnés de
courtes biographies des auteurs, appartenant à tous les siècles; travail
important pour l'histoire de la calligraphie et du style épistolaire.
Par Kau-setsu. 10 tomes en 20 vols. gr. in-8°. Yedo 1847.

135.

Guide pour l'éducation des jeunes filles; sans titre japonais; contenant une série de lettres, des contes moraux, une description des
occupations féminines, une anthologie des cent poètes, etc. Caractères
chinois cursifs et hiragana. Figures noires, frontispices en couleurs.
1 vol. gr. in-8°. relié. Yedo, Ohosaka 1817.

136. 女 用 文 章 初 音 錦

Onna you-bun-siyau hatsu-ne no nisiki.

Épistolaire à l'usage des dames, intitulé „prémices variées". Ce livre contient également une petite encyclopédie pour dames, avec toutes sortes de renseignements pour bien servir les mets, arranger des bouquets, plier des billets etc. Caractères chinois cursifs et hiragana. Excellente exécution xylographique et orné de plusieurs vignettes en noir; frontispice en couleurs. 1 vol. gr. in-8°. Yedo 1860.

137. 女 用 文 章

Onna you-bun-siyau.

„Le style épistolaire des femmes". Recueil de modèles de lettres à l'usage des dames en toutes sortes d'occasions, avec renseignements divers sur les arts féminins (plier des billets, faire des nœuds élégants, composer de petites poésies, etc.). En sinico-japonais cursif. Planches en noir et en couleurs. 1 vol. gr. in-8°. Yedo 1860.

138. 明 治 女 用 文

Mei-dzi dziyo-you-bun.

„Recueil moderne de lettres à l'usage des femmes". Caractères sinico-japonais cursifs. Par Ohara Yen-si. 1 vol. in-8°. Tôkiyô 1879.

139. 婦 人 手 紙 之 文 言

Fu-zin te-gami no mon-gen.

„Épistolaire des femmes"; modèles de lettres pour toutes sortes d'occasions, avec divers renseignements pour les billets du beau sexe. En sinico-japonais cursif. Figures noires. 1 vol. pet. in-8°. s. l. e. d.

140. 女 用 文 章 手 習 鏡

Onna no you-bun-siyau te-naravi kagami.

„Aperçu de l'art de bien écrire des lettres à l'usage des dames". Le haut de la page est occupé par une série de petits traités sur les arts féminins. En caractères chinois cursifs avec lecture partielle en hiragana ou katakana, complétée à la plume. Par Tanaka. 1 vol. in-8°. s. l. e. d.

141. ウ ヒ マ ナ ビ

Uvi manabi.

„Premier enseignement". Abécédaire japonais dans les deux syllabaires. 1 vol. in-8°. s. l. 1869.

142. 童 訓 往 來 新 大 成

Dou-kun wau-rai sin tai-sei.

Guide complet pour l'enseignement de la jeunesse. Compendium de tout ce qui est censé appartenir à une bonne éducation: modèles de lettres, quelques traités réputés classiques, tels que le Tei-kin wau-rai ou enseignement paternel du style épistolaire (voir le n°. 117), le Dou-zi kiyau, instruction de la jeunesse (voir le n°. 129), et le Zitsu-go kiyau, enseignement de la vérité (voir le n°. 118), épisodes historiques, règles du calcul, etc. En caractères sinico-japonais cursifs. Par Nisigawa Riu-siyau-dou. Figures noires. 1 vol. gr. in-8°. Miyako 1834.

143. 合 書 童 子 訓

Gou-siyo dou-zi kun.

Recueil de traités pour l'instruction de la jeunesse. Petite encyclopédie, contenant tout ce qui a rapport à l'éducation de la jeunesse: géographie, histoire, mythologie, hiérarchie, l'art de bien écrire, masques de théatre, l'art de scander les vers, l'arithmétique, les noms de famille, le Siyau-bai wau-rai ou traité de commerce, le traité d'Imagawa, commençant par les mots Gu-soku, c. à. d. „mes enfants", le Zitsu-go kiyau et le Dou-zi kiyau, tous les deux mentionnés dans le numéro précédent. Par Kimura Mei-kei. Figures noires par Kiyo-dou Nari. 1 vol. in-8°. Ohosaka 1848.

144. 新 童 子 往 來 萬 家 通

Sin dou-zi wau-rai ban-ka tsuu.

„Le nouveau livre d'usage familier pour la jeunesse". Livre d'école pour les garçons, commençant par le Siyau-bai wau-rai, voir le numéro précédent et le Dou-zi kiyau, voir le n°. 129. Épistolaire suivi d'une description des phénomènes de la nature, des règles de l'étiquette, une collection de préceptes moraux, un traité sur l'art de scander les vers, etc. En sinico-japonais cursif. Figures noires. 1 vol. in-8°. relié. Ohosaka 1843—1846.

145.　實 語 教〕
　　　童 子 教〕注 觧 鈔

　　　Zitsu-go kiyau〕
　　　Dou-zi kiyau 〕 tsu-kai seu.

Extrait avec commentaire des deux traités appelés „enseignement de
la vérité" et „instruction de la jeunesse", mentionnés dans le n°. 142.
En sinico-japonais cursif. Figures noires. 2 vols. pet. in-8°. Yedo 1847.

146.　童 蒙 必 讀 年 號 之 卷
　　　Dou-mou hit'-toku Nen-gau no maki.

„Étude positive pour la jeunesse". Les Nen-gau ou périodes chronologiques", disposés par ordre de succession. En tête des pages se
trouvent des notices historiques. Caractères chinois classiques et katakana. Par Hasidzume Tane-itsi. 1 vol. in-8°. Tôkiyô 1870.

147.　繪 入 智 ノ 環
　　　Ye-iri tsi-ye no wa.

„Le jeu de patience et d'esprit". Abécédaire et livre d'école traitant la grammaire, la géographie, la topographie etc. pour les écoles
primaires. Sinico japonais cursif. Par Furukawa Sin-iu. Figures
noires; frontispice et cartes en couleurs. Quatre séries, chacune de
2 vols., en tout 8 vols. in-8°. s. l. 1873.

148.　幼 稚 園
　　　Osanago no sono.

„Jardin de la jeunesse" (en allemand: Kindergarten). Manuel d'éducation suivant la méthode de Fröbel. Texte en caractères chinois
peu cursifs et hiragana. Par Kuwata. Gravures noires. Publié par le
Ministère de l'Instruction publique. 3 vols. in-8°. Tôkiyô 1876.

149.　初 等 小 學 修 身 訓
　　　Siyau dai siyau-gaku siyuu sin-kun.

Leçons de morale pour les enfants de la première classe de l'école
primaire. Caractères chinois classiques et hiragana. 7 vols. in-8°. s. l.
1880—1882.

150. 小 學 讀 本
Siyau-gaku toku-hon.

Cours de lecture à l'usage des écoles primaires. Illustrations en noir de Kitadzume Iu-kiyau. Publié par le Ministère de l'Instruction publique. 5 vols. et 1 vol. d'introduction, en tout 6 vols. in-8°. Tôkiyô 1874.

151. 小 學 敎 育 論
Siyau-gaku keu-iku ron.

Discours sur l'enseignement dans les écoles primaires. Imprimé en types mobiles, caractères chinois classiques et katakana. Publié par le Ministère de l'Instruction publique. 1 vol. pet. in-8°. relié. Tôkiyô 1877.

152. 小 學 問 答 書
Siyau-gaku mon-tau siyo.

Questions et réponses à l'usage des écoles primaires sur toutes sortes de sujets élémentaires; par Mise Tei-kan et Utsida Kaku-itsi-rau. 1 vol. sur l'irova et sur les objets de la vie journalière; 1 vol. sur l'histoire du Japon et 1 vol. d'histoire générale; 1 vol. sur la géographie générale (par Katau et Mayama) et 1 vol. sur la géographie du Japon; 1 vol. sur la morphologie; 1 vol. sur la botanique et sur la zoölogie. Caractères chinois classiques et katakana. Illustrations en noir. En tout 8 vols. in-8°. Chaque volume publié séparément. Tôkiyo 1877—1878.

153. 日 本 庶 物 示 敎
Nihon siyo-butsu si-kiyo.

Livre d'instruction sur toutes sortes de matières, en questions et réponses. Caractères chinois classiques et katakana. Par Yosikawa Siyu-hei. 3 vols. in-8°. Tôkiyo 1879.

154. 學 室 要 論
Gaku-sits' yeu-ron.

„Opinions importantes sur l'école". Traité d'éducation d'après l'instruction verbale de M. van Kasteel, Hollandais, par Ohoi Ren-kitsi. Caractères chinois classiques et katakana. Publié par le Ministère de l'Instruction publique. 2 tomes en 1 vol. pet. in-8°. relié. s. l. 1876.

155. 彼 日 氏 教 授 論

Pa-zit-si keu-ziyu ron.

„Le discours sur l'enseignement de M. Page". Le livre de l'auteur américain Page intitulé: Theory and practice of teaching, traduit en japonais avec l'aide de M. van Kasteel, Hollandais. Caractères chinois classiques et katakana. Publié par le Ministère de l'Instruction publique. 1 vol. pet. in-8°. relié; imprimé en types mobiles. s. l. e. d.

156. 小 學 普 通 畫 學 本

Siyo-gaku fu-tsuu kuwa-gaku hon.

Les éléments de l'enseignement du dessin (européen), pour les écoles primaires. Dessins en noir. Publié par le Ministère de l'Instruction publique. Deux séries, chacune de 5 tomes, en tout 10 vols. in-12°. obl. Tôkiyô 1878.

157. 小 學 農 課 書

Siyo-gaku nou kuwa-siyo.

Cours d'agriculture à l'usage des écoles primaires; traité populaire basé sur les principes scientifiques modernes. En caractères chinois classiques et katakana. Par Osaki Yuki. 3 vols. in-8°. s. l. 1879.

158. 單 語 圖

Tan-go dzu.

Tableaux de mots isolés à l'usage des écoles. Série de quatre tableaux à rouleaux, imprimés des deux côtés, avec des leçons de caractères chinois, accompagnés de dessins des objets qu'ils représentent. s. l. e. d.

159. 連 語 圖

Ren-go dzu.

Tableaux de syntaxe à l'usage des écoles. Série de cinq tableaux à rouleaux; imprimés des deux côtés avec des leçons de lecture japonaise, caractères chinois classiques et hiragana. Chaque leçon est illustrée d'un dessin en couleurs. Publié par le Ministère de l'Instruction publique. s. l. 1874.

160. 色 圖

Siki-dzu.

Tableau des couleurs à l'usage des écoles. Tableau à rouleaux; ayant d'un côté une rosette formée de six couleurs avec leurs combinaisons, et de l'autre une table des couleurs avec leurs nuances et leurs noms en caractères chinois classiques. s. l. e. d.

161. 蒔 物 圖

Haku-butsu dzu.

Tableaux de botanique. Cinq tableaux du règne végétal à l'usage des écoles; figures en couleurs et avec description. Publiés en 1873. Le 1er tableau contient la morphologie, le 2nd les fruits, le 3e les graines, les légumineux, les racines et les bulbes édibles, le 4e les légumes, les fines herbes, les champignons et les algues comestibles. Le 5e tableau, publié en 1878 sous le titre de 植物圖 Kiyoku butsu dzu, tableau de plantes utiles, contient des dessins en couleurs de plantes fibreuses, de diverses plantes utiles, comme le thé, le tabac, le camphrier, l'arbre à vernis, la canne à sucre, etc. les plantes à huile, les plantes dont on fait le papier, les plantes tinctoriales. Par Ono Siyokkaku. Publié par le Ministère de l'Instruction publique.

162. 文 部 省 年 報

Mon-bu-siyau nen-pou.

Rapports annuels du Ministère de l'Instruction publique. En caractères chinois classiques et katakana. En partie imprimés en types mobiles. gr. in-8°. et in-8°. s. l. Rapports sur les années 1873—1877.

TROISIÈME SECTION.

GÉOGRAPHIE, CHOROGRAPHIE, TOPOGRAPHIE.
ALBUMS D'ENDROITS CÉLÈBRES. CARTES. PLANS.
PANORAMA'S. ITINÉRAIRES.

L'amour du détail, de la description minutieuse, qui caractérise le Japonais, l'esprit de recherche, la soif du savoir, qui lui ont fait franchir d'un seul bond plusieurs phases de la civilisation, se manifestent entre autres par une abondance de chorographies, de topographies, de cartes générales et spéciales; le Japon, renfermé pendant des siècles dans ses propres limites, a employé son temps à bien s'étudier soi-même.

Dans la section présente nous assistons au développement graduel de la cartographie. La projection géométrique, connue des artistes indigènes, des charpentiers et des constructeurs en général, a été adoptée pour les plans de villes et des châteaux depuis les temps les plus reculés; mais elle n'a jamais été populaire auprès des géographes. En effet, la carte géographique au Japon s'est développée du panorama, procédé artistique, en faveur chez le peuple, ami de la nature, et mené à un degré de perfectionnement inconnu en Europe; la couverture du présent catalogue, copiée sur le n°. 364 en est la preuve. Partant de ce principe, on s'explique aisément que les cartes japonaises, à l'exception des cartes modernes, montrent toujours les montagnes en profil, et que les premiers artistes n'aient jamais dédaigné de dessiner des cartes géographiques. En un mot, la cartographie est toujours restée tant soit peu une branche des beaux arts, et seulement de nos jours elle est franchement entrée dans le domaine des sciences exactes.

Le panorama passe au paysage et vice-versa sans transition perceptible. Le paysage dans la conception artistique au Japon, et surtout dans celle de l'école populaire, n'est guère autre chose qu'une partie d'un panorama, manquant un centre de groupement, auquel les autres parties sont subordonnées; c'est un coup d'oeil sur la nature, emprisonné dans le cadre étroit d'un kakemono, qu'on peut compléter à volonté à droite et à gauche par des paysages semblables.

L'itinéraire ou carte routière peut être considéré comme un panorama conventionnel ou théorique. Sur une feuille longue et étroite, pliée en forme de paravent dans le format d'un livre, on voit se dérouler en deux ou trois sillons superposés la route, avec les montagnes, les lacs et les rivières, les villes et les hameaux qu'elle traverse, pareille à la ligne serpentine d'une procession ou d'un cortège, représentée sur un tableau. La transition du véritable panorama à la carte routière est encore insensible; quelquefois l'itinéraire est dessiné dans le cadre d'une carte ordinaire, dont elle parcourt l'entière superficie, en se repliant à chaque instant; quelquefois aussi l'artiste a taché de réunir la ligne théorique de l'itinéraire avec la réalité des contours géographiques.

À en juger d'après les cartes que nous avons eu sous les yeux, il paraît qu'environ l'an 1775 les Japonais aient commencé a emprunter à l'Europe l'idée des parallèles et des méridiens; cependant, en adoptant le système, ils ont tracé le premier méridien par la sainte ville de Miyako, la résidence du Mikado. Cette concession à l'amour-propre national est tellement constante, que probablement elle résulte d'un édit de l'administration centrale; et c'est peut-être pour cette raison, qu'on à laissé hors commerce la carte n°. 227 du présent catalogue, où le méridien passant par l'île de Ferro est adopté à côté de celui de Miyako. De nos jours le Japon s'est conformé au méridien de Greenwich.

Tout ce qui a été dit du réseau des méridiens et des parallèles se rapporte aux cartes générales de l'empire japonais. Pour les cartes et les atlas des provinces, il paraît qu'on ait toujours suivi l'ancienne méthode topographique, se bornant seulement à bien considérer les distances mutuelles des lieux.

---

163. 山 海 經

San-gai-kiyau (Schân hai king).

„Le livre de la terre et de la mer", géographie ancienne et fabuleuse de pays étrangers par Kuô-p'ô. Texte en sinico-japonais classique. Planches noires. Édition japonaise d'un livre chinois. 18 tomes en 7 vols. gr. in-8°. s. l. e. d.

164. 坤 輿 圖 識
Kon-yo dzu-siyoku.

Description du globe terrestre d'après des sources hollandaises. Avec biographies d'Alexandre le Grand, d'Aristote, de Pierre le Grand et de Napoléon I. En caractères chinois classiques et katakana. Par Mitsukuri Kiyok'-kai. 7 vols. gr. in-8°. s. l. e. d. Une description détaillée avec énumération de la littérature consultée par l'auteur se trouve dans le mémoire, intitulé „Verzameling van japansche boekwerken", sous le n°. 28.

165. 萬 國 地 名 捷 覽
Ban-kok' tsi-mei seu-ran.

„Abrégé des noms de lieux de tous les pays". En caractères chinois classiques et katakana. Nom de l'auteur incertain. 1 vol. pet. in-8°. Yedo 1853. — Voir le mémoire intitulé, „Verzameling van japansche boekwerken", sous le n°. 32.

166. 海 國 圖 志
Kai-koku dzu-si (Hài kŭĕ t'ù tschi).

„Mémoires des pays d'outre-mer". Titre général d'un ouvrage chinois sur des pays et des peuples étrangers en 60 vols., d'après des sources chinoises et européennes, ces dernières traduites par le mandarin du second rang Lin Tsĕ siŭ; l'ensemble rédigé par Wei yuên Mī schin, conseiller impérial et publié à Tschao-yang (province de Hunan) en 1847. L'ouvrage contient: *a.* un récit de la guerre anglo-chinoise; *b.* une description historique, géographique et statistique de l'Angleterre d'après des sources européennes; *c.* une description de l'Indostan; *d.* une description de l'Amérique. Édition japonaise en sinico-japonais classique par Yen-ya Yohiro et Mitsukuri. 17 vols. gr. in-8°. Yedo 1854—1856. — Voir le mémoire intitulé „Verzameling van japansche boekwerken" sous le n°. 27.

167. 地 學 初 步 和 解
Dzi-gaku siyo-ho wa-kai.

„Éléments de géographie expliqués en japonais". D'après des sources américaines. En caractères chinois classiques et katakana. Par Utagawa Yŏ no suke. Cartes en couleurs. 1 vol. pet. in-8°. s. l. 1867.

168. 喝 蘭 新 譯 地 球 全 圖

O-ran sin-yeki tsi-kiu zen-dzu.

„Mappemonde dessinée d'après un modèle hollandais", publiée et garni de notes par le dr. A k a m i d z u de Mito. Lecture en caractères chinois et katakana. En couleurs. 1 feuille pliée in-4°. Miyako, Yedo, Ohosaka 1796.

169. 新 製 與 地 全 圖

Sin-sei yo-tsi zen-dzu.

Nouvelle mappemonde complète, d'après un modèle français de l'an 1836; le premier méridien passe par l'île de Ferro. Les noms des pays sont rendus par des caractères chinois classiques tantôt en transcription phonétique, tantôt en traduction; les noms des villes et des îles par des lettres katakana; par M i t s u k u r i S i y a u - g o. En couleurs. 1 rouleau. s. l. e. d. — Voir une description détaillée de cette carte dans le mémoire intitulé „Verzameling van japansche boekwerken" sous le n°. 26c.

170. 地 球 萬 國 方 圖

Tsi-kiu ban-kok' hau-dzu.

„Carte carrée de tous les pays du globe terrestre", d'après un modèle français. Les noms géographiques en caractères classiques et katakana. En couleurs. 1 rouleau. s. l. 1853. — Une description détaillée de cette carte se trouve dans le mémoire intitulé „Verzameling van japansche boekwerken" sous le n°. 26a.

171. 萬 國 指 掌 地 名 譜

Ban-kok' si-siyo dzi-mei bu.

„Indicateur de géographie universelle, avec table des noms de lieux". Une feuille pour chacun des deux hémisphères; d'après des sources européennes. En caractères chinois classiques et katakana. Carte en couleurs. Gravée par A t a g i D e n n o S i n. 3 vols. pet. in-8°. s. l. 1857.

172. 與 地 航 海 圖

Yo-tsi kou-kai dzu.

Titre anglais: A map of the world in japanese by Ed. S c h n e l l

Yokohama 1862. Carte pour le navigateur; le globe terrestre dans la projection de Mercator, d'après un modèle européen. Caractères chinois classiques et katakana. 1 feuille pet. in-folio.

173. 入 紘 通 誌

Ha'-kkau tsuu-si.

„Description des huit méridiens". Géographie et histoire de l'Europe d'après des sources hollandaises. En caractères chinois classiques et katakana. Les mots étrangers sont encore écrits en katakana et même rendus phonétiquement en caractères chinois, suivant l'ancienne méthode; mais l'auteur a introduit le sérieux avantage de l'interponction et de l'isolation des mots, en soulignant les noms propres. Par Mitsukuri Gen-po. Avec deux cartes en couleurs; reproductions xylographiques de deux feuilles de l'atlas de Stieler (l'Europe et le pôle du Nord); les caractères romains y sont remplacés par l'écriture sinico-japonaise. 6 vols. gr. in-8°. Yedo, Miyako, Ohosaka 1856. Une description de cet ouvrage avec énumération des sources consultées se trouve dans le mémoire, intitulé „Verzameling van japansche boekwerken" sous le n°. 29.

174. 蘭 說 辨 惑 磐 水 夜 話

Ran-sets' ben-kok' Iwa-midzu monogatari.

„Menus propos sur la Hollande" ou „erreurs jugées d'après des nouvelles hollandaises, récits nocturnes de M. Iwamidzu". Miscellanées principalement sur la Hollande, recueil de réponses aux questions adressées de temps en temps au Dr. Iwamidzu Ohodzuki Gendak', fameux spécialiste en matières hollandaises, et mises en écrit par ses disciples. Caractères chinois cursifs et hiragana. Figures en noir. 2 vols. in-8°. s. l. 1799. — Voir le mémoire intitulé „Verzameling van japansche boekwerken" sous le n°. 33.

175. 和 蘭 國 全 圖

Wa-ran (Ho-lan) kok' zen-dzu.

Carte des Pays-Bas (et de la Belgique) d'après un modèle hollandais. Les noms de lieux en katakana. En couleurs. 1 feuille pliée pet. in-folio. s. l. 1849.

176. 環 海 異 聞

Kuwan-kai i-bun.

„Étranges nouvelles (recueillies) parmi les océans" M. S. Notions
diverses sur la Russie. Caractères chinois cursifs et hiragana. Avec
quelques croquis. 5 vols. gr. in-8°. 1793—1805.

177. 美 理 哥 國 總 記 和 解

Mirika koku sou-ki Wa-ge (Mei-il-ka kuĕ tsung-ki).

„Description générale des États-Unis", d'après des écrits européens,
traduit en chinois par le Mandarin du second rang Lin Tsĕ siŭ;
rédaction de Wei yuên MI schin (voir le n°. 166); version japonaise en caractères chinois classiques et hiragana par Masaki Kei-
sou. Avec une estampe coloriée représentant une locomotive. 3 vols.
in-8°. Yedo 1854.

178. 新 譯 合 衆 國 小 誌

Sin-yaku ka'-ssyuf kok' seu-si.

„Courte description géographique et historique des États-Unis nouvellement traduite" (en sinico-japonais.) D'après le Manuel de géographie de J. Kramers Jzn. intitulé „Geographisch-statistisch-historisch
Handboek" Gouda 1850. Par Ko-suki Yoritaka, avec additions
de Ohodzuki Sou-si. En caractères chinois classiques et katakana.
2 vols. gr. in-8°. — Voir le mémoire intitulé „Verzameling van japansche
drukwerken" sous le n°. 31.

179. 萬 國 旗 章 圖 譜

Ban-koku ki-siyau dzu-fu.

„Aperçu des drapeaux de tous les pays". En couleurs. 1 vol. gr.
in-8°. Miyako, Yedo, Ohosaka 1852.

180. 萬 國 大 全 圖

Ban-koku dai-zen no dzu (Wén-kuĕ tá ts'iuên t'ä).

„Grande carte exacte de tous les pays" (de la Chine). Carte de
l'empire chinois et des pays voisins. Réimpression japonaise. En noir.
Sans méridien ni parallèles. 1 feuille pliée pet. in-folio s. l. 1663.

181. 歷 代 事 跡 圖

Reki-dai zi-seki dzu (Li-tái ssé-tsi t'ù).

„Vestiges historiques des différentes époques". Carte de l'empire
chinois publiée après l'an 1662 à Péking et réimprimée à Yedo 1750.
1 feuille pliée in-4°.

182. 古 今 沿 革 地 圖

Ko-kon yen-kaku tsi-dzu.

Atlas (de la Chine et de ses pays adjacents) établissant les changements successifs qu'a subis cet empire dans les temps anciens et
modernes, à savoir: 1°. Carte des distances par terre et par mer dans
l'empire chinois; 2°. La Chine sous la dynastie des Hia, 2207 av. J. C.;
3°. La Chine sous la dynastie Tscheu, 1122 av. J. C.; 4°. Carte de
la Chine servant à illustrer le livre Tsch'ün-tsieu de Confucius; 5°. Carte
des royaumes en guerre; 6°. La Chine sous les Ts'in, 256—207 av.
J. C.; 7°. Le pays des Han occidentaux; 8°. Le pays des Han orientaux; 9°. Les trois royaumes; 10°. Les deux Tsin; 11°. La Chine
sous les T'ang; 12°. La Chine sous les Tá Ming; 13°. Carte générale
de l'Asie orientale, y compris l'archipel des Indes. Excellent atlas
historique de la Chine, dont les contours ont été empruntés aux
cartes européennes. Par le docteur Akamidzu de Mito. 13 feuilles
dans une enveloppe pet. in-folio. Yedo 1789.

182a. 唐 土 歷 代 州 郡 沿 革 地 圖

Tau-to reki-dai siu-kun yen-kaku tsi-dzu (T'ang-t'ù li-tai tscheu-k'iùn yén-k˘ tí-t'ù).

Nouvelle édition de l'atlas décrit sous le numéro précédent, publiée
sous un autre titre. 13 feuilles dans une enveloppe pet. in-folio. Ohosaka 1835.

183. 清 二 京 十 八 省 全 圖

Sei ni-kiyau ziu-hatsi siyau zen-dzu.

„Cartes complètes des deux capitales et des 18 provinces de la Chine
sous la dynastie des Manchous". Carte de la Chine (sans importance).
Par Tou-deu Monsayemon. 1 feuille pliée in-folio. Miyako, Yedo,
Ohosaka, Mito 1850.

184. 大 清 萬 年 一 統 地 理 全 圖

Dai-Sin ban-nen i'-ttau tsi-ri zen-dzu (Tà-Ts'ing wan-niën i-t'ông t'i-li ts'iuën t'ü).

„Carte de l'empire chinois sous la dynastie des Manchous". En blanc sur fond bleu. Chinois classique. Reproduction japonaise d'une carte chinoise, 1 feuille pliée in 4°. s. l. e. d.

185. 大 清 一 統 圖

Dai-Sin i'-ttau dzu.

„Carte générale de la Chine". Publiée au Japon d'après un modèle européen. En couleurs. 1 feuille pliée pet. in-8°. s. l. e. d.

186. 東 察 加 之 圖

Kan-sat'-ka no dzu.

„Carte du pays de Kamschatka" M. S. Copie, avec transcription des noms en katakana, d'un original russe. Par Mogami Tok'nai. 1 feuille pliée pet. in-8°. s. d.

187. 三 國 通 覽 圖 記

San-kok' tsuu-ran dzu ki.

„Mémoire illustré contenant un aperçu général des trois royaumes" (la Corée, les îles Lieou-kieou et Yezo) M. S. En caractères chinois classiques et katakana. Par Hayasi Sihei. Préface de Katsuragawa Ho-siu. Avec plusieurs dessins représentant les habitants des différents pays et des objets ethnographiques. 1 vol. gr. in-8°. Yedo 1786. — Le même ouvrage M. S. accompagné des cartes suivantes : une de l'île d'Yezo, une des îles Bonin, une de la Corée, une des îles Lieu-kieou et une carte générale du Japon et des pays adjacents 2 vols. in-4°. Une traduction de ce livre a été publié par J. Klaproth, Paris 1832.

188. 朝 鮮 物 語

Tsiyau-sen monogatari.

„Récits sur la Corée" (Tschao-sien). Traité géographique et historique. En sinico-japonais cursif. Par Kimura Riyemon. Planches en noir. 5 vols. in-8°. Yedo 1750. Ce livre a servi de base au cha-

pitre intitulé: Nachrichten über Kôrai, Japan's Bezüge mit den Kô-
raischen Halbinsel und mit Schina, publié par feu le Prof. J. J. Hoffmann dans le Nippon Archiv Abth. VII.

189. 朝 鮮 國

Tsiyau-sen koku.

„Le pays de Tsiyau-sen" (la Corée) M. S. copie d'une carte très
ancienne, reproduite à petite échelle dans le Tsiyau-sen monogatari
(le numéro précédent) 1 feuille pliée in-8°. s. d.

190. 重 刻 中 山 傳 信 錄

Tsiyau-koku. Tsiu-san den sin-roku (Tschung schan tschuen sin-lü).

„Indication fidèle des traditions sur les montagnes centrales; nouveau tirage". Par montagnes centrales l'auteur entend le pays, situé
au centre des trois royaumes, jadis formant ensemble la grande Lieou-
kieou, et réunis environ 1430—1440. Texte en sinico-japonais classique. Par Siu Pao Kuang, vice-ambassadeur du roi de Lieou-
kieou, publié en Chine en 1721. Deuxième édition japonaise (la
première étant de 1766). 6 vols. gr. in-8°. Miyako 1840.

191. 琉 球 談

Liu-kiu dan.

„Dissertation sur l'archipel Lieou-kieou". En caractères chinois peu
cursifs et hiragana. Par Morisima Tsiu-rau. Avec croquis en noir,
empruntés au livre porté sous le numéro précédent. 1 vol. in-8°.
Miyako 1790—1795.

192. 琉 球 圖

Liu-kiu no dzu.

Carte de l'archipel Lieou-kieou. Caractères chinois classiques et
katakana. 1 feuille pliée pet. in-8°. s. l. e. d.

193.

Carte de l'archipel Lieou-kieou; sans titre. 2 grandes feuilles dans
une caisse en bois.

194. 北 海

Hok'-kai.

„L'océan boréal", d'après un modèle russe, avec transcription des noms en katakana. En couleurs. Par Mogami Tok'nai. M. S. Avec texte M. S. du même géographe, se composant d'un traité sur l'astronomie, en particulier sur la détermination de la longitude et de la latitude, sous le titre Riyaku no kotowari, et d'un traité sur les îles d'Yezo et de Karafuto, contenant en même temps des notions sur l'église orthodoxe des Russes et des observations sur la langue de ces nationaux. En tout 3 vols. pet. in-8°. et 1 feuille pliée in-8°. Environ 1786.

195. 蝦 夷 談 筆 記

Yezo dan hi'-kki.

„Mémoire sur l'île d'Yezo". M. S. En sinico-japonais cursif. Par Suga no Ziyou-ho. 1 vol. in-4°. Dessiné à Matsumaé 1710.

196. 蝦 夷 拾 遺

Yezo ziu-i.

„Notices supplémentaires sur l'île d'Yezo" (et de Karafuto). M. S. Avec croquis exécutés à la main. Texte en caractères chinois classiques et katakana. 3 vols. in-4°. 1786. Quelques unes des figures ont servies de modèle aux planches du Nippon Archiv.

197. 石 狩 日 誌

Isikari ni'-ssi.

„Journal d'Isikari" c. à. d. une partie occidentale de l'île d'Yezo. Relation de voyage avec données sur les produits de la nature et sur les coutumes des indigènes. En sinico-japonais cursif par Matsura Tsikusirau. Figures noires, quelques-unes (fleurs et oiseaux) en couleurs. 1 vol. gr. in-8°. s. l. 1860.

198. 後 方 羊 蹄 日 誌

Siribesi no ni'-asi.

„Journal de Siribesi". Relation d'un voyage en Siribesi, la partie occidentale de l'île d'Yezo, avec notices topographiques, ethnographiques et d'histoire naturelle. Plusieurs genres d'écriture. Même auteur et artiste qui ceux du numéro précédent. Planches noires et en couleurs. 1 volume gr. in-8°. s. l. 1860.

199. 西 蝦 夷 日 誌 貳 編
Nisi Yezo ni'-ssi ni-hen.

„Deuxième partie du journal de voyage au Yezo occidental". Suite de l'ouvrage précédent. Planches noires représentant des scènes de la vie des Aino's et des paysages. Plusieurs genres d'écriture. 1 vol. gr. in-8°. probablement publié dans la même année.

200. 東 蝦 夷 夜 話
Higasi Yezo yo-hanasi.

„Recit nocturne sur la partie orientale de l'île d'Yezo". Description géographique, topographique, historique et d'histoire naturelle de cette partie du pays et du groupe des îles Sikotan y attenantes. Caractères chinois peu cursifs et hiragana. Par Tou-sai Ohotsi Yo-an. Figures en noir représentant des scènes de la vie des Aino's, par Tasaki San-un. 3 vols. gr. in-8°. Yedo 1861.

201. 蝦 夷 品 彙 譯 言
Yezo hin-i yak'-ken.

„Les produits d'Yezo avec vocabulaire" (et dialogues). L'ouvrage contient également un itinéraire. Joli opuscule avec planches en teintes lavées, représentant les insulaires à leurs occupations journalières. Plusieurs genres d'écriture. 1 vol. pet. in 8°. Yedo 1854.

202. 蝦 夷 闊 境 輿 地 全 圖
Yezo kav'-kei yo-tsi zen-dzu.

Carte complète et générale du Hokkaidö, y compris l'île de Sachalin et les Kuriles. Caractères chinois classiques et katakana. Par Fudzita. En couleurs. 1 feuille pliée gr. in-8°. Yedo 1854.

203. 箱 館 全 圖
Hakodate zen dzu.

„Carte de la baie de Hakodate" (île d'Yezo). En couleurs. 1 feuille pliée gr. in-8°. s. l. 1855.

204. 松 前 蝦 夷 之 圖

Matsumaï Yezo no dzu.

Carte de la partie méridionale de l'île d'Yezo dont Matsumaë est la capitale. M. S. En couleurs. Caractères chinois classiques et katakana. 1 feuille pliée in-8°. D'après une note M. S. de M. de Siebold, se trouvant dans un des coins de la carte, elle date probablement de la fin du 18e siècle.

205. 蝦 夷 圖

Yezo no dzu.

Cartes géographiques de l'île d'Yezo (et de Karafuto ou Sachalin). M. S. En noir; noms de lieux en katakana. Par Mogami Tok'naï. 5 feuilles pliées in-8°. s. d.

206. 蝦 夷 地 全 圖

Yezo no dzi zen-dzu.

Carte de l'île d'Yezo. En couleurs. 1 feuille pliée in-8°. s. l. 1855. Avec copie de la même carte exécutée à la main.

207. 蝦 夷 海 濱 之 景

Yezo kaï bin no keï.

Dessin panoramique d'une partie de la côte d'Yezo, de Otarunaï jusqu'au promontoire de Sôya. M. S. En couleurs. 1 feuille pliée gr. in-8°. obl. s. d.

208. 松 前 全 圖

Matsumaï zen-dzu.

„Carte de la province de Matsumaë" (île d'Yezo). Caractères chinois classiques. Par (Hasimoto) Giyoku-ran-saï (voir le catalogue d'Anderson p. 368). En couleurs. 1 feuille pliée gr. in-8°. Tôkiyô 1868.

209. 北 蝦 夷 圖 說

Kita Yezo dzu-setsu.

„Traité illustré sur l'île de Sachalin", d'après les informations du géographe Ma-miya Riu-zau. Ouvrage important pour la topographie et surtout pour l'ethnographie des insulaires. Caractères chinois peu cursifs et hiragana. Plusieurs gravures en noir, montrant que la population, sous le point de vue ethnique est entièrement différente des Aino's et se rattache plutôt à celle de la côte avoisinante. Illustré par (Kiyô-moku) Giyoku-ran-sai (voir le numéro précédent) et Sigeru Tan-sai. 4 vols. gr. in-8°. Yedo 1854.

210. 北 蝦 夷 餘 誌

Kita Yezo yo-si.

„Notions abondantes sur le Sachalin". Relation de voyage. En caractères chinois peu cursifs et hiragana. Plusieurs gravures en noir d'une grande valeur ethnographique. 1 vol. gr. in-8°. s. l. 1860.

211. 北 蝦 夷 新 志

Kita Yezo sin-si.

„Nouveau traité sur le Sachalin". En caractères chinois classiques et katakana. Par Okamoto Bun-pei. 1 vol. in-8°. 1867.

212. 唐 太 島

Karafuto sima.

Description de l'île de Sachalin. M. S. Caractères chinois classiques et katakana. Le dernier chapitre avec ses illustrations, copié du livre décrit sous le n°. 196. Par Mogami Tok'nai. 1 feuille pliée. s. d.

213. 薩 哈 連 島 之 圖

Sagarin sima no dzu.

Carte de l'île de Sachalin. M. S. Par Mogami Tok'nai. En noir. Dessin sur un réseau avec indication des degrés géographiques. 1 feuille pliée pet. in-8°. s. d.

214. 唐 太 島 之 圖

Karafuto sima no dzu.

Carte de l'île de Sachalin. M. S. Les noms de lieux en katakana. En couleurs. 1 feuille pliée. s. d.

215. 黑 龍 江 中 之 洲 天 度

Kok'-riu-kou tsiu no siu narabi ni ten-do.

„Carte de l'île (de Sachalin) située à l'embouchure de l'Amur, avec indication des degrés géographiques". Les noms de lieux en katakana. Par Mamiya Rin-zau. En couleurs. 1 feuille pliée pet. in-8°. s. l. e. d.

---

216. 瓜 生 氏 日 本 國 盡

Urivu ad. Nippon kok' tsukusi.

„Traité complet sur le Japon, par Urivu San-in". Texte en caractères chinois peu cursifs et hiragana. Cartes en couleurs. Le 1er vol. comprenant le Go-ki-nai et le 3e vol. le Tô-san-dô. 2 vols. in-8°. Tôkiyô 1872.

217. 本 朝 往 古 沿 革 圖 說

Hon-teu wau-ko yen-kaku dzu-setsu.

Atlas historique du Japon. Les noms de lieux en caractères chinois classiques. Texte explicatif en chinois peu cursif et hiragana. Par Mito Sai-ken. En couleurs. 1 vol. renfermant onze cartes. pet. in-folio. Tôkiyô 1815.

218. 本 朝 國 郡 建 置 沿 革 圖 說

Hon-teu kok'-gun ken-tsi yen-kaku dzu-setsu.

„Cartes historiques du Japon indiquant la division de l'empire à différentes époques". Caractères peu cursifs et hiragana. Par I-ssai Satau. En couleurs. 1 feuille pliée in-4°. Yedo 1823.

219. 新 板 日 本 國 大 繪 圖

Sin-ban Nippon-kok' oho-ye-dzu.

Grande carte du Japon, nouvellement publiée. Caractères chinois classiques et katakana. En noir. Sans méridiens ni parallèles. 1 feuille pliée in-8°. s. l. 1744.

220. 改 正 日 本 輿 地 路 程 全 圖

Kai-sei Nippon yo-tsi ro-tei zen-dzu.

„Carte générale de l'empire japonais, revue et corrigée, où sont indiquées les distances mutuelles des lieux". Caractères chinois classiques et katakana. En couleurs. 1 feuille pliée in-8°. s. l. 1775. Plusieurs exemplaires, dont un garni de notices manuscrites en anglais. La même carte, publiée par Gen-siu Siwŏ en 1779 et en 1811 à Tôkiyô et Ohosaka. La même carte, édition de 1846.

221. 大 日 本 細 見 揩 擧 全 圖

Dai Nippon sai-ken si-siyau zen-dzu.

Carte de l'empire japonais, à une échelle réduite. En caractères chinois classiques et katakana. Par Torikavi Tou-zai. Revue par Tatsibana Nan-kei-si, médecin à Kamakura, géographe distingué. En couleurs. 1 feuille pliée pet. in-fol. s. l. 1808.

222. 改 正 日 本 圖

Kai-sei Nippon dzu.

Carte du Japon, revue et corrigée. Caractères chinois classiques et katakana. En couleurs. Seulement les cercles de latitude sont tracés. 1 feuille pliée in-8°. s. l. 1811.

223. 大 日 本 接 壤 三 國 之 全 圖

Dai Nippon sets'-kuwai Mi-kuni no zen-dzu.

Carte de l'empire japonais et des „trois pays" (conquis) c. à. d. la Corée, les îles de Lieou-kieou et d'Yezo, d'après des modèles européens; la dernière île y est cependant représentée d'une manière tant soit peu pittoresque. Caractères chinois classiques et katakana. En couleurs. 1 feuille pliée in-8°. Miyako, Ohosaka 1816.

224. 日 本 輿 地 全 圖

Nippon yo-tsi zen-dzu.

Carte complète du Japon. Elle contient les routes navales, les noms des provinces et de leurs capitales et une table des distances. Caractères katakana. En couleurs. 1 feuille pliée in-8°. Tôkiyô 1872. L'éditeur fait mention d'un tirage de 1850.

225. 大 日 本 海 陸 全 圖

Dai Nippon kai-riku zen-dzu.

„Carte complète de la terre et de la mer du Japon". Caractères
chinois classiques et katakana. En couleurs. 1 feuille pliée in-8°. Yedo
1854. Éditions de 1864 et de 1876; la dernière édition en noir et d'une
exécution parfaite, les noms des districts et des principales villes en
caractères romains, les sondages en chiffres arabes. Dans la dernière
édition de cette carte le méridien de Greenwich a été adopté.

226. 大 日 本 國 細 圖

Dai Nippon-koku sai-dzu.

Petit atlas du Japon; atlas des provinces, précédé d'une mappemonde
suivant la projection de Mercator. Gravure sur cuivre, en noir. 2
vols. pet. in-8°., renfermés dans une boîte en bois. s. l. 1863—1865.

227. 銅 鎸 日 本 輿 地 全 圖

Tou-sen Nippon yo-dzi zen-dzu.

Carte générale du Japon gravée sur cuivre. Avec trois paysages
maritimes. 1 feuille pliée. pet. in-8°. s. l. e. d. Les méridiens tracés
par Ferro et Miyako ont été adoptés tous les deux. Hors commerce.

228. 日 本 繪 界 畧 圖

Nippon kuwai-kai riyaku-dzu.

Carte à échelle réduite du Japon et des pays adjacents. Gravure
sur cuivre. 1 feuille pliée. s. l. e. d.

229. 大 日 本 分 國 輿 地 全 圖

Dai Nippon bun-koku yo-dzi zen-dzu.

Grande carte géographique du Japon. Caractères chinois classiques.
Par Miyawaku Tsukaku. Belle carte en couleurs. 8 feuilles gr.
in-8°. s. l. e. d.

230.

Carte du Japon, sans titre. Avec indication des villes principales
et des routes. Les distances mutuelles des îles sont partout indiquées.

Avec table des quantités de riz annuellement payées en impôt par les différentes provinces. Caractères chinois classiques et katakana. En jaune et noir. 1 feuille pliée gr. in-8°. s. l. e. d.

231. 增 補 日 本 汐 路 之 記
Zou-ho Nippon siho-dzi no ki.

Manuel pour le navigateur dans les parages du Japon. En sinico-japonais cursif. Par Takada Masanori. 1 vol. pet. in-8°. Ohosaka 1796.

232. 大 坂 川 口 ヨ リ 長 崎 迄 舟 路
Ohosaka no kawa-gutsi yori Nagasaki made no sen-ro.

„La route navale entre la bouche de la rivière d'Ohosaka (la Yodo-gawa) et la ville de Nagasaki". M. S. Carte à l'usage des cabotiers. Garni de notes M. S. par un Japonais. Les noms de lieux sont transcrits à la plume en caractères romains. 1 feuille pliée in-folio. s. d.

---

233. 諸 國 奇 談
Siyo-koku ki-dan.

„Anecdotes sur tous les pays". Titre général d'une série de promenades à travers le Japon par le Dr. Tatsibana Nan-kei-si, médecin à Kamakura, géographe distingué, contenant toutes sortes de notices chorographiques, topographiques et historiques recueillies sur place par l'auteur. En sinico-japonais cursif. Illustrations en noir de différents artistes. À savoir:

a. 南 遊 記
Nan-yu ki.

„Promenades méridionales" vol. 1 in-8°. Miyako, Ohosaka 1794. Les 4 derniers vols. manquent.

b. 東 遊 記
Tou-yu ki.

„Promenades orientales". 5 vols. in-8°. Miyako, Ohosaka 1795. M. de Rosny dans son Catalogue de la bibliothèque Nordenskiöld fait mention de 8 volumes.

c. 西 遊 記

Sai-yu ki.

„Promenades occidentales". 5 vols. in-8°. Miyako, Ohosaka 1798.
Les promenades septentrionales font défaut.

234. 諸 國 經 緯 郡 城 數 附

Siyo-kok' tate-yokoki-koto gohori airo no kazu tsuku.

Table de la position astronomique de chaque province du Japon,
calculées par les astronomes de l'empire. M. S. avec le nombre des
districts et des forteresses. En caractères chinois classiques et katakana.
1 vol. in-8°. s. d.

235. 大 和 名 所 圖 會

Yamato mei-siyo dzu-e.

Album des endroits célèbres, ou chorographie historique de la
province de Yamato. Texte en caractères chinois peu cursifs et hiragana.
Par Akizato Ritou, également appelé Fu-ran-zei. Planches
noires par Takebara Siyun-tsiyau-sai de l'école Ukiyo-ye
6 tomes en 7 vols. gr. in-8°. Miyako, Ohosaka 1791. Ce livre a été
mentionné par Anderson dans son Catalogue p. 346.

236. 河 內 名 所 圖 會

Kawatai mei-siyo dzu-e.

Album des endroits célèbres, ou chorographie historique de la
province de Kawatsi. Texte en sinico-japonais cursif. Par Akisato
Ritou. Planches en noir par Niwa Tau-kei de l'école Ukiyo ye.
6 vols. gr. in-8°. Miyako, Ohosaka 1801. Le livre est mentionné
par Anderson dans son Catalogue p. 364.

237. 和 泉 名 所 圖 會

Idzumi mei-siyo dzu-e.

Album des endroits célèbres, ou chorographie historique de la
province d'Idzumi. Texte en caractères chinois peu cursifs et hiragana.
Par Akisato Ritou. Planches en noir de Takebara (voir le
n°. 235). 4 vols. gr. in-8°. Miyako, Ohosaka 1796.

238. 攝 陽 群 談
Setsu-yau gun-dan.

„Discussion sur Ohosaka". Chorographie historique très détaillée de la province de Setsu, dont Ohosaka est la capitale. Texte en majeure partie en caractères chinois classiques et katakana. Planches en noir. Texte et dessins d'Okada Ritsuke. 17 vols. gr. in-8°. Ohosaka 1717.

239. 攝 津 名 所 圖 會
Set-tsu mei siyo dzu-e.

Album des endroits célèbres, ou chorographie historique de la province de Setsu. En chinois peu cursif et hiragana. Par Akizato Ritou. Planches en noir par Takebara (voir le n°. 235). Descriptions séparées des districts de Sumiyosi, de Higasinari, de Nisinari, d'Ohosaka, de Simano sima et de Simano kami, de Tesima et de Kawabe, de Yarita (dont la suite fait défaut), et des districts de Muko et Uhara, d'Arima et de Nose. 8 tomes en 10 vols. gr. in-8°. Ohosaka 1798.

240. 東 海 道 名 所 圖 會
Tou-kai-dou mei-siyo dzu-e.

Album des endroits célèbres, ou chorographie historique du Tôkaidô, la région traversée par la grande route de Miyako à Yedo. Texte en chinois peu cursif et hiragana. Par Akizato Ritou. Planches en noir par différents artistes. 6 vols. gr. in-8°. Yedo, Miyako, Ohosaka 1797.

241. 木 曾 路 名 所 圖 會
Kiso-dzi mei-siyo dzu-e.

Album des endroits célèbres, ou chorographie historique du pays de Kisodzi, vulgairement appelé Kisokaidô, autrement dit Nakasendô, c. à. d: des provinces traversées par le chemin, qui va de la province de Kôtsuke par Seba, Motoyama et Yagobara à Gifu, capitale de la province de Mino. Texte en chinois peu cursif et hiragana. Par Akizato Ritou. Planches en noir par Ho'-kkiyo Nisimura Tsiu-wa de l'école Ukiyo-ye. 6 tomes en 7 vols. gr. in-8°. Miyako, Ohosaka. Éditions de 1805 et de 1814. Ce livre est mentionné par Anderson dans son Catalogue p. 346.

242. 武 藏 野 話

Musasi-no banasi.

„Discussions sur la province de Musasi", chorographie historique. En sinico-japonais cursif. Par Kuwak'-ki. Planches en noir par Suzuki Nan-rei de l'école Si-ziyô (Catalogue Anderson p. 417). 4 vols. gr. in-8°, s. l. 1815.

243. 近 江 名 所 圖 會

Aumi mei-siyo dzu-e.

Album des endroits célèbres, ou chorographie historique de la province d'Ômi. Texte en majeure partie en caractères chinois peu cursifs et hiragana. Par Akizato Ritou. Illustrations en noir par Nisimura Tsiu-wa (voir le n°. 241) 4 vols. gr. in-8°. Ohosaka 1814.

244. 播 磨 名 所 巡 覽 圖 會

Harima mei-siyo siyun-ran dzu-e.

Album des endroits célèbres, ou tournée chorographique et historique dans la province de Harima. Texte en chinois peu cursif et hiragana. Par Akizato Ritou. Planches noires. 5 vols. gr. in-8°. s. l. 1812.

245. 防 長 二 州 之 記

Bau-Tsiyau ni siu no ki.

Mémoire concernant les deux provinces de Bô-siu (Suwô) et de Tsiyô-siu (Nagato). M. S. 1 vol. in-8°. s. d.

246. 阿 波 名 所 圖 會

Awa mei-siyo dzu-e.

Album des endroits célèbres, ou chorographie historique de la province d'Awa (île de Sikok'). Texte en chinois peu cursif et hiragana. Planches noires. 2 vols. gr. in-8°. Ohosaka, Yedo, Miyako, Nagoya 1811.

247. 讃 岐 ノ 國 名 勝 圖 會

Sanuki no kuni mei-siyau dzu-e.

Album des endroits célèbres, ou chorographie historique de la province de Sanuki (île de Sikok'). Texte en sinico-japonais cursif. Par
Matsuoka Nobumasa. Planches en noir. 5 tomes en 7 vols. gr.
in-8°. Yedo, Miyako, Ohosaka 1854. Les deux suites de cet ouvrage
en 8 et en 5 vols font défaut.

248. 紀 伊 國 名 所 圖 會

Kii no kuni mei-siyo dzu-e.

Album des endroits célèbres, ou chorographie historique de la
province de Kii. Texte en caractères chinois peu cursifs et hiragana.
Par Akizato Ritou. Illustrations en noir par Ho'-kkiyo Tsiu-wa
(voir le n°. 241) 3 tomes en 5 vols gr. in-8°. Yedo, Ohosaka 1811;
l'éditeur fait mention d'un tirage de 1796. D'après M. de Rosny
(Catalogue Nordenskiöld) ce livre existe en 10 volumes.

249. 山 陵 志

San riyou si.

Traité sur les tombeaux des empereurs du Japon. Texte en caractères chinois classiques et katakana. Par Gamau Hidesane. 2 tomes
en 1 vol. gr. in-8°. Yedo 1822.

250. 古 山 陵 之 圖

Ko-san-riyou no dzu-e.

Dessins M. S. (en couleurs) des collines sépulchrales, contenant les
restes des vingt-quatre premiers Mikado's, de Zin-mu à Ken-sui (485
de notre ère). 24 feuilles avec notes M. S. en hollandais. s. d.

251. 筑 紫 紀 行

Tsikusi ki-kau.

Récit d'une excursion dans le pays de Tsikusi, la partie occidentale
de l'île de Kiu-siu, ou journal d'un voyage de Nagoya à Nagasaki et
vice-versa. En caractères chinois classiques et hiragana. Par Hisiya
Hei-sitsi. 10 vols. in-8°. s. l. 1802.

252. 富 士 見 十 三 州 輿 地 之 全 圖

Fusi mi ziyu-san-siu yo-dzi no zen dzu.

„Carte complète des treize pays ou provinces que l'on voit du haut
du mont Fuzi". Caractères chinois classiques. Par F u n a k o s i S i n - g u.
En couleurs. 1 feuille pliée pet. in-4°. s. l. 1843.

253. 國 郡 全 圖

Kok'-gun zen-dzu.

Atlas complet des provinces et des districts de l'empire japonais
en 76 cartes en couleurs. Caractères chinois classiques. Par A o f u
T ó k e i. Reproduction détériorée d'une grande carte du Dr. A k a m i d z u,
avec suppression des degrés géographiques. Caractères chinois classiques. En couleurs. 2 vols. in-4°. Owari, Nagoya 1828. — Voir le mémoire intitulé „Verzameling van japansche boekwerken" sous le n°. 15.

254. 九 州 之 圖

Kiu-siu no dzu.

Carte de l'île de Kiu-siu. Mauvaise impression en couleurs. Caractères
chinois classiques et katakana. 1 feuille pliée pet. in-8°. Nagasaki 1813.
Une édition de 1822 en noir, lavé en teinte verte; et une édition
de 1827, dont le titre est précédé des mots 大日本 Dai Nippon
„japonais" avec indication des seigneurs des différentes provinces et
de leurs revenus en riz. Les noms sur cette carte sont expliqués en
hollandais et à la plume.

255. 山 城 國 繪 圖

Yamasiro no kuni ye-dzu.

Carte de la province de Yamasiro. M. S. Caractères chinois classiques. En couleurs. 1 feuille pliée pet. in-folio. s. d.

Cette carte manuscrite, et celles qui suivent sous les numéros
258, 260, 262, 265, 266, 267, 270, 271, 273, 275, 277, 280, 281,
282, 283, 284, 287, 288, 289, 290 forment ensemble une remarquable
série. Elles présentent toutes le même aspect général. Seulement
deux d'entre elles sont datées, l'une de 1605, l'autre de 1679,
d'où il faut conclure qu'elles appartiennent toutes au 17e siècle.
Bien qu'elles ne soient pas tracées sur un réseau géographique, et

que par conséquent une certaine réserve à l'égard des contours soit
justifiée, le dessinateur — excellent cartographe pour son époque —
a pris soin de rendre toujours à la même échelle les distances mutuelles des lieux, à savoir une mesure, équivalant à peu près quinze
centimètres pour une lieue japonaise. Les longueurs des routes sont
indiquées et à coté de chaque ville ou village se trouve le chiffre
de l'impôt dû en riz.

256. 山 城 州 大 繪 圖

Yamasiro no kuni oho-ye-dzu.

Grande carte de la province de Yamasiro. Le centre de la carte
est occupé par le plan de la ville de Kiyôto, avec table des distances et des principales curiosités de la ville. Caractères chinois
classiques. En couleurs. Excellente exécution. Par Simokawabe
Ziu-sui de l'école Ukiyo-ye (1765—1791). 1 feuille pliée gr. in-8°.
s. l. 1778.

257. 山 城 國 全 圖

Yamasiro no kuni zen-dzu.

Carte de la province de Yamasiro. Caractères chinois peu cursifs
et hiragana. En couleurs. 1 feuille pliée gr. in-8°. Kiyôto 1865. — Nouvelle édition de 1878; le titre est précédé des mots 校正 Kau-sei
„édition corrigée; les noms de place en caractères chinois classiques
et katakana.

258. 大 和 國 繪 圖

Yamâto no kuni ye-dzu.

Carte de la province de Yamato M. S. Caractères chinois classiques. En couleurs. 1 feuille pliée in-folio. s. d. — Voir le n°. 255.

259. 大 和 國 細 見 繪 圖

Yamato no kuni sai-ken ye-dzu.

„Carte très exacte de la province de Yamato". Caractères chinois
classiques. Deux exemplaires, un en noir et un en couleurs. Par
Nakamura Kan-zi-sai. 1 feuille pliée gr. in-8°. s. l. 1776. Les
premiers tirages de 1725 et de 1735 sont mentionnés par l'éditeur.

260. 河 內 國 繪 圖

Kawatsi no kuni ye-dzu.

Carte de la province de Kawatsi. M. S. Caractères chinois classiques. En couleurs. 1 feuille pliée gr. in-8°. s. d. — Voir le n°. 255.

261. 河 內 國 細 見 小 圖

Kawatsi no kuni sai-ken seu-dzu.

„Carte très-exacte de la province de Kawatsi". Caractères chinois classiques. En couleurs. Par Niwa Tôkei de l'école Ukiyo-ye. 1 feuille pliée pet. in-8°. s. l. 1802. L'éditeur fait mention d'un tirage de 1776.

262. 和 泉 國 繪 圖

Idzumi no kuni ye-dzu.

Carte de la province d'Idzumi. M. S. Caractères chinois classiques. En couleurs. 1 feuille pliée in-8°. 1605. — Voir le n°. 255.

263. 和 泉 國 大 繪 圖

Idzumi no kuni obo-ye-dzu.

Grande carte de la province d'Idzumi. Caractères chinois classiques. En noir. Mauvais tirage. 1 feuille pliée in-4°. Imprimée des deux cotés. Cette carte est annoncée à la fin du n°. 236.

264. 攝 津 國 名 所 大 繪 圖

Setsu no kuni mei-siyo obo-ye-dzu.

Grande carte de la province de Setsu. Caractères chinois classiques. En noir. Les endroits remarquables (temples, etc.) sont indiqués. 1 feuille pliée in-4°. s. l. e. d.

265. 志 摩 國 繪 圖

Sima no kuni ye-dzu.

Carte de la province de Sima. M. S. Caractères chinois classiques. En couleurs. 1 feuille pliée in-8°. s. d. — Voir le n°. 255.

266. 尾 張 國 繪 圖
Owari no kuni ye-dzu.

Carte de la province d'Owari. M. S. Caractères chinois classiques. En couleurs. 2 feuilles pliées in-4°. s. d. — Voir le n°. 255.

267. 叁 河 國 繪 圖
Mikawa no kuni ye-dzu.

Carte de la province de Mikawa M. S. Caractères chinois classiques. En couleurs. 1 feuille pliée in-8°. s. d. — Voir le n°. 255.

268. 武 江 畧 圖
Musasi no ryaku-dzu.

Carte abrégée de la province de Musasi. Caractères chinois classiques. Par Iwasaki Tsunemasa. En noir, les fleuves en bleu. 1 feuille pliée pet. in-8°. Yedo 1824.

269. 武 藏 國 全 圖
Musasi no kuni zen-dzu.

Carte complète de la province de Musasi. Caractères chinois classiques. En couleurs. 1 feuille pliée gr. in-8°. s. l. 1856.

270. 阿 波 國 繪 圖
Awa no kuni ye dzu.

Carte de la province d'Awa. M. S. Caractères chinois classiques. En couleurs. 1 feuille pliée pet. in-folio. s. d. — Voir le n°. 255.

271. 近 江 國 繪 圖
Aumi (Ômi) no kuni ye-dzu.

Carte de la province d'Aumi (Ômi). M. S. Caractères chinois classiques. En couleurs. 2 feuilles pliées pet. in-folio. s. d. — Voir le n°. 255.

272. 近 江 國 大 繪 圖
Aumi (Ômi) no kuni oho-ye-dzu.

Grande carte de la province d'Aumi (Ômi). Caractères chinois classiques. Par Yamasita Sigemasa. 1 feuille pliée in-4°. Ohosaka 1824. La première édition de 1742 est mentionnée par l'éditeur.

273. 能 登 國 繪 圖

Noto no kuni ye-dzu.

Carte de la province de Noto. M. S. Tant soit peu pittoresque: les rochers, les temples, les vagues de la mer y sont représentés à vol d'oiseau. Caractères chinois classiques. En couleurs. 1 feuille pliée in-8°. s. d. — Voir le n°. 255.

274. 越 後 國 繪 圖

Yetsigo no kuni ye-dzu.

Carte de la province de Yetsigo. Caractères chinois classiques et katakana. En couleurs. 1 feuille pliée in-8°. s. l. e. d.

275. 佐 渡 國 繪 圖

Sado no kuni ye-dzu.

Carte de la province de Sado. M. S. Caractères chinois classiques. En couleurs. 1 feuille pliée in-8°. s. d. — Voir le n°. 255.

276. 丹 波 國 繪 圖

Tan-ba no kuni ye-dzu

Carte de la province de Tanba. Caractères chinois classiques. Par Yano Sadatosi. En noir. 1 feuille pliée in-8°. Miyako 1799.

277. 丹 後 國 繪 圖

Tango no kuni ye-dzu.

Carte de la province de Tango. M. S. Caractères hiragana. En couleurs. 1 feuille pliée in-8°. s. d. — Voir le n°. 255.

278. 丹 後 國 繪 圖

Tango no kuni ye-dzu.

Carte de la province de Tango. Caractères chinois classiques. Par Saitô Sin-sayemon. En noir. 1 feuille pliée in-8°. Ohosaka 1817.

279. 但 馬 國 繪 圖

Tadzima no kuni ye-dzu.

Carte de la province de Tadzima. Caractères chinois classiques. En noir. 1 feuille pliée in-4°. Ohosaka 1787. Carte du genre de celle mentionnée sous le n°. 264.

280. 因 幡 國 繪 圖

Inaba no kuni ye-dzu.

Carte de la province d'Inaba. M. S. Caractères chinois classiques.
En couleurs. 1 feuille pliée in-8°. s. d. — Voir le n°. 255.

281. 伯 耆 國 繪 圖

Hôki no kuni ye-dzu.

Carte de la province de Hôki. M. S. Caractères chinois classiques.
En couleurs. 1 feuille pliée in-8°. s. d. — Voir le n°. 255.

282. 石 見 國 繪 圖

Iwami no kuni ye-dzu.

Carte de la province d'Iwami. M. S. Caractères chinois classiques.
En couleurs. 3 feuilles pliées pet. in-folio s. d. — Voir le n°. 255.

283. 隱 岐 國 繪 圖

Oki no kuni ye-dzu.

Carte de la province d'Oki. M. S. Caractères chinois classiques. En
couleurs. 1 feuille pliée. in-8°. s. d. — Voir le n°. 255.

284. 播 磨 國 繪 圖

Harima no kuni ye-dzu.

Carte de la province de Harima. M. S. Caractères chinois classiques.
En couleurs. 1 feuille pliée gr. in-8°. s. d. — Voir le n°. 255.

285. 播 磨 國 大 繪 圖

Harima no kuni oho-ye-dzu.

Grande carte de la province de Harima. Caractères chinois classiques.
Par Yamasita Sigemasa. En noir. 1 feuille pliée gr. in-8°. Ohosaka.
Éditions de 1749 et de 1791.

286. 播 磨 國 細 見 繪 圖

Harima no kuni sai-ken ye-dzu.

Carte exacte de la province de Harima. En caractères chinois classiques et katakana. En couleurs. 1 feuille pliée in-8°. s. l. 1846.

287. 美 作 國 繪 圖

Mimasaka no kuni ye-dzu.

Carte de la province de Mimasaka. M. S. Caractères chinois classiques. En couleurs. 1 feuille pliée in-4°. s. d. — Voir le n°. 255.

288. 備 前 國 繪 圖

Bizen no kuni ye-dzu.

Carte de la province de Bizen. M. S. Caractères chinois classiques. En couleurs. 1 feuille pliée gr. in-8°. s. d. — Voir le n°. 255.

289. 備 中 國 繪 圖

Bitsiu no kuni ye-dzu.

Carte de la province de Bitsiu. M. S. Caractères chinois classiques. En couleurs. 1 feuille pliée gr. in-8°. 1679. — Voir le n°. 255.

290. 淡 路 國 繪 圖

Awadzi no kuni ye-dzu.

Carte de la province d'Awadzi. M. S. Caractères chinois classiques. En couleurs. 1 feuille pliée in-8°. s. d. — Voir le n°. 255.

291. 神 奈 川 縣 管 內 之 圖

Kanagawa-ken kuwan-nai no dzu.

Carte de la préfecture de Kanagawa. Caractères chinois classiques. En noir. Sur cuivre. 1 feuille pliée pet. in-8°. s. l. 1878.

292.

Collection de cartes dessinées à la main, de différentes provinces du Japon.

---

293. 增 補 繪 入 都 名 所 車
Zou-ho ye-ire Miyako mei-siyo kuruma.

„Le cercle des endroits célèbres de Kiyôto". Topographie de l'ancienne capitale, augmentée et illustrée. Ce livre contient un guide pour la ville et ses environs, une description du palais et des différents sanctuaires et un almanach des fêtes périodiques. Par Kaibara Tok' sin. 1 vol. pet. in-8°. Miyako 1714.

294. 都 名 所 圖 會

Miyako mei-siyo dzu-e.

Album des endroits célèbres, ou topographie historique de la ville de Kiyôto. Caractères chinois peu cursifs et hiragana. Par Akizato Ritou. Planches en noir de Takebara Siyun-ten-sai, de l'école Ukiyo-ye. 6 vols. et 5 vols. supplémentaires, en tout 11 vols. gr. in-8°. Miyako, Yedo, Ohosaka 1786. — Voir Anderson, Catalogue p. 346.

295. 都 林 泉 名 勝 圖 會

Miyako rin-sen mei-siyau dzu-e.

„Album de ce qui est le plus remarquable parmi les bosquets et les fontaines de Kiyôtô". Topographie historique. Caractères chinois peu cursifs et hiragana. Par Akizato Ritou. Illustrations en noir de différents artistes. 4 tomes en 5 vols. gr. in-8°. Miyako 1798.

296. 天 明 再 板 京 都 メ グ リ

Ten-mei sai-han. Kiyau-to meguri.

Promenades à Kiyôto, nouvelle édition de la période Ten-mei (1781—88). Guide illustré pour visiter en 17 jours les curiosités de la ville et de ses environs. Caractères chinois peu cursifs et hiragana. Planches noires, occupant le bas des pages, par Simokawabé Ziu-sui le fils, de l'école Ukiyo-ye. Édition de 1815 sur les planches xylographiques rajeunies de l'édition publiée par Kaibara Tok' sin en 1718. 2 vols. pet. in-8°.

297. 京 之 水

Kiyau no midzu.

„Les eaux de la capitale"; topographie de la ville de Kiyôto. Le premier volume contient un guide pour le palais impérial, le second une description des deux parties de la ville. Caractères chinois classiques et hiragana. Planches noires. 2 vols. gr. in-8°. Miyako 1791.

298. 江 戸 砂 子

Yedo sunago.

„Grains de sable d'Yedo". Description détaillée de cette métropole.
Texte en sinico-japonais cursif. Par Kikuoka Ten-riyô. Avec
quelques plans et dessins d'édifices. 6 tomes en 8 vols. in-8°. 3° édition.
Yedo 1772. Les deux premières éditions datant de 1732 et de 1768
sont mentionnées par l'éditeur.

299. 續 江 戸 砂 子

Tsugi Yedo sunago.

„Suite des grains de sable d'Yedo". Par Kikuoka Ten-riyô.
5 vols. in-8°. Yedo 1735.

300. 江 戸 名 所 圖 會

Yedo mei siyo dzu-e.

Album des endroits célèbres, ou topographie historique d'Yedo.
Caractères chinois peu cursifs et hiragana. Par Sai-tou. Illustré
d'excellentes gravures par Hasegawa Set'-tan de l'école Ukiyo-ye.
20 vols. gr. in-8°. Yedo 1832—1836. — Ce livre est mentionné par
Anderson, Catalogue p. 364.

301. 横 濱 開 港 見 聞 誌

Yokohama kai-kou ken-bun-si.

„Ce qu'on voit et entend au port de Yokohama". Caractères chinois
classiques et hiragana. Texte et gravures (en noir) par Hasimoto
Giyoku-ran-sai Sadahide, de l'école Ukiyo-ye, (voir Anderson,
Catalogue p. 368). 3 vols. gr. in-8°. s. l. e. d.

302. 長 崎 行 役 日 記

Nagasaki giyau-yaku ni'-kki.

Journal du Commissaire, envoyé de la province de Hidatsi à la
ville de Nagasaki en 1769. Texte en sinico-japonais cursif. Par Seki-siu
ou Gen-siu, auteur de plusieurs ouvrages géographiques dont la liste
se trouve à la fin de ce volume. Plusieurs éditions de cartes hollandaises ont été soignées par lui. Planches noires. 1 vol. gr. in-8°.
Yedo, Miyako, Ohosaka 1805.

303. 長 崎 出 産
Nagasaki siyut'-san.

„Ce qui se passe à Nagasaki"; topographie historique. Texte en sinico-japonais cursif. Illustrations en noir par Kei-sai Ikeda yeisen et de Bun-sai Gi-ya Nobuharu, de l'école Ukiyo-ye. 1 vol. in-8°. Nagasaki 1847.

---

304. 新 補 京 之 圖
Sin-bo no Miyako no dzu.

Nouveau plan de la ville de Miyako (et de ses environs). A l'intérieur se trouve le second titre suivant:

新 板 平 安 城 并 洛 外 文 圖
Sin-ban Hei-an-ziyau, narabi ni Raku-guwai no dzu.

„Nouveau tirage de la carte de Miyako et de ses environs". Caractères peu cursifs et hiragana. En noir. 1 feuille pliée pet. in-8°. s. l. 1684.

305. 新 撰 增 補 京 大 繪 圖
Miyako oho-ye-dzu.

Grande carte de la ville de Kiyôto, nouvelle édition augmentée. Caractères chinois peu cursifs et hiragana. En noir. 2 feuilles pliées gr. in-8°. Miyako. Éditions de 1686 et de 1741. Des marques M. S. à l'encre rouge renvoient le lecteur à un registre M. S. joint à la carte, et où se trouve la transcription des noms en italiques.

306. 京 繪 圖
Miyako no ye-dzu.

Plan de la ville de Miyako. Caractères hiragana. En noir. 1 feuille pliée pet. in-8°. s. l. e. d.

307. 懷 寶 京 繪 圖
Kwai bau Miyako no ye-dzu.

„Plan de (l'ancienne) capitale, édition de poche". Guide des sanctuaires, des ruines, des rues et des allées de la ville et de ses environs. Caractères chinois classiques et katakana. En rouge. 1 feuille pliée pet. in-8°. s. l. 1774.

308. 天 明 新 板 神 中 京 繪 圖

Ten-mei sin-ban siyuu-tsiu Miyako no ye-dzu.

Nouveau plan de la ville de Miyako „édition de poche" de la période Ten-mei. Les deux systèmes d'écriture. En couleurs. 1 feuille pliée pet. in-8°. s. l. 1786.

309. 文 化 改 正 京 都 指 掌 圖

Bun-kuwa kai-sei Kiyou-to si-siyau no dzu.

Plan exact de la ville de Kiyôto, édition corrigée de la période Bun-kuwa (1804—1817). Caractères chinois cursifs et hiragana. En couleurs. 1 feuille pliée pet. in-8°. Kiyôto, Ohosaka 1812. — Une édition en noir datée de 1840 porte le même titre, où les mots Bun-kuwa sont remplacés par Ten-pô (1830—1843).

310. 文 化 改 正 新 增 細 見 京 繪 圖

Bun-kuwa kai-sei sin-zou sai-ken Kiyau no ye-dzu.

Nouveau plan de la ville de Kiyôto „examiné avec soin", édition de la période Bun-kuwa. Caractères chinois classiques et katakana. En couleurs. 1 feuille pliée pet. in-8°. s. l. 1811—1813.

311. 大 成 京 細 見 繪 圖

Tai-sei Kiyau sai-ken ye-dzu.

Plan de la ville de Kiyôto. Caractères chinois classiques et hiragana. Par Takebara Kôhei. En couleurs 1 feuille pliée in-8°. s. l. 1864.

312. 新 改 內 裏 圖

Sin-kai Dairi no dzu.

Plan-guide du palais impérial. Caractères chinois classiques. En noir. 1 feuille pliée pet. in-8°. Kiyôto 1817. Nouvelle édition. Les tirages antérieurs de 1802 et de 1812 sont mentionnés sur la carte.

313. 北 條 氏 康 時 代 武 州 江 戶 繪 圖

Ho-ziyau no Udziyasu zi-dai bu-siu Yedo no ye-dzu.

Plan de la ville d'Yedo, comme elle était du temps de Hô-ziyô no Udziyasu (1540—1561). Caractères chinois classiques et katakana. En couleurs. 1 feuille pliée s. l. 1804.

314.

Plan de la ville d'Yedo sans titre. On voit entrer dans le port le Takarabune, ou navire chargé de richesses, emblème de bonne augure. Caractères chinois classiques et katakana. En jaune. 1 feuille pliée pet. in-4°. s. l. 1733.

315. 分 間 江 戸 大 繪 圖

Bun-ken Yedo oho-ye-dzu.

„Grand plan géométrique de la ville d'Yedo". Avec indication des palais des grands de l'empire, souvent accompagnée de leurs armoiries. La carte contient en outre une table des distances des temples de la ville, une liste des districts de la province de Musasi, des grandes routes, des postes de la police de sureté et plusieurs données astronomiques et météorologiques. Échelle de un bun à douze ken ou de 1 : 7200. Caractères chinois classiques et katakana. En jaune. 1 feuille pliée in-4°. Yedo. Éditions de 1732, 1772, 1778 et 1825 s. l. Sur deux exemplaires les noms indigènes sont numerotés à la plume, lesquels numéros renvoient à la liste M. S. des noms transcrits en italiques, qui accompagne la carte.

316. 分 間 御 江 戸 圖

Bun ken On Yedo no dzu.

„Plan géométrique de la ville d'Yedo". Caractères hiragana. En rouge. Échelle de un bun à trente ken ou de 1 : 18000. 1 feuille pliée pet. in-8°. Édition de 1804. s. l.

317. 分 間 懷 寶 御 江 戸 繪 圖

Bun-ken kuwai-bau On Yedo no ye-dzu.

„Plan géométrique de la ville d'Yedo, édition de poche". Caractères chinois classiques et katakana. En noir. 1 feuille pliée pet. in-8°. Yedo 1825.

318. 廣 益 御 江 戸 繪 圖

Kuwau-yeki On Yedo no ye-dzu.

„Plan de la ville prospère d'Yedo". Caractères chinois cursifs et hiragana. Par Nisimura Yohatsi. En couleurs. 1 feuille pliée pet. in-8°. s. l. 1793.

319. 再 版 新 改 御 江 戸 繪 圖

Sai-ban sin-kai On Yedo no ye-dzu.

„Nouveau tirage corrigé du plan de la ville d'Yedo". Caractères chinois cursifs et hiragana. En couleurs. 1 feuille pliée in-8°. Yedo. Éditions de 1797, 1804, 1818 s. l. — Sur celle de 1804 les mots Sai-ban sin-kai ont été remplacés par: 文化改正 Bun-kuwa kai-sei, c. à. d. édition corrigée de la période Bun-kuwa (1804—1817).

320. 繁 榮 御 江 戸 繪 圖

Han-yei On Yedo no ye-dzu.

„Plan de la joyeuse ville d'Yedo". Caractères chinois classiques et katakana. En couleurs. 1 feuille pliée gr. in-8°. Tôkiyô 1866.

321. 文 政 改 正 御 江 戸 大 繪 圖

Bun-sei kai-sei On Yedo oho-ye-dzu.

„Grand plan de la ville d'Yedo publié dans la période Bun-sei (1818—1839)." Caractères chinois classiques et katakana. En couleurs. 1 feuille pliée gr. in-8°. s. l. 1824. — Édition de la période 萬延 Man-en (1860). — Édition de la période 明治 Mei-dzi (commencée l'an 1868), le nom de Yedo y est remplacé par celui de 東京 Tôkiyô.

322. 泰 平 御 江 戸 大 繪 圖

Tai-hei On Yedo oho-ye-dzu.

„Grand plan de la ville paisible d'Yedo". En couleurs. 1 feuille pliée pet. in-8°. s. l. 1854.

323. 府 鄕 御 江 戸 繪 圖

Fu-gau On Yedo no ye-dzu.

„Carte de la ville d'Yedo et de ses environs". Caractères chinois peu cursifs et hiragana. En couleurs. 1 feuille pliée gr. in-8°. s. l. e. d.

324. 東 都 近 郊 全 國

Tou-do kin-kau zen-dzu.

„Plan topographique de la ville d'Yedo". Caractères chinois classiques. En couleurs. 1 feuille pliée pet. in-8°. Yedo. Éditions de 1844 et de 1848.

325. 下 谷 淺 草 邊 之 圖
Sitaya Asakusa kata no dzu.

„Plan des quartiers de Sitaya et de Asakusa de la ville de Tôkiyô". Caractères chinois classiques et katakana. Par Yosida Niyo-riu et Ko-sen Rai-tei-yuu. En jaune. 1 feuille pliée pet. in-8°. Yedo 1767.

326. 谷 中 本 郷 丸 山 小 石 川 邊 之 圖
Yanaka Hon-gau Maruyama Koisigawa kata no dzu.

„Plan des quartiers de Yanaka, Hon-gô, Maruyama et Koisigawa de la ville de Tôkiyô". Caractères chinois classiques et katakana. Par Yonegawa Tei-ka. En jaune. 1 feuille pliée pet. in-8°. Yedo 1770.

327. 駿 河 臺 小 川 町 之 圖
Suruga-dai Ogawa matsi no dzu.

„Plan des quartiers de Suruga-dai et de Ogawa-matsi de la ville de Tôkiyô". Caractères chinois classiques et katakana. Par Kau-hô Iisitsu. En jaune. 1 feuille pliée pet. in-8°. s. l. e. d.

328. 東 都 永 町 之 繪 圖
Tou-do Nagata-tsiyau no ye-dzu.

„Plan du quartier de Nagata-tsiyô de la ville de Tôkiyô". Caractères chinois classiques et katakana. Par Ko-sen Rai-tei-yuu. En jaune. 1 feuille pliée pet. in-8°. s. l. 1759.

329. 東 都 番 町 之 繪 圖
Tou-do Ban-tsiyau no ye-dzu.

„Plan du quartier de Ban-tsiyô de la ville de Tôkiyô". Caractères chinois classiques et katakana. Par Ko-sen Rai-tei-yuu et Kau-hô Iisitsu. En jaune. 1 feuille pliée pet. in-8°. s. l. 1752.

330. 濱 町 神 田 日 本 橋 北 之 圖
Hama-tsiyau Kanda Nihon-basi kita no dzu.

„Plan des quartiers de Hama-tsiyô, Kanda et Nihonbasi nord de la ville de Tôkiyô". Caractères chinois classiques et katakana. Par Ko-sen Rai-tei-yuu et Bai-dô-sen Haku-hô. En jaune. 1 feuille pliée pet. in-8°. s. l. 1770.

331. 芝 愛 岩 下 邊 之 圖

Siba Atago-sita kata no dzu.

„Plan des quartiers de Siba et Atago-sita de la ville de Tôkiyô". Caractères chinois classiques et katakana. Par Ko-sen Rai-tei-yuu. En jaune. 1 feuille pliée pet. in-8°. s. l. 1766.

332. 築 地 八 町 堀 日 本 橋 南 之 圖

Tsuku-dzi Ba-tsiyau-hori Nihon-basi minami no dzu.

„Plan des quartiers de Tsuku-dzi, de Batsiyô-hori et de Nihon-basi sud de la ville de Tôkiyô". Caractères chinois classiques et katakana. Par Yone-yama Tei-ka. En jaune. 1 feuille pliée pet. in-8°. s. l. 1775.

333. 江 戶 切 繪 圖

Yedo kiri ye-dzu.

„Collection complète de plans des quartiers de la ville de Tôkiyô". Caractères chinois. En couleurs. 37 feuilles pliées pet. in-8°. et réunies dans une caisse en bois. s. l. 1849.

334. 御 江 戶 町 ヅ ク シ

On Yedo matsi dzukusi.

„Liste complète des rues d'Yedo". Caractères hiragana. 1 vol. pet. in-8°. avec frontispice en couleurs représentant une malle avec le Fuziyama sur l'arrière-plan. s. l. c. d.

335. イ ロ ハ 分 獨 案 内 江 戶 町 ヅ ク シ

Irova wake hitori annai Yedo matsi tsukusi.

„Guide des rues de Tôkiyô à l'usage du promeneur solitaire". En sinico-japonais cursif. Arrangé suivant l'irova. 1 vol. in-16°. obl. Yedo 1821.

336. 新 板 御 江 戶 名 所 獨 案 內 記

Sin-ban On Yedo mei siyo hitori an-nai ki.

„Manuel pour visiter sans guide les endroits célèbres de Tôkiyô". Les temples, les bosquets etc. sont indiqués. Le plan est entièrement rempli d'une description en sinico-japonais cursif; une table indique les distances des différents points de la ville au grand pont, le

Nihon-basi. La carte est numérotée à la plume, en rouge; la liste
où les numéros sont expliqués fait cependant défaut. 1 feuille pliée
pet. in-8°. s. l. e. d.

337. 江 戶 御 城 內 御 住 屋 之 圖

Yedo go siyau nai go sumai no dzu.

„Plan de l'intérieur du palais d'Yedo". M. S. 1 feuille pliée. s. d.

338. サ イ ケ ン

Sai ken.

Indicateur pour le quartier de Yosiwara à Tôkiyô. Une bande blanche
au centre des pages représente la rue; les maisons de thé, etc. y sont
représentées à droite et à gauche par de petits carrés, contenant les
noms du personnel et les tarifs. Caractères sinico-japonais cursifs.
1 vol. pet. in-8°. 1826.

339. 江 戶 築 地

Yedo Tsuku-dzi.

„Plan of Hotel at Yedo t'skege". Plan de l'hotel Tsukudzi à Yedo.
La façade et le plan du premier étage, dessinés sur une feuille séparée
y sont attachés par le bord, à la manière japonaise, de sorte qu'on
peut les redresser et former un véritable modèle. Le même procédé
est suivi dans les atlas d'anatomie et les représentations de scènes
de théatre. 1 feuille pliée pet. in-8°. s. l. e. d.

340. 橫 濱 明 細 全 圖

Yokohama mei-sai zen dzu.

„Plan exact et complet de la ville de Yokohama". Caractères chinois
classiques et katakana. En couleurs. 1 feuille pliée gr. in-8°. s. l. 1868
nouvelle édition (la première était de 1864).

341. 自 上 古 到 今 世 難 波 大 坂 十 二 圖

Inisiye yori ima-yo made Naniva Ohosaka ziu-ni dzu.

Série de 13 plans exécutés à la main, montrant l'aspect successif
de la cité d'Ohosaka depuis les temps les plus reculés. Les premières

cartes contiennent les origines de la ville de 660 avant J. C. à 534 de notre ère; les dernières cartes de la série se rapportent aux années 1382 et 1655. s. d.

342. 大 坂 安 部 之 合 戰 之 圖

Ohosaka Abe no ka'-ssen no dzu.

Croquis assez naïf du siège d'Ohosaka par Tokugawa Iyeyasu en 1615. M. S. 1 feuille pliée. s. d.

343. 增 補 大 坂 圖

Zou-ho Ohosaka no dzu.

„Plan de la ville d'Ohosaka". Les deux systèmes d'écriture. Par Murakami Hei-raku-si. En noir; mauvais tirage. 1 feuille pliée in-8°. s. l. 1681.

344. 新 板 增 補 大 坂 之 圖

Sin-ban zou-ho Ohosaka no dzu.

„Plan de la ville d'Ohosaka. Caractères chinois classiques et katakana. En couleurs. 1 feuille pliée pet. in-8°. s. l. 1787.

345. 增 修 大 坂 指 掌 圖

Zou-siu Ohosaka si-siyau dzu.

„Plan exact augmenté et corrigé de la ville d'Ohosaka". Sur le revers se trouve une bonne carte de la rivière Sumida et une liste des produits et des douze ponts principaux. L'échelle est de 1 à 14400; une lieue japonaise mesurant sur la carte neuf pouces (sun). Caractères chinois classiques et katakana. En noir. Sur un des deux exemplaires de cette carte un réseau topographique se trouve tracé en rouge; l'autre est enrichi de notes M. S. de feu M. Hoffmann. 1 feuille pliée pet. in-8°. Éditions de 1793—1794 et de 1797. Les éditions antérieures mentionnées par l'éditeur sont datées de 1765, 1779 et 1783.

346. 增 修 改 正 攝 州 大 坂 地 圖

Zou siu kai-sei Set-siu Ohosaka dzi no dzu.

„Plan du territoire de Ohosaka, capitale de la province de Setsu", d'après le nouvel arpentage, exécuté par ordre impérial de l'an 1789, et terminé en 1806. C'est le meilleur plan de la ville d'Ohosaka qui existe, même sous le point de vue européen. Caractères chinois classiques. En noir. Dessiné par Hokkiyô Giyok'-zan, peut-être l'artiste mentionné par Anderson, Catalogue p. 346. 1 feuille pliée in-4°. s. l. e. d.

347. 文 政 新 改 攝 州 大 坂 全 圖

Bun-sei sin-kai Set'-siu Ohosaka no zen dzu.

„Plan complet de la ville d'Ohosaka", capitale de la province de Setsu. Imprimé dans la période Bun-sei (1821—1825). Ce plan est exécuté à l'échelle de 1 à 7200. Caractères chinois classiques avec katakana, en partie ajouté à la main. 1 feuille pliée in-8°. s. l.

348. 改 正 攝 津 大 阪 圖

Kai-sei Set'-tsu Ohosaka no dzu.

„Plan de la ville d'Ohosaka" dans la province de Setsu. En couleurs. 1 feuille pliée pet. in-8°. s. l. 1843. — Une édition gr. in-8° de l'an 1845 s. l.

349. 國 寶 大 阪 全 圖

Koku-hau Ohosaka zen-dzu.

Carte complète de la ville d'Ohosaka, le trésor du pays; édition revue et augmentée. Caractères chinois cursifs. En couleurs. 1 feuille pliée gr. in-8°. Ohosaka 1843.

350. 萬 壽 大 阪 細 見 圖

Ban-ziu Ohosaka sai-ken dzu.

„Plan abrégé de l'éternelle ville d'Ohosaka". En couleurs. 1 feuille pliée pet. in-8°. s. l. 1863. Onzième édition. D'après l'éditeur la première serait publiée en 1688.

351. 大 坂 繪 圖

Ohosaka ye-dzu.

„Plan de la ville d'Ohosaka". Caractères chinois classiques et katakana. En couleurs. 1 feuille. gr. in-8°. s. l. 1863.

352. 攝 州 大 坂 繪 圖

Set'-siu Ohosaka ye-dzu.

„Plan de la ville d'Ohosaka" dans la province de Setsu. La ville,
entrecoupée de canaux, est environnée d'une ceinture de postes de
sûreté pour garder les magasins de riz des grands de l'empire, qui
se trouvent en grand nombre dans la ville et qui sont indiqués par
une lettre sur le plan. Ces lettres renvoient le lecteur à une table
se trouvant dans un des coins de la carte et contenant le nom des
propriétaires et la quantité de riz qui forme leurs revenus. En couleurs. Caractères chinois classiques et katakana. 1 feuille pliée in-8°.
Ohosaka s. d.

353. 大 坂 之 圖

Ohosaka no dzu.

„Plan de la ville d'Ohosaka". Avec indication des agrandissements
successifs et une table de l'étendue des différents quartiers. Caractères
chinois classiques et katakana. Légèrement lavé. 1 feuille pliée pet.
in-8°. s. l. e. d.

354. 大 坂 城 之 圖 軍 攻 之 圖

Ohosaka no siro no dzu. Gun-kou no dzu.

a. „Plan M. S. du château d'Ohosaka". En couleurs. 1 feuille pliée s. d.
b. „Plan M. S. de la ville d'Ohosaka". En noir. 1 feuille pliée s. d.

355. 大 坂 町 鑑

Ohosaka matai kagami.

„Aperçu des rues d'Ohosaka". Indicateur miniature des noms des
rues, arrangés par ordre alphabétique. En sinico-japonais cursif. 1
feuille pliée in-16°. obl. Ohosaka 1756.

356. 和 州 奈 良 之 繪 圖

Wa-siu Nara no ye-dzu.

„Plan de la ville de Nara dans la province de Yamato". En sinico-
japonais cursif. En couleurs. 1 feuille pliée s. l. 1864.

357. 兵 庫 細 見 全 圖
Hiyôgo sai-ken zen-dzu.

„Plan-guide de la ville de Hiôgo et de ses environs". Caractères katakana. En couleurs. 1 feuille pliée pet. in-8°. 1869.

358. 播 磨 姫 路 之 圖
Harima Himedzi no dzu.

„Plan de la ville de Himedzi dans la province de Harima". M. S. Caractères chinois classiques et katakana. En couleurs. 1 feuille pliée in-8°. s. d.

359. 肥 州 長 崎 圖
Hisiu Nagasaki no dzu.

„Plan de la ville de Nagasaki" dans la province de Hi-zen. Carte topographique de la ville et du port. Les deux systèmes d'écriture. En noir légèrement lavé à l'encre de Chine. Deux navires chinois et deux navires siamois se trouvent amarrés dans le port. De plus deux rangées de chaloupes s'occupent à remorquer un vaisseau de commerce hollandais. Le plan contient une table des distances de Nagasaki aux principales villes du Japon. 1 feuille pliée pet. in-8°. Nagasaki. Éditions de 1778, 1802 et 1821.

360. 肥 前 長 崎 圖
Hi-zen Nagasaki no dzu.

„Plan de la ville de Nagasaki dans la province de Hi-zen". En couleurs. Plusieurs navires hollandais sont dessinés dans le port. Mauvais tirage. 1 feuille pliée pet. in-8°. s. l. e. d. antérieur à l'an 1858.

361. 御 免 遊 女 町 松 嶋 廓 之 圖
O men-yuu-dziyo matsi Matsu-sima kuwaku no dzu.

Le quartier du plaisir à Nagasaki. Caractères chinois cursifs. 1 feuille s. l. e. d.

362. 鎌 倉 勝 槩 圖
Kamakura siyou-kai no dzu.

„Plan de Kamakura", avec le temple Tsuruoka Hatsiman no miya et son entourage. Caractères chinois classiques et hiragana. Par Hada Kasimaru. En couleurs. 1 feuille pliée in-4°. s. l. 1798.

363. 名 所 圖 會
Mei-siyo dzu-e.

Série de dessins d'endroits célèbres du Japon. Par Kitawo Keisai
Masayosi de l'école Ukiyo-ye. Feuille allongée en rouleau 1785.

364. 日 本 名 所 之 繪
Nippon mei-siyo no ye.

„Tableau des endroits remarquables du Japon". Le Japon à vol
d'oiseau. Joli dessin en couleurs de Kitawo Keisai Masayosi.
s. l. e. d.

365. 名 山 圖 譜
Mei san dzu-bu.

Dessins des montagnes célèbres (du Japon). Série de paysages, par
Tani Bun-teu, issu de l'école de Kano, suivant cependant la manière chinoise. En couleurs. 3 feuilles pet. in-fol. s. l. 1804. Mentionné
par Anderson, Catalogue p. 195.

366. 日 本 名 山 圖 會
Nippon mei-san dzu-e.

„Vues pittoresques des montagnes du Japon". Album de paysages
en noir, par Tani Bun-teu. Notices explicatives en chinois classique.
3 vols. in-4°. Yedo 1812. Mentionné par Anderson, Catalogue p. 195.

367. 山 水 奇 觀
San-sui ki-kuwan.

„Rares aspects des montagnes et des eaux". Série de paysages
montagneux, en noir, comprenant les San-in- et San-yau-dou, les Nan-
kai- et Sai-kai-dou. Le reste du Japon se trouve dans deux suites à
cet ouvrage, en 4 vols. chacune, qui manquent à la collection. Texte
explicatif en caractères chinois peu cursifs. Par Kiyok-kou. 4 vols.
in-8°. Yedo, Ohosaka 1800.

368. 銅 版 細 通 帖
Dou-han sai-tsuu teu'.

Série de 20 gravures sur cuivre, collées ensemble et pliées en forme
de paravent. Les 17 premières représentent des endroits célèbres du

Japon avec texte explicatif en chinois cursif et hiragana, suivi d'un tableau des exploits des 47 rô-nin, d'une copie du livre des mille mots en caractères chinois classiques finement gravés, et d'une galerie de portraits de héros japonais. En noir; exécution admirable. Le livre est précédé d'une dédicace manuscrite à feu M. le professeur Hoffmann, signée 1862. Deuxième volume. in-16°. obl.

369. 和 洲 吉 野 山 名 勝 圖

Wa-siu Yosino yama mei-siyo dzu.

Panorama's des endroits remarquables du pays montagneux de Yosino dans la province de Yamato. Texte en caractères chinois peu cursifs et hiragana. Par Kaibara Tok'-sin agé de 84 ans. En couleurs. 1 feuille pliée pet. in-folio. s. l. 1713. — Les numéros 369, 383, 384 et 386 forment une série.

370. 攝 津 國 名 所 大 繪 圖

Sef'-tsu no kuni mei-siyo oho-ye-dzu.

Panorama à vol d'oiseau des endroits célèbres de la province de Setsu. Texte en caractères chinois classiques et katakana. En couleurs. 1 feuille pliée gr. in-8°. s. l. 1836.

371. 澱 川 兩 岸 勝 景 圖 會

Yodo-gawa riyou-gan siyou-kei dzu-e.

Panorama des deux rives de la Yodogawa, depuis son entrée dans la ville d'Ohosaka jusqu'à son embouchure. Texte en caractères chinois peu cursifs et hiragana. Jolis dessins lavés. Par Keu-siyau sei. 1 vol. gr. in-8°. Ohosaka, Kiyôto 1824.

372. 淀 川 両 岸 一 覽

Yodo-gawa riyau-gan itsi-ran.

„Coup d'oeil sur les bords de la Yodogawa" en commençant par la ville d'Ohosaka. Texte en chinois peu cursif et hiragana. Par le vieillard Kiyo-sei. Planches en couleurs par Matsugawa Han-zan de l'école Ukiyo-ye. 2 vols. pet. in-8°. Ohosaka 1863. — Une édition en 4 vols. a été mentionnée par Anderson p. 369.

373. 東 海 道 名 所 一 覽

Tou-kai-dou mei-siyo itsi-ran.

„Coup d'oeil sur les endroits célèbres du Tôkaidô", c.-à-d: le pays traversé par la grande route de Kiyóto à Tôkiyò. Panorama à vol d'oiseau. Texte en caractères chinois peu cursifs et hiragana. En couleurs. Par Hoku-sai. 1 feuille pliée. Yedo 1818.

374. 木 曾 路 名 所 一 覽

Ki-so-dzi mei-siyo itsi-ran.

Deux panorama's à vol d'oiseau de la contrée, située entre Kiyóto et Tôkiyò, prise de deux endroits différents. Réunis dans une enveloppe. Signés Zen Hoku-sai Tai-to Rau-zin. 1 feuille pliée. Yedo 1819.

375. 富 士 之 景

Fuzi no kei.

Panorama's pris du haut du mont Fuzi. Sept aquarelles sur soie, représentant des paysages dans les provinces de Suruga et de Sagami, d'où l'on voit le Fuzi-yama; suivis d'une série de quatre dessins de cette montagne, montrant son aspect pendant les quatre saisons. En couleurs. Par Nakamura Tetsu-guwai, artiste de l'école Si-ziyô, (commencement du 19e siècle, Anderson p. 419). 1 vol. gr. in-8°. obl.

376. 百 富 士

Hiyak' fuzi.

Cent vues différentes du volcan Fuzi-yama. Galerie de paysages, dominés par cette montagne, accompagnés d'épigrammes en caractères chinois peu cursifs et hiragana. Dessins en noir. 4 vols. gr. in-8°. Ohosaka 1818. La préface est datée de l'an 1767.

377. 富 士 山 圖

Fuzi-yama no dzu.

Trente et un aspects du mont Fuzi, changeant suivant la saison. En noir. Par Kobayasi Tsiyau-siu. 1 longue feuille pliée pet. in-8°. obl. s. l. 1822.

378. 江 戸 隅 田 川 兩 岸 一 覽 圖

Yedo Sumida-gawa riyau-gan itsi-ran dzu.

Panorama des deux rives de la Sumidagawa, depuis son entrée dans la ville d'Yedo jusqu'à son embouchure. En couleurs. Par Tsuru-oka Ro-sui. Deux longues feuilles pliées gr. in-8°. s. l. 1781.

379. 江 戸 風 景

Yedo fuu-kei.

Huit gravures sur cuivre, représentant des paysages dans les environs d'Yedo. Par Yasuda Sadakitsi. À la fin du volume se trouve un portrait. 1 feuille pliée in-12°. obl. Yedo 1821.

380. 下 野 國 日 光 山 之 圖

Simotsuke kuni no Ni'-kkuwau san no dzu.

Panorama de la Nikkô-san, renommée par ses sanctuaires, située dans la province de Simotsuke. Texte en sinico-japonais cursif. En noir. 1 feuille pliée in-8°. s. l. e. d.

381. 日 光 御 山 總 繪 圖

Ni'-kkwau on san sou no ye-dzu.

„Dessin pittoresque de l'aspect général de la sainte montagne de Nikkô et de ses sanctuaires". En couleurs. 1 feuille pliée. s. l. e. d.

382. 近 江 八 景 圖

Aumi (Ômi) no hatsi-kei dzu.

„Huit tableaux des paysages les plus remarquables de la province d'Aumi (Ômi)". En couleurs. Par Siyun-tei de l'école Ukiyo-ye. 8 feuilles pliées. s. l. e. d.

383. 陸 奥 國 鹽 竈 松 島 圖

Mutsu no Siwogama Matsusima no dzu.

„Panorama des îles des pins près de la ville de Siwogama dans la province de Mutsu". Cet endroit forme avec Ama no hasidate (voir le numéro suivant) et Miyazima les San-kei, c. à. d. les trois vues célèbres du Japon. Texte en caractères chinois peu cursifs et hiragana. En couleurs. 1 feuille pliée pet. in-folio. Miyako 1728. — Les numéros 369, 383, 384 et 386 forment une série.

384. 丹 後 國 天 橋 立 之 圖

Tango no kuni Ama no hasidate no dzu.

Tableau d'Ama no hasidate, c. à. d.: „l'échelle du ciel" dans la province de Tango; endroit célèbre par sa beauté, situé au bord de la mer. Texte en caractères chinois peu cursifs et hiragana. Par Kaibara Tok'-sin. En couleurs. 1 feuille pliée in-folio. s. l. e. d. — Les numéros 369, 383, 384 et 386 forment une série.

385. 播 州 明 石 舞 子 濱 之 圖

Ban-siu Akasi Maiko no hama no dzu.

„Vue de la côte Maiko no hama, près de la ville d'Akasi dans la province de Harima". Jolie estampe en noir avec un poème et une description en prose en caractères chinois peu cursifs et hiragana. 1 feuille pliée. s. l. e. d.

386. 安 藝 國 嚴 嶋 景

Aki no kuni Itsukusima no kei.

„Panorama de l'île d'Itsuku, qui fait partie de la province d'Aki". Texte en chinois peu cursif et hiragana. En couleurs. Par Kaibara Tok'-sin. 1 feuille pliée pet. in-folio. s. l. 1689. — Les numéros 369, 383, 384 et 386 forment une série.

387. 紀 伊 山 水 奇 觀

Kii no san-sui kei-kuwan.

„Rares aspects des montagnes et des eaux de la province de Kii". M. S. Dessins en couleurs de paysages panoramiques. 1 vol. in-4°. s. d.

388. 淡 海 八 景 圖

Tan-kai hatsu-kei dzu.

Panorama de la côte d'Awadzi. Par Siyun-tei(?) Légèrement lavé. 1 feuille pliée. s. l. e. d.

389. 都 寺 社 全 圖

Miyako si-siya zen-dzu.

„Tableaux des sanctuaires bouddhiques et sintoïstes à Kiyóto". En noir. Texte explicatif en sinico-japonais cursif. 4 vols. gr. in-8°. s. l. 1730.

390. 花 洛 一 覽 圖

Kuwa-rak' itsi-ran dzu.

„Panorama de la ville de Kiyôto". En couleurs. Par Ô-kuwa-san. 1 feuille pliée in-8°. Miyako 1809.

391. 京 都 一 覽 圖 繪

Kiyau-to itsi-ran dzu-ye.

Panorama à vol d'oiseau de la ville de Kiyôto. Par Go-un-tei Sadahide de l'école Ukiyo-ye. En couleurs. 1 feuille pliée pet. in-8°. s. l. e. d.

392. 改 正 一 目 千 軒

Kai-sei hito-me sen-gen.

„Coup d'oeil sur mille toits". Dessin panoramique et théorique, montrant les intérieurs des maisons à Ohosaka, surtout du quartier du plaisir. Texte explicatif en sinico-japonais cursif. En noir. Par Sei-tsiu-an. Frontispice en couleurs par Tau-kei. 1 vol. pet. in-8°. obl. Ohosaka 1801.

393. 寬 政 改 正 ミ ヲ ツ ク シ

Kuwan-sei kai-sei Mi wo tsukusi.

„La sonde" (c. à. d: des amusements d'Ohosaka). Texte et gravures du genre de ceux du numéro précédent et par le même artiste. Édition corrigée de la période Kuwan-sei (1789—1801). 1 vol. pet. in-8°. obl. La préface est datée de 1799.

394. 四 天 王 寺 伽 藍 圖

Si-ten-wô-zi ka-ran no dzu.

„Panorama du temple dédié aux quatre rois célèstes et de la pagode y attenant", situés près de la ville d'Ohosaka. Illustration en couleurs de Takebara Siyun-teu-sai (Anderson, Catalogue p. 346). Suivis d'un texte descriptif en caractères chinois peu cursifs et hiragana. 1 feuille pliée in-8°. Ohosaka 1790.

395. 太 宰 府 天 滿 宮 御 境 內 之 繪 圖

Dai-zai-fu Ten-man-guu on-kei nai no ye-dzu.

„Tableau du temple du Dai-zai-fu (Gouverneur) Sugawara no Mitsi-zane", adoré sous le nom posthume de Ten-man-guu († A. D. 903), patron de la calligraphie (Chamberlain); et de tout ce qui se trouve à l'intérieur de l'enceinte. Texte en sinico-japonais cursif. 1 feuille pliée. s. l. 1819.

396. 御 開 港 横 濱 大 繪 圖

Go kai-kou Yokohama oho-ye-dzu.

„Grand plan du port libre de Yokohama". Panorama à vol d'oiseau de la ville et de ses environs. En couleurs. Par Giyoku-ran-sai Sadahide (Anderson, Catalogue p. 368). 1 feuille pliée in-8°. s. l. 1860.

397. 横 濱 美 屋 希

Yokohama miyage.

„Souvenirs de Yokohama". Panorama de la ville. Texte en chinois classique. En couleurs. Par Giyoku-ran-sai Sadahide. 1 feuille pliée in-8°. s. l. e. d.

398. 新 板 比 叡 山 延 暦 寺

Sin ban Hi-yei-san yen-raku-si.

„Vue du temple d'En-raku-si situé sur le mont Hi-yei", et de la contrée environnante jusqu'au lac d'Ômi. Texte en sinico-japonais cursif. En noir. 1 feuille pliée pet. in-8°. Nouvelle édition. s. l. e. d.

399.

Panorama de la ville de Simonoseki. Sans titre. M. S. Texte en caractères chinois classiques et katakana, transcription en caractères romains. 1 feuille pliée. s. d.

400. 紀 州 高 野 山 金 剛 峯 寺 細 見 圖

Ki-siu Kau-ya-san Kon-gau-bu-zi sai-ken dzu.

Tableau à petite échelle du fameux couvent appelé Kon-gô buzi, où se trouve le cercueil de Kôbôdaisi, situé sur la montagne Kô-ya, dans la province de Kii. Caractères chinois classiques. En noir. Par Tatsibana Kuni-wô Kotensai, de l'école Ukiyo ye (Anderson p. 339). 1 feuille pliée in-8°. Ohosaka 1784. — Voir le n°. 580.

401.　高　野　山　細　見　繪　圖
Kau-ya-san sai-ken ye-dzu.

Panorama du mont Kôya et de son monastère, d'un dessin assez médiocre. En couleurs. Par Tatsibana Ho-siyun. 1 feuille pliée in-8°. Ohosaka 1813.

402.　大　日　本　國　大　繪　圖
Dai Nippon koku oho-ye-dzu.

Grande carte routière de l'empire du Japon. Les routes par terre et par mer sont tracées et les contours géographiques plus ou moins schématiques. Caractères chinois classiques et katakana. Une partie des noms de lieux sont transcrits à la plume en italiques sur de petites étiquettes, collées sur la carte à coté des noms indigènes, ce qui offre un certain intérêt à cause de la difficulté souvent présente de savoir la véritable prononciation de certains noms (koye ou yomi). Par Isikawa Riu-tan. En couleurs. 1 feuille pliée gr. in-8°. s. l. 1730.

408.　新　增　行　程　記　大　全
Sin-zou kau-tei ki dai-zen.

„Boussole de l'empire japonais", ou indicateur des distances entre les différents lieux situés sur les routes du Japon. Les positions relatives des noms de places s'accordent mieux avec les positions réelles que sur le tableau précédent. Caractères chinois classiques et katakana. 1 feuille pliée pet. in-8°. En couleurs. Yedo, Ohosaka 1781.

408a.　大　日　本　道　中　行　程　指　南　車
Dai Nippon dou-tsiu kau-tei si-nan-kuruma.

Le même ouvrage sous un autre titre. Caractères chinois classiques et hiragana. Par Kiu-hon Kiku-oka. En noir. Les routes en rouge. 1 feuille pliée pet. in-8°. Yedo, Ohosaka 1820.

404.　道　中　獨　案　內　圖
Dou-tsiu hitori an-nai dzu.

„Guide (pour le voyageur) solitaire". Carte routière de Nagasaki à Matsumaé, indiquant les stations postales. Les villes s'y trouvent à peu près à leurs situations réelles. Caractères chinois cursifs et hiragana. En noir. 1 feuille pliée pet. in-8°. Imprimée des deux cotés. Yedo, Miyako, Ohosaka 1822. L'éditeur fait mention d'un tirage de 1792.

405. 大 日 本 道 中 行 程 細 見 記

Dai Nippon dou-tsiu kau-tei sai-ken ki.

„Notices exactes des distances entre les lieux situés sur les routes du Japon". Itinéraire simulant une carte géographique. Les noms de places s'y trouvent à peu près à leurs positions relatives réelles; les routes sont tracées en lignes droites. Le tableau, étant destiné aux voyageurs, commence par une série d'indications au sujet des tarifs de porteurs, de chevaux de somme, etc.; il se termine par une petite, carte du Japon. Caractères chinois classiques et katakana. En couleurs. 1 feuille pliée pet. in-8°. Yedo, Ohosaka 1804.

406. 大 日 本 海 陸 通 覽

Dai Nippon kai-riku tsuu-ran.

„Aperçu général des routes par terre et par mer du Japon". Itinéraire de Matsumaë à Fusankai, port de la Corée. Les routes sont tracées en lignes droites et les lieux remarquables, montagnes, rivières, sanctuaires, etc. sont indiqués par de petits croquis. Caractères chinois classiques et katakana. En couleurs. L'itinéraire est précédé d'une petite carte du Japon. 1 feuille pliée pet. in-8°. s. l. 1817.

407. 改 正 增 補 大 日 本 國 順 路 明 細 記

Kai-sei zou-ho dai Nippon goku ziyun-ro mei-sai ki.

„Exposé précis des vraies routes du Japon, édition augmentée et corrigée". Itinéraire avec indication des chemins, des rivières et des lieux avec leurs distances respectives. Les villes d'Yedo, de Miyako et d'Ohosaka y figurent en médaillons. Quelques indications astronomiques sont ajoutées à la fin du tableau. Caractères chinois classiques et katakana. En couleurs. 1 feuille longue de huit mètres pliée pet. in-8°. s. l. 1850.

408. 大 日 本 道 中 細 見 記

Dai Nippon dou-tsiu sai-ken-ki.

Itinéraire pour le Japon. Panorama théorique des routes du Japon et des lieux qu'elles traversent. Caractères chinois classiques et cursifs avec hiragana. Par Miki Kuwan-sai. En couleurs. 1 feuille pliée pet. in-8°. Yedo 1868.

409.

Itinéraire de l'empire du Japon, par terre et par mer, avec indications pour le cabotage et tables des distances. Sans titre japonais. Caractères chinois classiques. 1 feuille pliée. Ohosaka s. l. e. d.

410. 東 海 道 分 間 繪 圖

Tou-kai-dou bun-ken ye-dzu.

Panorama (théorique) du pays traversé par le Tôkaidô „exécuté à une échelle". Caractères chinois peu cursifs et hiragana. En couleurs. 1 feuille pliée pet. in-8°. Ohosaka. Éditions de 1752 (en noir) et de 1772.

411. 道 中 細 見 定 宿 帳

Dou-tsiu sai-ken tei yado tsiyau.

Itinéraire de poche pour le Tôkaidô, la grande route de Miyako à Yedo. Le livre commence par un panorama de la route à vol d'oiseau. Caractères chinois cursifs et hiragana. En couleurs. 1 vol. in-16° obl. s. l. 1851.

412. 東 海 木 曾 兩 道 中 懷 寶 圖 鑑

Tou-kai Kiso riyau-dou-tsiu kuwai-bau dzu kan.

„Aperçu des choses remarquables le long des deux grandes routes du Japon, le Tôkaidô et le Nakasendô, édition de poche". Caractères chinois cursifs et hiragana. En noir. 1 feuille pliée pet. in-8°. Éditions de 1786 et de 1807.

413. 東 海 道 驛 路 里 數 之 表

Tou-kai-dou yeki-ro ri-suu no beu.

Tableau des stations postales et des distances le long du Tôkaidô. M. S. Le tableau occupe un rectangle coupé en de petits carrés; les noms de places se trouvent le long de l'hypothénuse et les distances mutuelles sont indiquées pour toutes les stations de la route. Caractères chinois classiques et katakana. 1 feuille pliée. s. d.

414. 道 中 記 東 海 道

Dou-tsiu ki Tou-kai-dou.

Notices de voyage. Itinéraire du Tôkaidô. 2 vols. in-8°. s. l. e. d.

415. 西 國 順 禮 細 見 大 全

Sai-kok' ziyun-rei sai-ken dai-zen.

„Indicateur complet et détaillé pour les provinces occidentales à l'usage des pélérins". Carte routière. Caractères chinois cursifs et hiragana. Par Mato no Tsun-siyau. Illustré de vignettes en noir figurant des statues bouddhiques et des dessins de temples. Une librairie japonaise est représentée sur la dernière page. 1 feuille pliée in-12°. obl. Miyako, Ohosaka 1825.

416. 日 光 驛 路 里 數 之 表

Ni'-kkwau yeki-ro ri-suu no heu.

Tableau des stations postales et des distances le long de la route (de Tôkiyô) à Nikkô. M. S. Arrangé comme le n°. 413. 1 feuille pliée. Yedo 1823.

417. 四 國 徧 禮 之 圖

Si-koku hen-rei no dzu.

Carte routière de l'île de Sikok' à l'usage des pélérins. Caractères chinois classiques et katakana. En noir. 1 feuille pliée in-8°. s. l. 1807. — Une édition pet. in-8°. date de l'an 1763.

418. イ セ 大 和 マ ハ リ 名 所 繪 圖 道 ノ リ

Ise Yamato mavari mei-siyo ye-dzu mitsi nori.

Guide pour les endroits célèbres de la ville d'Ise dans la province de Yamato. Caractères hiragana. En noir. 1 feuille pliée. s. l. 1777.

QUATRIEME SECTION.

MYTHOLOGIE, CHRONIQUE, HISTOIRE,
GÉNÉALOGIE, CHRONOLOGIE. CALENDRIERS,
ALMANACHS OFFICIELS. HÉRALDIQUE. STATISTIQUE.
ADMINISTRATION MUNICIPALE. ART MILITAIRE.
DROIT, LOIS ET ÉDITS. JURISPRUDENCE. RÉGLÉMENTS.
PÉTITIONS. ÉCONOMIE POLITIQUE. SYSTÈME
MONÉTAIRE, POIDS ET MESURES.

Au Japon, comme partout ailleurs, les origines de l'histoire reposent sur une base mythologique, et la tâche difficile de la critique consiste à fixer le passage de la fiction à la vérité. MM. Aston et Chamberlain assignent comme tel l'an 461 après J. C., sans qu'aucun événement important ne vienne motiver cette transition brusque, inouie dans l'histoire de l'humanité. Il me semble cependant plus philosophique d'admettre, que la vérité, disparaissant au début sous la forme mythologique dont elle s'est revêtue, commence à percer de plus en plus, à mesure que le temps s'avance vers les siècles modernes. M. Chamberlain, dans son admirable travail sur le Ko-zi-ki, et plus tard dans son livre, intitulé Things Japanese, s'amuse aux dépens de feu le Dr. Hoffmann, en lui attribuant une foi naïve au sujet des récits des chroniqueurs japonais: „one German Professor, „the late Dr. Hoffmann actually discusses the *hour* of Jimmu Tennô's „accession in the year 660 B. C. . . . how comes it that profound erudi-„tion so often lacks the salt of humour and the guidance of common „sense?" Par cette malencontreuse tirade l'illustre savant anglais a fait preuve, sinon d'une ignorance complète au sujet des mérites du Dr. Hoffmann, à la façon de M. Gonse qui le prend pour „un des agents des Pays-Bas à Decima" (l'Art Japonais), du moins d'un manque d'appréciation convenable de la pénétration et de l'esprit de critique qui caractérisent les travaux de mon regretté maître. Au lieu de discuter l'heure d'un événement, appartenant à une période si reculée, M. Hoffmann a simplement voulu contrôler une date de l'histoire du Japon par les calculs de l'astronomie. Je suis bien loin de refuser à l'examen critique de la chronologie japonaise de M. Bramsen l'honneur qui lui est dû; mais j'accepte la possibilité, que la graine de vérité, quelque minime qu'elle soit, qui se trouve enfouie dans les récits prodigieux des chroniqueurs indigènes, soit mise en évidence par des données, recueillies en dehors des confins du Japon, ou de la discipline historique. Il est assez étrange que les auteurs anglais n'aient pas pris connaissance du travail de M. le Marquis d'Hervey de St. Denis: „Ethnographie des peuples étrangers à la Chine, par Ma-touan-lin, avec commentaire perpétuel", publié dans l'Atsume Gusa, Genève 1876. En effet, M. Aston (Transactions of the Asiatic Society of Japan, vol. XVI), en écrivant: „the contemporary histories of China and Corea afford us „little information with respect to Japan", est en parfait désaccord avec les données historiques que M. Hervey de St. Denis a mises en évidence. „Une série de souverains presque tous centenaires, attei-„gnant parfois l'âge de 140 à 150 ans, une pareille chronologie", dit l'illustre savant français, „inspire immédiatement plus que des doutes, „et l'idée vient à l'esprit, que la mémoire d'un bon nombre des vieux „souverains du Japon s'étant perdue, on a dû pour combler les lacunes, „laissées par eux dans l'histoire, prolonger et souder l'un à l'autre „les règnes, dont le souvenir s'était conservé. Ma-touan-lin relate „exactement toutes les embassades envoyées par le Japon à la Chine; „il nomme les princes dont elles apportaient l'hommage ou le tribut, „sans négliger de consigner les dates." De cette façon il a été possible de vérifier quelques dates des historiens japonais à partir de l'an 107 de notre ère et d'interpoler quelques noms de souverains, qui réduisent la durée d'autant de règnes à des proportions vraisemblables. Si donc la prudence nous impose de la défiance vis à vis des chroniques japonaises, il est également permis d'admettre une certaine réserve à l'égard des affirmations parfois trop hardies de la critique moderne.

Si dans ces lignes je me suis servi de l'expression „histoire" du Japon, c'est plutôt par euphémisme; à vrai dire, il ne s'agit pas d'histoire, il s'agit d'une chronique, l'élément philosophique y faisant entièrement défaut, abstraction faite des publications récentes, inspirées par la civilisation de l'Europe.

La chronologie est intimement liée au calendrier, dont la composition est une prérogative des despotes orientaux — comme le fait judicieusement observer M. Basil Hall Chamberlain — comparable au droit de figurer sur la monnaie. Ainsi le nen-gô ou l'ère japonaise est-il arbitrairement décrété par le Mikado régnant; la période actuelle est appelée Mei-dzi et commence avec l'an 1868.

Le gouvernement des Tokugawa, fondé par Iyeyasu, s'est toujours distingué par une administration détaillée, minutieuse, condition absolûment nécessaire au maintien du régime oppressif et méfiant de la cour d'Yedo. Il en résulte une infinité de détails statistiques, qui nous permettent d'asseoir sur une base incontestable l'histoire intime, sinon du peuple, au moins de la noblesse pendant les trois derniers siècles. Sous ce point de vue les almanachs officiels, classés sous les numéros 478—494, méritent une attention particulière.

L'art militaire étant avant tout une occupation de la caste militaire, la littérature qui s'y rattache est portée sur le présent catalogue immédiatement après les „miroirs militaires". Les descriptions des armes anciennes, collectionnées de nos jours en leur qualité d'objets d'art et d'archéologie ont été cependant réléguées à la section qui s'occupe de cette matière.

Nous verrons dans la suite que, tandis qu'à Yokohama on cédait aux protestations du commodore Perry (1853), en même temps on introduisait par le sud, à Nagasaki les connaissances nécessaires à résister au besoin l'étranger, par ses propres engins de bataille.

Les circonstances, sous lesquelles MM. De Siebold et Van Overmeer Fisscher ont collectionné leurs bibliothèques de livres indigènes étaient de nature à ne pas leur permettre l'acquisition d'ouvrages, s'occupant de la législation; aussi cette branche de la littérature est elle représentée dans le présent catalogue seulement par quelques traductions de cours de droit et par les lois et les arrêts publiés sous le nouveau régime; d'après M. Chamberlain le Japon possède actuellement les codes civil et de procédure civile et le code de commerce; peu à peu les anciennes traditions vont disparaître devant la codification moderne.

La monnaie, les poids et les mesures pouvant être considérés sous le double point de vue de l'histoire et de l'administration civile, la littérature qui s'y rattache termine la série des livres, décrits dans la présente section.

419. 古 事 記

Ko-zi-ki, ou Furu-koto bumi.

„Le livre de l'antiquité japonaise". Compilé en 712 sur les matériaux rassemblés par une commission impériale. C'est le livre cano-
nique par excellence sur la mythologie du Japon. Texte chinois en
caractères classiques avec traduction japonaise juxtalinéaire en katakana.
Commentaire M. S. en sinico-japonais cursif. 3 tomes en 1 vol. in-4°.
s. l. 1803. — Voir le catalogue Nordenskiöld de M. de Rosny p. 2. Une
traduction anglaise avec commentaire perpétuel a paru de la main de
M. Basil Hall Chamberlain, formant le supplément du 10ᵉ volume
des Transactions of the Asiatic Society of Japan, sous le titre de
Ko-ji-ki „records of ancient matters".

420. 神 代 卷

Zin-dai-ki, ou Kami-yo no maki.

„Histoire des dynasties célestes" ou de l'ère mythologique; formant
les deux premiers chapitres du livre, décrit sous le numéro suivant.
Texte en sinico-japonais classique, traduction japonaise partielle et
juxtalinéaire en katakana. 2 tomes en 1 vol. gr. in-8°. s. l. e. d. — Traduit
en français par M. de Rosny, sous le titre de „Histoire des dynasties
divines", Paris 1884.

421. 日 本 書 紀

Nippon siyo-ki, ou Yamato bumi.

„Annales du Japon", rédigées en chinois et commentées en japonais.
Les deux premiers volumes contiennent la mythologie, le volume
suivant l'histoire du Japon jusqu'à l'empereur Mon-mu (696 après
J. C.) En sinico-japonais classique. Une copie de ces Annales a été
offert par (les auteurs?) les princes Toneri et Yasumaro Futono
Ason, fils cadet de l'empereur Ten-mu, à l'impératrice Gen-siyo l'an
720 de notre ère. 30 tomes en 15 vols. gr. in-8°. s. l. 1798. — La pre-
mière édition a été imprimée en 1599 suivant M. Chamberlain, Things
Japanese. Une traduction française de ce livre, sous le titre de „La
bible du Japon" a été publiée en 1884 par M. de Rosny dans le Recueil
des publications de l'École spéciale des langues Orientales vivantes de
Paris, et une traduction anglaise, richement annotée par M. W. G.
Aston, dans les Transactions and Proceedings of the Japan Society,
London 1896.

422. 神 代 紀 葦 牙

Kami-yo bumi no asikabi.

„Bourgeons de laîche (c.-à-d: commencement) des annales des dynasties célèstes". Par le prêtre sintoïste K u r i d a T o m a n. Texte en caractères chinois classiques; commentaires en caractères chinois peu cursifs et hiragana. 3 vol. gr. in-8°. Yedo, Miyako, Ohosaka 1817.

423. 神 代 正 語

Kami-yo no masa-koto.

„Histoire véridique des dynasties célestes". Par M o t o o r i n o N o r i n a g a, prêtre du temple d'Ise. Caractères chinois peu cursifs et hiragana. 3 vols. gr. in-8°. s. l. 1789.

424. 日 本 王 代 一 覽

Nippon wau-dai itsi-ran.

„Aperçu des dynasties qui ont régné sur le Japon". Par S i y u n - z a i R i n - s i y o, prêtre bouddhique, en 1652. L'histoire du Japon y est poursuivi jusqu'à l'an 1587. Texte en sinico-japonais classique. 7 tomes en 10 vols. gr. in-8°. Ohosaka. Éditions de 1795 et de 1802 (la première a été publiée en 1663). — Ce livre a été traduit en français par Is. Titsingh sous le titre de „Annales des empereurs du Japon", Paris 1834.

425. 本 朝 暮 物 語

Hon-teu hiki monogatari.

„Extraits de l'histoire du Japon". Texte en sinico-japonais cursif. Planches noires. 1 vol. gr. in-8°. s. l. 1774.

426. 和 年 代 皇 紀 繪 章

Yamato nen-dai kuwau-ki kuwai-siyau.

Abrégé illustré de l'histoire du Japon jusqu'à l'an 887 de notre ère; resté inachevé. En caractères chinois peu cursifs et hiragana. Planches noires. Une note sur la couverture indique l'an 1819 comme date de publication, et le célèbre artiste H o k u - s a ï comme auteur des dessins. 3 tomes en 1 vol. in-8°. s. l.

427. 神 功 皇 后 三 韓 退 治 圖 會

Zin-gu kuwau-gou san-kan tai-zi dzu-e.

Récit illustré de la conquête de la Corée (l'an 200 après J. C.). En chinois peu cursif et hiragana. Planches noires et lavées par Katsusika Sai-to (Hoku-sai). 5 vols. gr. in-8°. s. l. 1841. — Un tirage en 6 vols. de la même édition est mentionné par Anderson, Catalogue p. 359.

428. 扶 桑 皇 統 記 圖 會

Fu-sau kan-tou ki dzu-e.

„Histoire illustrée des empereurs successifs du Japon". Première série. Texte en caractères chinois peu cursifs et hiragana. Planches noires par Riu-sai Sigeharu. 6 vols. gr. in-8°. Yedo, Miyako, Ohosaka 1849.

429. 日 本 唐 士 二 千 年 袖 鑒

Nippon Morokosi ni-sen-nen soda kagami.

„Abrégé d'une période de 2000 ans de l'histoire du Japon et de la Chine". L'auteur dit dans une espèce d'épilogue à la fin du dernier volume, qu'il a réunis dans ce livre toutes sortes d'événements, à compter de 150 ans environ avant l'ère chrétienne jusqu'à l'an 1850; „tels que la fondation de sanctuaires sintoïstes et bouddhiques, l'exis„tence de personnages illustres, de fameux guerriers et de familles célè„bres par leurs talents, de caractères excentriques et d'esprits chevale„resques, etc. du commencement et de la fin d'une foule de choses." Les inventions utiles et la composition de livres réputés classiques y sont relatées, le tout de la façon la plus sommaire. A chaque mention se trouve indiqué le nombre des années, qui se sont écoulées entre le fait historique et l'an 1850. Texte en sinico-japonais cursif. Par Katsura. Illustrations de Matsugawa Han-zan de l'école Ukiyo-ye. 3 vols. gr. in-8°. Ohosaka 1852. Nouvelle édition.

430. 日 本 略 史

Nippon riyaku-si.

„Histoire abrégée du Japon", depuis Zin-mu Ten-ô jusqu'à l'an 1872. Caractère chinois classiques et katakana. Par Sasaki Tsunatsika. Imprimé en types mobiles. Avec cartes. 1 vol. in-8°. relié. Tôkiyô 1877.

431. 國 史 畧

Koku-si-riyaku.

„Abrégé de l'histoire du pays". Texte en sinico-japonais classique.
Par Iwagaki. 2 vols. pet. in-8°. Kiyôto 1868. La première édition
de 1826 est mentionnée par l'éditeur.

432. 日 本 百 將 傳 一 夕 話

Nippon hiyaku-siyau-den isseki-wa, ou hito yo hanasi.

„Récit d'une soirée sur les héros célèbres du Japon", depuis 660
jusqu'à l'an 1596. Caractères peu cursifs et hiragana. Par Siyau-tei
Kin-sui Nakamura. Planches noires par Yanagawa Sigenobu,
disciple de Hoku-sai. (Voir Anderson, Catalogue p. 368). 12 vols.
gr. in-8°. Yedo, Ohosaka 1854—1857.

433. 繪 本 賴 朝 一 生 記

Yehon Yoritomo i'-asiyau ki.

„La vie de Yoritomo, illustrée". Texte en sinico-japonais cursif
avec de grossières planches en couleurs. Par Ki no Yosinobu.
2 vols. in-8°. Miyako 1799.

434. 平 家 物 語 圖 會

Hei-ke monogatari dzu-e.

„Histoire de la famille des Hei" ou des Taira, qui fut exterminée dans
la fameuse bataille de Dan no ura en 1185. La plus célèbre épopée
japonaise, composée par le prince Yukinaga de Sinano pendant
sa retraite religieuse après la catastrophe. Texte en sinico-japonais
cursif. Planches noires. 12 vols. pet. in-4°. Miyako, Yedo, Ohosaka
1710. — Une édition de 1829—1849, en caractères chinois classiques
et hiragana; publiée par Takai Ranzan, avec illustrations en noir
de Arisaka Tei-sai, disciple de Hoku-sai (Anderson, Catalogue
p. 367), en 12 vols. gr. in-8°. — Ce livre a été traduit en français
par F. Turrettini, et publié dans l'Atsume Gusa, Genève 1873—1881.

435. 繪 本 源 平 武 者 揃

Yehon Gen Hei mu-siya sorove.

„Les partisans du clan des Gen (Minamoto) et ceux du clan des
Hei (Taira); avec illustrations". Texte en sinico-japonais cursif. Par
Hotta Ri-seki. Planches noires. 2 vols. in-8°. Miyako 1801.

436. 繪 本 源 將 名 譽 草

Ye-hon Gen-siyau mei-zau.

„Esquisses des faits glorieux du clan des Gén (Minamoto); avec illustrations". Texte en sinico-japonais cursif. Par Kiyoku-tei Bakin. Planches en couleurs. 2 vols. in-8°. s. l. 1804.

437. 義 経 動 功 圖 會

Yositsune kun-kou dzu-e.

„Recueil illustré des actions héroïques de Yositsune" (1184—1185). Texte en caractères peu cursifs et hiragana. Par Yamada Bin-wô d'Ohosaka. Planches en noir par Hok-kiyô Nisimura Tsiu-wa, de l'école Ukiyo-ye (Anderson, Catalogue p. 346). 2 tomes en 10 vols. gr. in-8°. Yedo, Miyako, Ohosaka 1826.

438. 義 平 義 仲 猛 勇 物 語

Yosihira Yosinaka mou-you monogatari.

„Récit des exploits de Yosihira et de Yosinaka" (12e siècle). Texte en sinico-japonais cursif. Par San-tei Siyun-ba. Planches noires, dont l'artiste se signe à la fin du premier volume Utagawa Kunihisa et à la fin du deuxième volume Kunitsika. Couverture en couleurs. 1 vol. pet. in-8°. s. l. 1857.

439. 太 平 記

Dai-hei ki.

Chronique des guerres civiles qui ont ravagé le Japon de 1320 à 1393. Elle est continuée jusqu'à l'arrivée de l'ambassade de la Corée (1366). Deux chapitres supplémentaires racontent l'expédition de l'impératrice Zin-gu en Corée (201) et l'invasion manquée de Kublai Khan en 1281. Texte en sinico-japonais classique. 40 tomes en 20 vol. in-4°. s. l. 1631. — Ce livre a été traduit en italien par C. Valenziani et publié dans l'Atsume Gusa, Genève 1873—1881.

440. 甲 陽 軍 鑑

Kau-yau gun-kan.

„Miroir militaire de Kô-yô", nom poétique de la capitale de Ka-i. Récit de la lutte soutenue par Takada Sin-gen de Ka-i contre plusieurs autres princes (1536—1586) et à la suite de laquelle Toyotomi Hideyosi est arrivé au pouvoir. Texte en sinico-japonais cursif. Par Kô-saka Dan-ziyô. 20 tomes en 18 vols. pet. in-4°. Les vols. 3, 4 et 16 font défaut.

441. 島 原 記
Simabara ki.

„Chronique de Simabara", ou le massacre des chrétiens à Simabara et la distruction de la ville (1637—1639), écrite par un témoin oculaire, officier de l'armée japonaise. En sinico-japonais cursif. Planches noires. 3 vols. gr. in-8°. s. l. e. d.

442. 繪 本 豐 臣 勳 功 記
Ye-hon Toyotomi kun-kou ki.

„Chronique illustrée des actions héroïques de Toyotomi Hideyosi" (Taïko-sama) au 16e siècle. Texte en caractères chinois peu cursifs et hiragana. Par Hatsu-kou-siya Toku-sui. Planches noires et lavées par Itsi-yuu-sai Kuniyosi (Utagawa) et par Matsu-gawa Sui-yau-dou Han-zan, tous les deux de l'école Ukiyo-ye. Sept séries chacune en 10 vols. En tout 70 vols. in-8°. s. l. 1857—1860.

443. 繪 本 豐 臣 琉 球 軍 記
Ye-hon Toyotomi Riu-kiu gun-ki.

Histoire de la conquête de l'archipel Lieou-kieou par Simadzu Iyehisa, prince de Satsuma, sous le règne de Tokugawa Iyeyasu (1621). Ce livre contient toute la chronique des îles Lieou-kieou dès les origines de l'histoire. En caractères chinois peu cursifs et hiragana. Par Miyata Nan-boku. Planches noires et lavées par Hokkiyô Giyoku-zan (Isida) et Matsugawa Han-zan, tous les deux de l'école Ukiyo-ye (Anderson, Catalogue pp. 346 et 369). Deux séries chacune en 10 vols. En tout 20 vols. in-8°. Yedo, Miyako, Oho-saka 1834—1836. Cette publication et celle, portée sous le numéro précédent sont d'une exécution tout à fait uniforme.

444.

Fragment d'un récit historique japonais, sans titre. En sinico-japonais cursif. Planches en couleurs 3 vols. pet. in-8°. s. l. e. d.

445. 烈 祖 成 績

Ressô sei-seki.

Les exploits des ancêtres glorieux des Siyô-gun de la famille de
Tokugawa. En sinico-japonais classique. Par Yasuzumi Satoru.
20 vols. in-8°. Tôkiyô 1878.

446. 德 川 十 五 伐 記

Tokugawa ziu-go-dzi ki.

„Histoire des quinze successeurs de Tokugawa Iyeyasu“. En caractères
chinois classiques et katakana. Par Yamada Siyun-zan. 4 tomes
en 9 vols. in-8°. Tôkiyô 1876.

447. 近 世 紀 聞

Kin-sei ki-bun.

„Histoire moderne du Japon“, depuis l'arrivée de l'escadre américaine
à Uraga (1853) jusqu'à l'an 1872. Caractères chinois classiques et hiragana. Par Ziyau-no Den-pei. Planches en noir et en couleurs par
Sen-sai Ei-taku de l'école Ukiyo-ye (Anderson, Catalogue p. 371).
Dix tomes chacun en 3 vols. En tout 30 vols. in-8°. Tôkiyô 1873.

448. 明 治 史 要

Mei-dzi si-yeu.

„Histoire contemporaine du Japon“ (depuis l'an 1868). Publiée par
le Ministère de l'Intérieur, bureau d'histoire nationale. En caractères
chinois classiques et katakana. Deux vols. et un appendice. En tout
3 vols. imprimés en types mobiles. pet. in-8°. Reliés en demi-veau.
Tôkiyô 1876—1879.

449. 明 治 大 平 記

Mei-dzi dai-hei-ki.

Histoire illustrée du Japon pendant la période Mei-dzi (de 1868
jusqu'à nos jours). Texte en caractères chinois classiques et hiragana.
Par Murai Sidzu-ma. Planches en noir et en couleurs par Sen-sai
Ei-taku (Anderson, Catalogue p. 371). 21 tomes en 42 vols. pet.
in-8°. Tôkiyô 1878.

450. 上 野 戰 爭 實 記

Uyeno sen-zau zitsu-ki.

„Histoire authentique de la bataille d'Uyeno" en 1868. Caractères chinois classiques et katakana. Par Takabatake Ran-siyun d'après les communications verbales d'Amano Hatsirô. Illustrations en noir et portrait de l'auteur par Sen-sei Ei-taku de l'école Ukiyo-ye. 2 vols. in-8°. Tôkiyô 1875.

451. 熊 本 十 日 記

Kumamoto ziu-zitsu ki.

„Histoire des dix jours (de bataille) de Kumamoto" (île de Kiu-siu). Relation de la prise de la forteresse de ce nom (histoire contemporaine). Caractères chinois classiques et hiragana. Par Matsumoto Ban-nen. Planches en noir. 2 vols. in-8°. Tôkiyô 1877.

452. 近 世 四 戰 紀 聞

Kin-sei si-sen ki-bun.

„Chronique des quatre batailles des temps modernes" (1874—1877, à savoir Saga, Tsiyô-siu, Kumamoto, Kagosima). Caractères chinois classiques et katakana. Par Hasidzume Kuwan-itsi. Planches en noir, cartes en couleurs. 3 vols. in-8°. Tôkiyô 1878.

453. 西 南 征 討 史 略

Sei-nan sei-tau si-riyaku.

Histoire de la révolution dans la province de Satsuma. Caractères chinois classiques et katakana. Par Aoki Sukekiyo. Cartes en couleurs. En 12 vols. in-8°. Les 3 derniers volumes manquent. Tôkiyô 1877.

454. 德 川 禁 合 考

Tokugawa kin-rei kou.

„L'abolition du gouvernement des Tokugawa examinée". En caractères chinois classiques et katakana. Par Kitatsi Siyun-suke, par ordre du Ministère de la Justice. Cinq vols. et un vol. d'introduction. En tout 6 vols. in-8°. Tôkiyô 1878.

455.　日　本　洋　學　年　表
Nippon you-gaku nen-beu.

Histoire de l'introduction au Japon des sciences et des langues de
l'Europe. Caractères chinois classiques et katakana. Par Ohodzuki
Siyuu-zi. 1 vol. gr. in-8°. Imprimé en types mobiles. Tôkiyô 1878.

456.　海　軍　歷　史
Kai-gun reki-si.

„Histoire de la marine". En caractères chinois classiques et katakana.
Par le Comte Katsuava. Publié par ordre du Ministère de la Marine.
9 vols. gr. in-8°. Imprimé en types mobiles. Tôkiyô 1889.

457.　皇　位　繼　承　篇
Kuwau-i kei-siyou hen.

„Généalogie des empereurs du Japon". Les deux systèmes d'écriture.
Par Yanagibara Mayemitsu. Publié par le Gen-rau-in (Conseil
d'État). 10 tomes et un supplément, en 6 vols. gr. in-8°. Tôkiyô 1878.

458.　纂　輯　御　系　圖
San-siu' go-kei dzu.

Généalogie de la famille impériale du Japon. En caractères chinois
classiques et katakana. Publié par le Gen-rau-in (Conseil d'État). 2
vols. gr. in-8°. Tôkiyô 1877.

459.　童　蒙　必　讀　皇　謚　之　卷
Dou-mou hit'-tok. Kuwau-yeki no maki.

„Etude positive pour la jeunesse; les noms posthumes des empereurs
du Japon". En caractères chinois classiques et katakana. En tête des
pages se trouvent des notices historiques. Par Hasi-dzume Tane-
itsi. 1 vol. in-8°. Tôkiyô 1870.

460.　古　史　系　圖
Ko-si-kei dzu.

„Table généalogique de l'histoire ancienne". Premier volume, contenant l'arbre généalogique des dynasties célestes. Caractères chinois
classiques et katakana. Par Taira no Atsutane. 1 feuille pliée
gr. in-8°. s. l. 1817.

461. 大 日 本 太 平 記 名 將 武 勇 競

Dai Nippon dai-hei-ki mei-siyau bu-yuu kurabe.

„Table des héros de la chronique Dai-hei-ki". En caractères chinois classiques. 1 feuille pliée. s. l. e. d.

462. 日 本 史 類 名 稱 訓

Nippon-si rui-mei-siyou kun.

„Sommaire des noms de l'histoire du Japon". La matière est divisée en chapitres suivants les règnes des empereurs, depuis les premiers temps jusqu'à l'impératrice Zi-to (42e Mikado, 687—697). En caractères chinois classiques et katakana. 1 vol. in-16°. obl. Yedo 1867.

463. 大 日 本 知 仁 名 將 勇 士 鑑

Dai Nippon tsi-zin mei-siyau yuu-si kagami.

„Liste des généraux du Japon les plus célèbres tant pour leur vertu que pour leur sagesse". Texte chinois en caractères classiques. 1 feuille pliée. s. l. e. d.

464. 華 族 類 別 譜

Kuwa-zoku rui-betsu fu.

„Tableau généalogique des familles nobles du Japon". Arrangé suivant l'irova. En caractères chinois classiques. Par Sibayama Sanziyô. Illustré de croquis représentant les armoiries. 2 vols. in-12°. Tôkiyô 1879.

465. 和 漢 年 契

Wa-Kan nen-kei.

„Concordance des chronologies japonaise et chinoise"; précédé d'un tableau généalogique des empereurs des deux pays et d'une liste des nen-gô ou périodes chronologiques. Texte chinois en caractères classiques. Par Asiya Yamabito. 1 vol. gr. in-8°. Miyako, Yedo, Ohosaka. Éditions de 1797, 1805 et 1816. — La partie regardant le Japon a été reproduite et traduite en allemand par le Dr. Hoffmann dans la Bibliotheca japonica, sous le titre de Wa-nen-kei, sive succinti Annales Japonici.

466. 掌 中 和 漢 年 契
Siyau-tiu Wa-Kan nen-kei.

„Manuel de synchronisme japonais et chinois". Abrégé du livre précédent. En chinois classique. 1 vol. pet. in-8°. Miyako, Yedo, Ohosaka 1801.

467. 和 漢 年 歷 箋
Wa-Kan nen-reki zen.

„Chronologie du Japon et de la Chine". Aperçu des Mikado et des empereurs de la Chine et des périodes dynastiques, disposées par ordre chronologique avec de courtes notices historiques. 1 feuille pliée pet. in-8°. Le revers contient une esquisse géographique du Japon, des indications sur l'astronomie et l'astrologie, sur le calendrier et la philosophie des noms propres. En sinico-japonais cursif. Yedo 1823.

468. 本 朝 年 代 記
Hon-teu nen-dai ki.

„Sommaire de l'histoire du Japon", à partir de Ziu-mu Ten-wô, jusqu'au 122ième Mikado. Découpé de quelque encyclopédie. Texte sinico-japonais cursif. 1 vol. in-16°. obl.

469. 新 撰 年 表
Sin-sen nen-beu.

„Nouvelles tables de chronologie". Tables synchronistes de l'histoire du Japon, de la Chine et de l'Europe. En caractères chinois classiques. 1 vol. gr. in-8°. s. l. 1854.

470. 西 裔 編 年 表
Sei-yei hen nen-biyau.

„Tableaux synchronistes de l'histoire générale et de celle du Japon". En sinico-japonais classique. Par Hirose Ziyau-sin. 1 vol. in-8°. Tôkiyô 1879.

471. 太 陽 太 陰 兩 曆 對 照 表
Dai-yau dai-in riyau-reki tai-sen beu.

„Tableau comparatif de la chronologie suivant les systèmes solaire et lunaire". En caractères chinois classiques. Publié par ordre du Ministère de l'Intérieur. 1 vol. in-8°. Tôkiyo 1876.

472. 紀 年 指 掌

Ki-nen si-siyau.

Table des nen-gô (noms des ères japonaises) classés par ordre alphabétique, avec indication du temps qui les sépare de l'an 1826. Caractères chinois classiques. 1 feuille pliée. s. l. e. d.

473.

Quatre tableaux synchronistes des années 1824, 1826, 1827, 1828 des dates japonaises et européennes. M. S. Sans titre. Sur papier de Hollande 4 vols. pet. in-8°.

474. 丁 卯 萬 國 普 通 曆

Hinoto-u ban-koku fu-tsuu reki.

„Almanach des chronologies non-concordantes" du Japon, de la Russie et des pays européens, y compris les États Unis, pour l'an 1867. Caractères chinois classiques. 1 feuille pliée pet. in-8°.

475. 甲 子 循 環 圖

Kinoye-ne ziyuu-kuwan dzu.

Table circulaire du cycle de 60 ans; calendrier perpétuel. Le centre de la table est occupé par deux disques superposés, contenant les chiffres du siècle de 60 ans, de 1 à 1200, se suivant en spirales; chaque révolution contient une série de 60 chiffres, de sorte que les chiffres 60, 120, 180 etc. se trouvent sur le même rayon. Autour des disques la table contient des rayons de combinaisons cycliques, que l'on fait accorder avec les chiffres en tournant les disques. 1 feuille pliée. Yedo 1829.

476. 年 代 記

Nen-dai ki.

Calendrier perpétuel, forme abrégée du numéro précédent. Gravé sur cuivre. 1 feuille pliée s. l. 1824.

477.

Six cadrans montrant la division du jour pendant les douze mois de l'année. M. S. Sans titre. Sur papier de Hollande. 1 feuille pliée.

478. 元 文 武 鑑

Gen-bun bu-kan.

„Miroir de la chevallerie"; le 4e vol. d'un almanach officiel généalogique, héraldique et statistique pour la période Gen-bun (1736—1740), contenant des détails sur les grands de l'empire, résidant dans la dernière enceinte du palais d'Yedo et un aperçu des régistres précédents de ces dignitaires; avec une liste des princes de l'Empire. Les deux systèmes d'écriture. 1 vol. pet. in-8°. s. l.

479. 萬 寶 二 面 鑑

Man-bau ni-men kagami.

„Miroir à deux faces (c. à. d: tableau imprimé des deux côtés de la feuille) de choses précieuses", ou de tout ce qui est intéressant. Liste des Mikado, des nen-gô ou périodes chronologiques, des principaux temples, des relations de famille, de la marée, etc. Les deux systèmes d'écriture. 1 feuille pliée. Ohosaka 1818.

480. 文 政 武 鑑

Bun-sei bu-kan.

„Miroir de la chevallerie". Almanach officiel généalogique, héraldique et statistique pour la période Bun-sei (1818—1829). Renseignements sur l'administration centrale, la famille du Siyô-gun, des Daï-miyô et des Hatamoto avec leur généalogie, leurs possessions, etc. Les deux premiers volumes s'occupent des Daï-miyô, le troisième des fonctionnaires, le quatrième des hauts fonctionnaires résidant dans la dernière enceinte du palais d'Yedo. Caractères chinois classiques et katakana. Vignettes en noir. 4 vols. pet. in-8°. s. l.

481. 文 政 六 曆

Bun-sei roku-reki.

Almanach généalogique, héraldique et statistique pour la 6e année Bun-sei. Écriture hiragana. 1 feuille pliée gr. in-8°. s. l. 1823.

482. 萬 歷 兩 面 鑑

Man-reki riyau-men kagami.

„Miroir à deux faces" (c. à. d: tableau imprimé des deux côtés de la feuille) du calendrier." Liste des Mikado, des nen-gô ou périodes chronologiques, des principaux temples, des relations de famille, de la marée, etc. Opuscule dans le genre de celui porté sous le numéro 479. Les deux systèmes d'écriture. 1 feuille pliée. Ohosaka 1825.

483. 文 政 八 年 曆
Bun-sei hatsu-nen reki.

Almanach généalogique, héraldique et statistique pour la 8e année Bun-sei. Écriture hiragana. Par Fudsimura Kawatsi. 1 feuille pliée in-8°. s. l. 1825.

484. 萬 代 寶 鑑
Man-dai hau-kan.

„Miroir précieux de tous les ages". Almanach généalogique, héraldique et statistique, contenant une description succincte de tout ce qui regarde l'administration au Japon. Caractères chinois cursifs et katakana. 1 vol. pet. in-8°. Yedo 1826.

485. 文 政 十 一 年 略 曆 候
Bun-sei siu'-itsi nen-riyaku reki-kou.

Almanach généalogique, héraldique et statistique pour l'onzième année de la période Bun-sei. Caractères chinois classiques et hiragana. 1 vol. pet. in-8°. s. l. 1828.

486. 文 政 十 一 戊 子 年 略 曆 十 七 二 候
Bun-sei ziu'-itsi tsutsinoye-ne no tosi riyaku-reki ziu-sitsi ni-kou.

Almanach généalogique, héraldique et statistique pour l'onzième année de la période Bun-sei. Caractères chinois classiques et hiragana. 1 vol. pet. in-8°. s. l. 1828.

487.

Deux petits almanachs statistiques pour la jeunesse, pour les années 1844 et 1845. Sans titre. Deux feuilles pliées.

488. 丙 辰 萬 國 普 通 曆
Hinoye-tatsu ban-kok' fu-tsu koyomi.

Almanach international de l'année Hinoye-tatsu, ou la 3e année An-sei (1856). Concordance de l'almanach officiel japonais, de celui

de la Russie et du Nautical Almanach (comme type de l'almanach
en vogue en Hollande, en Angleterre, en France et aux États Unis).
Précédé d'un exposé des principes adoptés pour le calcul. Le jour
civil y est divisé en 24 heures. Caractères chinois classiques. Composé
et publié par Sibugava Kei-iu, astronome officiel. 1 vol. gr. in-8°.
Yedo 1856.

489. 丁 巳 萬 國 普 通 曆

Hinoto-mi ban-kok' fu-tsuu koyomi.

Almanach international de l'année Hinoto-mi, ou la 4e année An-sei
(1857). Suite de l'ouvrage précédent. Même auteur. Même format.
1 vol.

490. 萬 延 武 鑑

Man-en bu-kan.

Almanach généalogique, héraldique et statistique pour l'an Man-en
(1860). Caractères chinois classiques et hiragana. Vignettes en noir.
4 vols. reliés. pet. in-8°. s. l.

491. 文 久 武 鑑

Bun-kiu bu-kan.

„Miroir militaire pour la période Bun-kiu" (1861—1863). Almanach
généalogique, héraldique et statistique. Les deux systèmes d'écriture.
Vignettes noires, mauvais tirage.

Supplément portant le titre:

御 三 家 方 御 附

Go san-ka hau go dzuke.

et s'occupant des trois maisons siyógunales (de Mito, Kii et Owari).
2 vols. pet. in-8°. Yedo 1863.

492. 神 玉 武 鑑

Siyu-giyoku bu-kan.

„Édition de poche du miroir militaire". Almanach généalogique,
héraldique et statistique pour l'an 1862. En sinico-japonais cursif.
Vignettes en noir. 1 vol. in-16°. obl. s. l.

493. 袖 玉 武 鑑

Siu-gyoku bu-kan.

„Édition de poche du miroir militaire". Le même almanach que le précédent pour l'an 1865. Mauvais tirage. 1 vol. in-16°. obl. s. l.

494. 萬 世 武 鑑

Ban-sei bu-kan.

„Miroir militaire pour tous les siècles". Almanach généalogique, héraldique et statistique pour l'an 1867. Les deux systèmes d'écriture. Vignettes en noir. 1 vol. in-16°. obl. s. l.

495. 政 正 便 覽

Kai-sei si-ran.

„Liste des fonctionnaires, édition corrigée". Almanach officiel de la résidence (Yedo) pour l'an 1868. Caractères chinois classiques et katakana. 1 vol. pet. in-8°. s. l.

496. 諸 家 馬 印

Siyo-ka ba-in (Muma no sirusi).

„Les étendards de la cavallerie des principales familles nobles". M. S. Les noms en hiragana. Figures noires. 1 vol. in-8°. 1655.

497. 諸 家 御 簇 下

Siyo-ka go-zok'-ka.

„Les étendards des familles nobles". M. S. Série de planches en couleurs. Les noms en caractères chinois peu cursifs. 2 vols. gr. in-8°. s. d. le 3e vol. manque.

498.

Atlas des insignes appartenant aux principales familles de la noblesse du Japon. Sans titre japonais. En couleurs. Inscriptions en caractères chinois peu cursifs. 1 vol. in-4°. s. l. e. d.

499.

Les insignes des princes de l'Empire. Sans titre japonais. Figures noires. Inscriptions en caractères chinois classiques. 1 feuille pliée. s. l. e. d.

500. 官 位 抄

Kurai no seu.

„Liste des fonctionnaires sous le régime des Tokugawa". M. S. En caractères katakana. 1 vol. in-16°. obl. s. d.

501. ニツポンダイメヤウクニヅクシ

Nippon dai-miyau kuni-dzukusi.

„Liste des provinces du Japon et de leurs princes". M. S. Contenant des informations sur leurs résidences, leurs revenus en riz etc. Caractères katakaña. s. d.

502. 御 元 服 御 宮 泰 御 用 掛 御 役 人 附

On-gen buku Giyo kiu ni mairu Giyo you-ke Go yak'-nin tsuku.

„La liste civile et la cour du prince héritier Siyôgunal à l'époque de sa majorité". Les deux systèmes d'écriture. Figures noires. 1 vol. in-12°. s. l. 1828.

503. 明 治 職 原 抄

Mei-dzi siyoku-gen seu.

„Les fonctions des officiers du Gouvernement". Caractères chinois classiques et katakana. Par F u d z i - i I - t s i. 1 vol. in-12°. obl. Tôkiyô 1876.

504. 官 員 分 課 錄

Kuwan-yen bun kuwa-roku.

„Liste des fonctionnaires civils et militaires" (pour l'an 1879). Caractères chinois classiques. 3 feuilles pliées. s. l.

505. 西 洋 各 國 盛 衰 强 弱 一 覽 圖

Sei-you kaku-koku sei-sui kiyok'-ziyaku itsi-ran dzu.

„Aperçu en tableaux de la force et de la richesse des différents pays de l'Europe". 1 vol. de tableaux en couleurs et 1 vol. de texte explicatif. Caractères chinois classiques et katakana. Par K a t ô K ô - z ô. 2 vols. in-8°. s. l. 1867.

506. 統 計 年 鑑

Tou-kei nen-kan.

„Annuaire statistique". Les six premières années de la série (1880—1885). Les trois premiers volumes avec table des matières M. S. en français; les deux derniers avec table des matières imprimée. Caractères chinois classiques, imprimés en types mobiles; 6 vols. gr. in-8°. reliure européenne.

507.

Données statistiques sur la ville d'Yedo, en particulier sur le quartier de Yosiwara. M. S. Sans titre japonais. En caractères chinois classiques et katakana. 1 vol. in-8°. s. d.

508. 江 戶 本 所 深 川 イ ロ ハ 組 纏 ツ ク シ 兩 面 摺

Yedo Hon-ziyo Fukugawa Irova kumi-matove tsukusi riyau-men teu'.

Les insignes des pompiers de la rive gauche à Yedo (quartiers de Hon-ziyo et de Fukugawa). Arrangés suivant l'irova (ordre toujours suivi pour les affaires civiles). Caractères chinois cursifs. Vignettes en noir. 1 feuille pliée, imprimée des deux cotés. 3° édition. Yedo 1824.

509. 萬 世 江 戶 町 鑑

Yorodzi-yo Yedo matsi no kagami.

„Aperçu des quartiers de la ville d'Yedo pour tous les siècles". On y trouve tout ce qui regarde la garde des entrées, la police de la capitale, l'organisation des pompiers, etc. Caractères chinois peu cursifs et hiragana. Vignettes en noir. 2 vols. pet. in-8°. s. l. 1826.

510. 火 事 御 出 役 定 火 消 御 役 御 大 名 火 消 御 場 所 附 イ ロ ハ 番 組

Kuwa-zi on siyuts'-yaku. Dziyau hikesi on yaku, Go Dai-miyau hikesi. Go ba-siyo dzuke. Irova ban-gumi.

„Les gardes de nuit du palais impérial à Yedo. L'organisation de la garde de nuit des pompiers, appartenant au service public et ceux qui veillent sur les Yashiki des Dai-miyô's; avec un appendice sur le palais du Siyôgun à Yedo; les patrouilles classées suivant l'alphabet japonais". Description et représentation des uniformes et des enseignes (en noir). Texte explicatif en caractères chinois classiques et hiragana. 1 feuille pliée s. l. e. d. Sur le revers de la feuille se trouve un tableau sous le titre de:

町 火 消 番 組

Matsi-hikesi ban-gumi.

„L'organisation des pompiers à Yedo". Description et représentation des différents uniformes des sections de pompiers. Texte explicatif en caractères chinois cursifs et hiragana. Vignettes en noir.

511. 江 戸 御 見 附 略 圖

Yedo on mi-tsuke riyaku-dzu.

„Court tableau des gardiens des différentes enceintes de la ville d'Yedo". Caractères chinois et katakana. En jaune. 1 feuille pliée. s. l. e. d.

512. 警 視 廳 一 覽 槩 表

Kei-si-tsiyau itsi-ran kai-heu.

„Tableau sommaire de la préfecture de police". Statistique de la ville de Tôkiyô. Caractères chinois classiques et katakana. 1 feuille pliée pet. in-8°. s. l. 1875.

513. 横 濱 區 各 町 戸 數 人 員 表

Yokohama ku-kaku-tsiyau to-siyu zin-yen hiyo.

„Statistique des maisons et des habitants de Yokohama", en 1879. En caractères chinois classiques. Publié par le Kanagawa ken-tsiyau. 1 feuille pliée pet. in-8°. s. l.

514. 繁 花 市 中 大 凡 積 胸 筭 用

Ohosaka matsi-dziu Oho-dzumori-muna san-you.

„Tableau statistique de la population d'Ohosaka". Caractères chinois peu cursifs et hiragana. 1 feuille pliée. Édition de 1818. s. l.

515. 大 坂 両 替 手 形 便 覽

Ohosaka riyau-gaye te-kata ben-ran.

„Revue des banquiers de la ville d'Ohosaka". Sinico-japonais cursif. 1 feuille pliée. s. l. 1824.

516. 爪 シ ル シ
Tsume sirusi.

Indicateur des femmes vivant sous le contrôle de la police à la ville d'Ohosaka. Le caractère tsume (ongle, l'arme habituelle des rixes féminines) a été choisi pour cacher le sens de son homonyme tsuma (femme). Sinico-japonais cursif. 1 vol. in-16°. obl. 1820. La première édition mentionnée à la fin du texte est de 1798.

---

517. 圖 解 武 用 辨 略
Dzu-kai bu-you ben-riyaku.

„Aperçu raisonné de l'art militaire avec dessins". Le livre commence par un exposé astrologique. Caractères chinois classiques et katakana. Par Konosita Yositomo. Gravures en noir d'appareils de guerre. 8 vols. in-8°. Yedo 1747.

518.

Beknopte Bataillons-school met de bewegingen au pivot mouvant, enz. door G. J. Pompe van Meerdervoort, 1ste luit.-adjudant. Groningen, bij J. Oomkens Jz. 1851. (Abrégé des exercices militaires par bataillon, avec les manoeuvres au pivot mouvant, etc.). Sans titre japonais. Fac-simile xylographique d'une copie, écrite en italiques de l'ouvrage sus-mentionné, l'imprimerie dont nous avons parlé plus haut n'existant pas encore. L'exécution technique est très-soignée et d'une parfaite accuratesse. 1 vol. in-8°. s. l. 1851.

519. 鈐 林 求 携
Ken-rin kiu-kei.

„Vademecum dans la forêt des essieux". L'auteur fait passer son ouvrage pour la traduction d'un livre hollandais intitulé „militair zakboekje van A. W. De Bruyn", (manuel de poche du militaire). En réalité c'est une compilation de plusieurs ouvrages de ce genre, notamment du „Krijgskundige leercursus van J. P. C. van Overstraten, Luitenant-Kolonel der Artillerie". Caractères chinois classiques et katakana. Par Katsurasono Simosone. Figures noires. 2 vols. pet. in-8°. s. l. 1853. — Voir le mémoire intitulé „Verzameling van japansche boekwerken" sous le n°. 68.

520. 西 洋 礮 術 便 覽

Sai-yau hau-ziyuts' ben-ran.

„Abrégé de l'artillerie atlantique". Caractères chinois classiques et katakana. Par Uyeda Taitô. Figures noires. 2 vols. in-12°. obl. Ohosaka, Nagoya, Yedo 1853.

521. 桑 土 禦 言

Sau-do su-gen.

„Simples paroles du pays des mûriers" (le Japon), ou théorie des projectiles. La préface nous apprend que cette théorie a été communiquée pour la première fois par un Hollandais du nom de Niiman (Nieman?) à un savant japonais appelé Si-tsik' Riyô-fu (1789—1799), et qu'elle a été conservée comme un secret de famille pendant un demi siècle. Série de tableaux de calculs et quelques textes en caractères chinois classiques et katakana. Par Ten-kitsi-sô Ho-kuwô. 8 vols. et 1 vol. de planches noires. En tout 9 vols. in-8°. s. l. 1854. — Voir le mémoire intitulé „Catalogus van japansche boekwerken" sous le n°. 87.

522. 西 洋 武 具 短 歌

Sai-yau bu-gu tan-ka.

„Les armes atlantiques en petites chansons". Description soit-disant poétique et représentation de l'appareil militaire hollandais; travail plutôt curieux et burlesque qu'instructif. Caractères chinois classiques et katakana. Par Nisimura, habitant d'Yedo. Figures coloriées. 1 feuille pliée pet. in-8°. s. l. e. d. — Voir le mémoire intitulé „Verzameling van japansche boekwerken" sous le n°. 72.

523. 遠 西 火 攻 精 撰 撮 要

Yen-sai kuwa-kou sei-sen sats'-yen.

„Aperçu de l'essentiel des armes à feu du Far West". Traduction d'un traité hollandais sur „l'art de se servir du canon" d'un auteur, dont le nom se trouve caché sous la transcription japonaise Imots', ou Ibuts'. Caractères chinois et katakana. Par Asano Kei-toku. Figures noires. Exécution soignée. 1 vol. pet. in-8°. s. l. 1854.

524.　和　蘭　礮　具　圖　説

Wa-ran (Ho-lan) hau-gu dzu-setz'.

„Description illustrée de l'artillerie hollandaise". Traduction d'un livre hollandais, portant le titre de „Afmetingen en constructie" (proportions et construction) dont l'auteur n'est pas nommé par le traducteur Ketsu-ziyô Yori-siyo-ken. Les termes techniques s'y trouvent traduits en chinois. Caractères chinois classiques et katakana. Publié par Nakayama Nawohiro Hataró. Figures noires. Exécution soignée. 1 vol. pet. in-folio. s. l. 1854.

525.　海　上　礮　術　全　書

Kai-ziyau hau-ziyutz' zen-siyo.

„Recueil complet sur l'artillerie navale". Traduction japonaise du livre hollandais intitulé „Leiddraad bij het onderrigt in de Zee-artillerie van den Majoor der Artillerie J. N. Calten" (Guide pour l'enseignement de l'artillerie navale). Les termes techniques sont en partie traduits, en partie transcrits phonétiquement en caractères chinois. Texte en sinico-japonais classique. 28 tomes en 15 vols. de texte et 1 vol. de planches noires. En tout 16 vols. gr. in-8°. s. l. 1854. — Voir le mémoire intitulé „Verzameling van japansche boekwerken", sous le n°. 89.

526.　銃　工　便　覽

Ziyuu-kou (Teppô-si) ben-ran.

„Revue pratique de la fabrication des armes à feu". Représentation et description des parties de la carabine avec les noms en sinico-japonais et en hollandais (en lettres katakana) d'après des modèles européens. Caractères chinois classiques et katakana. Par Hayasi Ziyun-ki. Planches en couleurs représentant les appareils pour la fonte des métaux, etc. 1 vol. pet. in-4°. Nouvelle édition s. l. 1856. — Voir le mémoire intitulé „Verzameling van japansche boekwerken" sous le n°. 66.

527.　鐵　類　鑄　鑑

Tekkiyau siyu-kan.

„Miroir de la fonte des canons". Traduction japonaise d'un ouvrage hollandais du général U. Huguenin. La transcription des termes tech-

niques en katakana et en caractères chinois est à peu près inintelligible.
Par Tobisu Kanamori Kin-ken. Caractères chinois classiques et
katakana. Revu et rédigé par Iken Simosone Sinton de Yedo avec
atlas de planches noires. 3 vols. gr. in-8°. atlas in-folio. s. l. 1856. —
Voir le mémoire intitulé „Verzameling van japansche boekwerken"
sous le n°. 69.

528. 礮 術 訓 蒙

Hau-ziyuts' gun-mau.

„Enseignement dans l'art de se servir du canon". L'auteur dit dans
sa préface qu'il s'est servi pour son travail de la 3me édition de „Van
Overstraten, Handleiding tot de kennis der Artillerie" (manuel
de l'artillerie). Les termes techniques sont toujours les mêmes; une
fois introduits, ils ont été acceptés dans l'armée; l'auteur ajoute en
hollandais (caractères katakana) les noms des espèces de bois, etc. encore
inconnues au Japon. Pour les poids et les mesures il a conservé les
expressions hollandaises, en renvoyant aux tableaux comparatifs qui
déjà existaient de son époque (voir le n°. 575). Caractères chinois peu
cursifs et hiragana. Par Kimura Kundairô Tsiusiu. A la fin de
l'ouvrage se trouve une série de planches en noir. 12 tomes en 8
vols. pet. in-8°. Yedo 1856. — Voir le mémoire intitulé „Verzameling
van japansche boekwerken" sous le n°. 85.

529. 集 要 礮 藥 新 書

Siu'-yeu hau-yak' (teppau gusuri) sin-siyo.

„Nouveau traité sur la poudre à canon, contenant ses qualités les
plus importantes". Avec trois préfaces en chinois, dont une est remarquable par son esprit hostile aux innovations de l'Europe et son dédain
pour les traductions de livres barbares, „dont l'écriture va de travers
comme la démarche du crabe", en rendant hommage à l'auteur de ce
livre, dont la science repose sur la tradition indigène et l'expérience
personelle. L'auteur de la préface entrevoit un avenir, où l'Europe
tremblera devant le patriotisme japonais. L'auteur du livre cependant,
en véritable savant, exprime son regret de ne pas savoir davantage
au sujet de la technique hollandaise; il avoue franchement que le Japon
doit à la Hollande la bonne méthode de granuler la poudre à canon.
Caractères chinois classiques et katakana. Par Nakai Kôhei. 1 vol.
in-8°. Yedo 1856. — Voir le mémoire intitulé „Verzameling van
japansche boekwerken" sous le n°. 71.

530. 砲 軍 操 練 全 書

Hau-gun sou-ren zen-siyo.

„Recueil complet des exercices de l'artillerie". Traduction japonaise d'un livre hollandais intitulé „de Kanonierschool" 4e druk, J. F. Thieme te Nijmegen, 1836 (l'école du canonier). Transcription inintelligible, sans traduction des termes hollandais. Par Murata Sô-roku. Caractères chinois classiques et katakana. 1 vol. in-8°. s. l. 1857. — Voir le mémoire intitulé „Verzameling van japansche boekwerken" sous le n°., 83.

531. 和 蘭 官 軍 歩 操 軌 範

Wa-ran (Ho-lan) kuwan-gun bu-sou ki-han.

„Réglement pour les exercices de l'Infanterie de l'armée hollandaise". Traduction japonaise des manuels suivants: „de soldatenschool" (l'école du fantassin), „de pelotonschool" (les exercices par pelotons), „de bataillonschool" (les exercices par bataillons). Par Bai-ran Maki ten-boku. Caractères chinois classiques et katakana. Rédigé par Takatô Orei Sei-yu, et publié avec la permission du Gouvernement japonais. 12 vols. de texte et 3 vols. de supplément, contenant des illustrations en noir, et où se trouve expliqué le maniement du fusil à percussion. En tout 15 vols. pet. in-4°. s. l. 1854—1856.

532. 騎 操 軌 範

Ki-sou ki-han.

„Réglement pour les exercices de la cavallerie". Traduction japonaise du manuel hollandais. Suite de l'ouvrage précédent. Même auteur et redacteur. 5 vols. (le dernier vol. manque) et un atlas de planches noires. En tout 6 vols. gr. in-8°. s. l. 1856

533. 練 卒 訓 語

Ren-sots' gun-go.

„Cours d'exercices militaires". Traduction d'un ouvrage hollandais sur les exercices d'infanterie, dont le nom de l'auteur est caché sous le nom de Tsihets', général et inspecteur des troupes. Caractères chinois classiques et katakana. Par Tô-dô Yei-au de la ville de Hagi dans la province de Nagato. Figures noires. 8 tomes en 4 vols. in-8°. s. l. 1856.

534. 和 蘭 官 軍 拔 隊 龍 學 校 全 書

Wa-ran (Ho-lan) kuwan-gun Patolong gak'-kau zen-siyo.

„Cours complet des exercices par bataillon de l'armée hollandaise". Traduction de la 3me partie de l'ouvrage intitulé „Reglement op de exercitiën en manoeuvres der infanterie" (réglement pour les exercices et les manoeuvres de l'infanterie, voir le n°. 536). Traduit sous les auspices de Sugida Sei-kô. 7 tomes en 3 vols. pet. in-8°. s. l. 1856.

535. 泰 西 兵 覽

Tai-sai hiyau-ran.

„Coup d'oeil sur l'armée européenne". Le premier volume. Traduction d'un ouvrage hollandais, qui à son tour est la traduction de G. von Scharnhorst. Militairisches Taschenbuch zum Gebrauche im Felde Hanover 1794; neue Auflage 1816 (Manuel de poche du militaire pour le service de campagne). Caractères chinois classiques et katakana. Par Miyake Kísai. 3 tomes en 1 vol. pet. in-8°. Yedo 1856.

536.

Reglement op de exercities en manoeuvres der Infanterie, uitgegeven op last van den Koning der Nederlanden. Breda, ter drukkerij van Broese & C°. voor rekening van de Koninklijke Akademie voor de zee- en landmagt. 1855. Nagedrukt te Nagasaki in het jaar Ansei 4 (1857). Réglement pour les exercices et les manoeuvres de l'Infanterie. Publié par ordre du Roi des Pays-Bas. Réimprimé à Nagasaki l'an 1857. Sans titre japonais. Il a été question de cette publication typographique dans la description du n°. 70 du présent catalogue. La première page porte le sceau du censeur auprès du Gouvernement de Nagasaki. 3 vols. pet. in-8°. reliés.

537. 理 孶 學 校 全 圖 幷 解

Ri-nou gak'-kau zen-dzu narabini kai.

„Tableau complet des exercices des troupes de ligne". Tous les termes techniques sont simplement transcrits à l'aide de caractères chinois, sans traduction aucune. Caractères chinois classiques et katakana. Par Sakai Ziyodzi. 1 vol. de planches en noir, et 1 vol. de texte. En tout 2 vols. pet. in-4°. s. l. 1857.

538. 改 正 練 卒 訓 語
Kai-sei ren-sots'-gun go.

„Cours d'exercices militaires, édition revue et corrigée". Traduction japonaise du réglement hollandais des exercices et manoeuvres de l'infanterie, mentionné sous le n°. 536. Caractères chinois classiques et katakana. Par Nakasima. 3 vols. in-8°. s. l. 1857.

539. 繪 本 孫 子 童 觀 抄
Ye-hon son-si dou-kuwan siyau.

Commentaire de l'ouvrage classique chinois sur l'art militaire de Sun-tsze, général de Ho-lu, roi du pays de Wu, 6° année avant J. C. En caractères chinois peu cursifs et hiragana. Par Nakamura Kei-nen. Planches noires. Deux séries. En tout 14 vols. gr. in-8°. Yedo 1864.

540. 土 工 程 式
Do-kou tei-siki.

„Traité sur les fortifications". Caractères chinois classiques et hiragana. Publié par l'École Militaire. 3 vols. de texte et 1 atlas de planches en noir, représentant des dessins techniques, copiés sur des livres européens. En tout 4 vols. in-8°. Tôkiyô 1870.

541. 陸 軍 日 典
Riku-gun zitsu-ten.

„Le réglement journalier de l'armée". Caractères chinois classiques et katakana. Publié par l'École Militaire. 2 vols. pet. in-8°. Tôkiyô 1870.

542. 陸 軍 諸 條 例
Riku-gun siyo-dou rei.

„Les réglements militaires". Caractères chinois classiques et katakana. Publié par le Ministère de la Guerre. 1 vol. in-12°. Relié en demi-veau. Tôkiyô 1877.

543. 徵 兵 令 早 合 點
Tsiyou-hei-rei haya sau-ten.

La loi sur la conscription, avec annotations. Caractères chinois classiques et katakana. Par Aoki Fusei. 1 vol. in-12°. Tôkiyô 1878.

544. 船 乘 獨 案 内

Funa-nori hitori an-nai.

Guide pour le marin. Caractères chinois classiques et katakana.
Première série. Par deux officiers de la marine japonaise, MM. Kayama
Nagataka et Hamatake Sin. Tableaux des drapeaux en couleurs,
dessins en noir. 2 vols. in-8°. Tôkiyô 1874.

----

545. 泰 西 國 法 論

Taï-seï koku-hau'-ron.

„Traité sur le droit de l'Europe"; cours (verbal) du droit des gens
de feu le professeur Vissering de Leide, traduit en japonais par
M. Tsuda Sin Itsirô Mamitsi, pendant son séjour à Leide.
Caractères chinois classiques et hiragana. 4 vols. in-8°. s. l. 1868.

546. 惟 法 略

Seï-hau' riyaku.

„Abrégé du droit naturel". Cours (verbal) du même professeur, traduit
en japonais par M. Tsuda Sin Itsirô Mamitsi. Caractères chinois
classiques et katakana. 1 vol. in-8°. s. l. 1869.

547. 和 蘭 政 典

Wa-ran (Ho-lan) siysu-ten.

„La constitution du Royaume des Pays Bas" (de 1848). En sinico-
japonais cursif. Traduit en japonais par Kanda Kôhei. 1 vol. in-8°.
s. l. 1869.

548. 佛 蘭 西 和 蘭 陀 邑 法

Furansei Holanda iu'-hau'.

„La loi municipale en France et en Hollande". Caractères chinois
classiques et katakana. Par Ohoï Kentarô. Publié par le Ministère
de l'Instruction publique. 1 vol. pet. in-8°. imprimé en types mobiles.
Tôkiyô 1875.

549. 佛 國 治 罪 法 講 義

Futsu-koku dzi-sai-hau kau-gi.

„Explication du code pénal français" d'après les informations verbales de M. Gros(?) jurisconsulte français. Caractères chinois classiques et katakana. Publié par la Préfecture de police à Tôkiyô. 3 vols. pet. in-8°. reliés en demi-veau. Tôkiyô 1876—1878.

550. 勅 諭 統 纂

Tsiyoku-yu tou-san.

Édits impériaux, proclamés de 1868 à 1877. Caractères chinois classiques et katakana; le texte des édits en encre rouge. Publiés par Toriyabé Zeu-in. 1 vol. in-8°. Tôkiyô 1878.

551. 類 聚 法 規

Rui-siyu hau'-ki.

Collection des lois et décrets du Gouvernement issus sous le nouveau régime, arrangés systématiquement en vingt classes. Caractères chinois classiques et katakana. Publiée par le Ministère de la Justice. Les deux premiers volumes contiennent le régistre des lois et décrets. Avec supplément en deux volumes et régistre du supplément. En tout 12 volumes reliés en demi-veau, in-8°. Imprimés en types mobiles. Tôkiyô 1878—'79.

552. 官 令 沿 革 表

Kuwan-rei yen-kaku heu.

„Régistre chronologique et systématique des lois et des proclamations", Caractères chinois classiques et katakana. Publié par le Ministère des Finances. Un volume relié en demi-veau in-8°. Imprimé en types mobiles. Tôkiyô 1879.

553. 諸 規 則 銘 書 一 覽 表

Siyo ki-soku mei-siyo itsi-ran heu.

Tableau des décrets publiés pendant les onzes premières années de la période Mei-dzi. Caractères chinois classiques imprimés en types mobiles. 1 feuille pliée. s. l. e. d.

554. 憲 法 志 料

Ken-pau' si-riyau.

„Matériaux pour servir à l'histoire de la législation". En sinico-japonais classique. Publié par le Ministère de la Justice. Tome 1 en 4 vols.; tome 2 en 6 vols., chaque volume traite d'une des classes de la société japonaise. En tout 10 vols. in-8°. Tôkiyô 1877.

555. 大 審 院 民 事 判 決 錄

Dai-sin-in min-zi han-ketsu-roku.

„Recueil d'arrêts civils de la Cour Suprême" à Tôkiyô de 1875 à 1878. Le premier vol. contient les arrêts rendus pendant l'an 1875. Les arrêts rendus pendant l'an 1877 et les quatre premiers mois de l'an 1878 manquent à la série. Caractères chinois classiques et katakana. Publié par le Ministère Justice. Le 1er vol. gr. in-8°. les 5 vols. suivants pet. in 8°. reliés en veau. Imprimés en types mobiles.

556. 大 審 院 刑 事 判 決 錄

Dai-sin-in kei-zi han-ketsu-roku.

„Recueil d'arrêts criminels de la Cour Suprême à Tôkiyô" de 1875 à 1878. Le premier vol. contient les arrêts rendus pendant l'an 1875. Caractères chinois classiques et katakana. Publié par le Ministère de la Justice. Le 1er vol. gr. in-8°. les 6 vols. suivants pet. in-8°. reliés en veau. Imprimés en types mobiles.

557. 本 朝 稅 則

Hon-teu sei-soku.

„Les réglements de la douane au Japon". En caractères chinois classiques et katakana. Par Itsioka Masakazu. 1 vol. pet. in-8°. relié. Imprimé en types mobiles. Tôkiyô 1879.

558. 大 日 本 驛 程 寶 鑑

Dai-Nihon yeki-tei hau-kan.

„Le service des postes". Tableau en caractères chinois classiques et katakana. Par Muroda; publié pour la Compagnie Mitsuhisi (messageries maritimes du Japon). 1 feuille pliée pet. in-folio, obl. Imprimée en types mobiles. Tôkiyô 1879.

559.　東　京　警　史　須　知
Tôkiyô kei-zi su-tsi.

„Vademecum de l'agent de police à Tôkiyô"; instructions, renseignements, etc. avec planches en noir, montrant la manière de traiter les noyés, etc. Publié par la Préfecture de police. Caractères chinois classiques et katakana. Imprimé en types mobiles. 1 vol. pet. in-8°. Tôkiyô 1879.

560.　訴　訟　大　成
So-siyou tai-sei.

Recueil complet des plaintes et pétitions adressées au Gouvernement depuis l'an 1868. Caractères chinois classiques et katakana. Par Hagi Kin-itsi-rô. Un volume relié en demi-veau. pet. in-8°. Imprimé en types mobiles. Tôkiyô 1879.

561.　願　届　雛　形　集
Negави todoke hinagata siu.

„Formulier des pétitions adressées au Gouvernement". Caractères classiques et katakana. Par Nakamura Yorihara. 2 vols. pet. in-8°. reliés. Imprimés en types mobiles. Tôkiyô 1879.

562.　經　濟　錄
Kei-sai roku.

Traité d'économie politique. M. S. Caractères chinois classiques et katakana. Vols. 3—10 pet. in-4°. s. d.

563.　度　量　衡　說　統
Do-riyau kau seta'-tou.

„Traité sur les poids et les mesures". En caractères chinois classiques. Par Mogami Tok'-nai. 3 vols. in-8°. Yedo 1824.

564.　孔　方　圖　鑑
Kou-hau dzu-kan.

„Aperçu des (monnaies) au trou carré" (la monnaie chinoise). Caractères chinois classiques et katakana. Gravures noires. 1 vol. in-8°.

Édition de Ohosaka 1728. — Éd. de Ohosaka 1729 dont le titre est précédé des mots 珍貨 Tsin-kuwa „monnaies rares", publié par Nakatani Kôsan. — Éd. de 1784, par Ozawa Tô-itsi; le titre est précédé des mots 改正 Kai-sei, c. à. d. „édition corrigée". — Éd. de 1785 par le même auteur; le titre est précédé des mots 改正 珍貨 Kai-sei tsin-kuwa, „monnaies rares, édition corrigée". — Édition de Ohosaka 1794 par Riu-seki An-u; le titre est précédé des mots 寛政 Kuwan-sei, c. à. d. la période 1789—1800.

565. 西 洋 錢 譜

Sei-yau sen-bu.

„Monographie des monnaies étrangères" (européennes). Caractères chinois classiques et katakana. Par Ozawa Tô-itsi. Figures noires. 1 vol. in-8°. Yedo, Ohosaka 1787.

566. 和 漢 泉 彙

Wa-Kan sen-i.

„Collection des monnaies japonaises et chinoises". Caractères chinois classiques et katakana. Par Hô-gawa Zin-uyemon. Figures noires. 2 tomes en 1 vol. in-8°. s. l. 1793.

567. 錢 範

Sen-ban.

Le système monétaire. Revue des monnaies usitées au Japon. Caractères chinois classiques et katakana. Figures noires. 1 vol. in-8°. s. l. 1793.

568. 古 今 圖 鑒 古 錢 價 附

Ko-kin dzu-kan ko-sen atavi-dzuku.

„Deniers antiques avec indication de leur valeur; aperçu de figures anciennes et modernes". Caractères chinois classiques et katakana. Figures noires. 1 vol. in-8°. Ohosaka 1793. — Édition postérieure publiée sous le même titre de Ko-sen atavi-dzuku, „deniers antiques, avec indication de leur valeur", précédé des mots 新刻 Sin-koku, nouveau tirage". 1 vol. in-8°. Miyako, Yedo, Ohosaka 1793.

569. 和 漢 古 今 泉 貨 鑑

Wa-Kan ko-kon sen-kuwa kan.

„Aperçu des monnaies anciennes et modernes du Japon et de la Chine". Caractères chinois classiques et katakana. Par Ozawa Tôitsi. Figures noires. 12 vols. in-8°. s. l. 1804.

570. 弄 錢 奇 鑒

Rou-sen ki-kan.

„Aperçu des espèces rares parmi les deniers de collections". Description et représentation des monnaies chinoises, issues sous la dynastie des Sung. Caractères chinois classiques et katakana. Par Ohomura Naritomi. Figures noires. 1 vol. in-8°. Miyako, Ohosaka, Yedo 1799.

571. 金 銀 圖 錄

Kin-gin dzu-roku.

„Album des monnaies d'or et d'argent". Caractères chinois classiques et katakana. Par Kondô Morisige. Figures en noir et en jaune doré. Quelques passages traduits en mauvais hollandais par quelque interprète se trouvent parmi les feuilles du deuxième volume. 6 vols. et 1 vol. de supplément; en tout 7 vols. in-8°. Yedo 1810.

572. 珍 錢 奇 品 圖 錄

Tsin-sen ki-bin dzu-roku.

„Album des espèces rares parmi les deniers précieux". Les deniers dont il est question, appartiennent à l'époque antérieure à celle de la monnaie Wa-dou kai-tsin et postérieure à celle de la monnaie Han-riyau (Pnan-liang). Caractères chinois classiques et katakana, avec notes M. S. Figures noires. Par Ohomura Naritomi. 1 vol. in-8°. s. l. 1817.

573. 對 泉 譜

Tai-sen bu.

„Monographie des monnaies portant l'effigie des deux cotés". Caractères chinois classiques et katakana. Par Burôden Motonari et Ohomura Naritomi. Figures noires. 1 vol. in-8°. Yedo 1844.

9

574. 金 譜

Kin-fu.

Monographie des monnaies d'or du Japon. Description et représentation des monnaies en or (Ohoban, Koban, Itsibu, etc.). Caractères chinois classiques et hiragana. Figures en jaune doré, par Fuku-yen. 1 vol. in-8°. s. l. e. d. Publié après l'an 1854. — Ce livre tend à compléter le Kin-gin dzu-roku, décrit sous le n°. 571.

575. 西 洋 度 量 考

Sei-yau to-riyau kau.

„Traité sur les mesures, (les monnaies) et les poids de l'occident" Liste des poids, des mesures et des monnaies usités en Europe, classés suivant l'alphabet. Les mots hollandais en italiques, répétés en katakana. Manuel pour le traducteur d'ouvrages scientifiques hollandais et pour le négociant. L'auteur y ajoute des notes explicatives en sinico-japonais classique. Par Aoyama Kôsai. 1 vol. gr. in-8°. s. l. 1855.

576. 洋 學 便 覽

Yau-gaku ben-ran.

„Revue pratique de la science de l'Europe". 2ième volume contenant une explication du calcul chronométrique de l'Europe et une concordance des systèmes japonais et européen des monnaies, des poids et des mesures. Caractères chinois classiques et katakana. Par Yanagawa Siyun-san. 1 vol. pet. in-8°. s. l. 1867.

577. 貨 幣 條 例

Kuwa-hei deu-rei.

Le système monétaire. Exposé du système monétaire moderne du Japon. Caractères chinois classiques et hiragana. Figures en noir. 1 vol. in-8°. s. l. 1871.

578. 大 日 本 貨 幣 史 參 考

Dai-Nihon kuwa-hei si san-kau.

Histoire de la monnaie du Japon. Le 1er vol. traite de l'emprunt national, le 2ième vol. du commerce national, le 3ième des cours des marchandises au Japon, le 4ième du cours de l'or et de l'argent au Japon, le 5ième des cours d'échange avec les pays étrangers. Caractères classiques et katakana. Par Yosida et Yonemoto, publié par ordre du Ministre de la Finance. 5 vols. pet. in-8°. Imprimé en types mobiles. Tôkiyô 1876—1879.

THÉOLOGIE ET PHILOSOPHIE. BOUDDHISME
ET SINTOÏSME, CANONS, HYMNES, SERMONS, PRIÈRES,
INVOCATIONS, INCANTATIONS ET CHARMES,
TABLES VOTIVES, JEUX RELIGIEUX. SORCELLERIE,
MAGIE, AMULETTES. CONFUCIANISME. RELIGION
CHRÉTIENNE.

LITTÉRATURE. HISTOIRES MORALES, EXEMPLES DE
PIÉTÉ FILIALE, DISCOURS, ROMANS, CONTES
HISTORIQUES, FABLES, JOURNAUX.
POÉSIE. POÉSIE CHINOISE, POÉSIE JAPONAISE,
GENRE UTA, ANTHOLOGIES, GENRE HAI-KAI,
IMPROMPTUS, GENRE COMIQUE. ART POÉTIQUE.
COMMENTAIRES, DICTIONNAIRES DES RIMES,
VOCABULAIRES.

THÉATRE. DRAMES HISTORIQUES, BALLET-OPÉRA,
MANUELS POUR LES RÉCITATEURS ET LES DANSEURS.
STATISTIQUES DES THÉATRES ET LIEUX
D'AMUSEMENTS. MUSIQUE.

———

Les deux branches de l'église bouddique, la branche du nord et
celle du sud sont l'une et l'autre représentées au Japon. Cependant
le Bouddhisme septentrional, qui professe la doctrine du Mahâyâna, y
est le plus répandu, et la majorité des sectes et des plus populaires
lui appartient. L'église japonaise est divisée en douze sectes principales, dont M. Ryan-on Fujishima a donné un aperçu dans son livre
intitulé: Le Bouddhisme Japonais, doctrines et histoire, Paris 1889.
Le Sintoïsme est une religion assez incomplète; la croyance à l'autre

monde, la morale, tout y est implicite; un rituel existe à peine. Ces lacunes ont été comblées par le Bouddhisme, si bien que la plupart des Japonais, à l'exception des habitants de la province de Satsuma sont à la fois sectateurs de l'une et de l'autre religion. Aussi est-il parfois difficile à dire si quelque tableau votif, ou quelque fête religieuse appartient au culte bouddhique, plutôt qu'au culte national, de sorte que l'auteur du présent catalogue a crû devoir s'abstenir de tracer entre les deux une limite bien marquée. La confusion a atteint son apogée dans ce qu'on appelle le culte mixte, ou Riyô-bu Sintô (voir le n°. 602) ou Bouddhisme nationalisé, institué par Kôbô Dai-si au 9e siècle de notre ère. En canonisant les divinités sintoïstes, ou plutôt en les faisant passer pour des avatar's de saints bouddhiques, quelques unes des sectes populaires avaient à tel point absorbé la croyance nationale, que le Sintoïsme était en voie de disparaitre. De nos jours, le Gouvernement s'efforce de rétablir dans son ancienne pureté la religion nationale. La littérature sintoïste paraît avoir toujours été d'une pauvreté extrême. En dehors du Ko-zi-ki et du Nippon-ki (voir les n°s 419 et 421) qui s'occupent de la généalogie des dieux et de la création du monde, nous n'en connaissons que des prières, dans le genre de celle, mentionnée sous le n°. 601 et des rituels (norito), qui cependant malheureusement manquent à la présente collection.

Le Confucianisme, système de morale artificiel, basé sur l'utilité, sur le maintien de l'équilibre dans la société humaine, a largement contribué à pousser les classes supérieures dans la voie de l'agnosticisme, d'où elles ne sortiront que grace à la religion chrétienne, qui de nos jours déjà a reconquis tout le terrain perdu.

Les contes moraux, les exemples de piété filiale forment la transition naturelle de la littérature religieuse à la littérature profane. Détails naïfs et poétiques, détails surprenants, imprévus, traits de lumière au milieu d'une monotonie ténébreuse, ce sont à peu près les impressions esthétiques que nous procure la littérature japonaise; le génie y manque, le charme constant qui captive, qui entraîne, y fait généralement défaut.

La poésie jadis si populaire, nous apprend la véritable passion du peuple japonais pour les beautés de la nature. Le chant des oiseaux, le jeu des nuages, les pales clartés de la lune, la blancheur resplendissante des cérisiers en fleurs, en un mot les phénomènes aériens et terrestres, qui frappent l'imagination ont été mille fois chantés, sans trêve ni fatigue. Aussi le poème lyrique, de préférence assaissonné de quelque jeu de mots, occupe-t-il une place prédominante. Ce genre de poèmes, appelés Uta, en 31 syllabes, sont la source principale de nos connaissances de l'ancien japonais (Yamato-kotoba); sous ce point de vue les vocabulaires du langage poétique ont une valeur considérable. Le genre Hai-kai en 17 syllabes, le jeu de mot en vers, les impromptus, pareils au pantun's des Malais, les Kiyo-si ou Kiyo-ka, ou chansons comiques sont autant de genres poétiques plus ou moins populaires.

Les flots de la civilisation moderne ont englouti, ravagé le pittoresque dans les mœurs et les coutumes; l'ancien Japon est mort; seulement le théâtre nous rappelle comme un lointain écho les beaux jours d'autrefois. Il nous a conservé les terribles guerriers aux masques hideux et furibonds, les belles demoiselles à la face longue et étroite, tout l'obséquieux appareil de la société féodale. Le théâtre japonais, d'après M. Chamberlain, suit la règle commune, qui trace ses origines dans les pantomimes et les dances religieuses. En effet, le n°. 786 du présent catalogue nous apprend que la danse du singe remonte à Siyo-toku Dai-si, le fondateur de l'église bouddhique du Japon. Les intervalles du drame religieux étant comblés par des représentations profanes, ces dernières, suivant le même auteur, ont commencé une existence indépendante et ont donné le jour au drame populaire, au drame historique, aux ballets et aux dances des temps modernes. La même origine religieuse se montre à mon avis dans les représentations des lutteurs (voir le n°. 790). Les balles de riz, placées en cercle, les proportions dégoûtantes des lutteurs, tout nous invite à y voir des symboles de l'abondance, appartenant à quelque rite ancien en l'honneur de la déesse du riz.

La corrélation de la substance et de la forme est un des traits marquants de la civilisation orientale. Ainsi nous voyons adopté pour la poésie et pour les pièces de théâtre des formes d'écriture tout à fait particulières. Au lieu du coup de pinceau hardi et élégant, les poésies nous montrent des lignes minces, arrondies, douces et paisibles, comme si les caractères fussent tracés au stylet dans l'épiderme du bambou, appelant l'attention sur les détails les plus infimes. Les livrets de théâtre au contraire présentent une écriture demésurément large, presque grotesque, aux formes voulues, conventionnelles comme l'art dramatique lui-même, aux caractères resserrés les uns contre les autres.

---

579. 妙 法 蓮 華 經
Meu-hau-ren-ge-kiyau.

Le Saddharmapuṇḍarîka-sûtra, ou discours sur le Lotus de la merveilleuse Loi, publié par le prêtre chinois Siu-nan-zan-siyaku-
dau-sen, et traduit du sanscrit en chinois par Yeu-ziu-san-zau-
hau-si. En caractères chinois classiques. Suivant M. Bunyiu Nanjio,
auteur du Catalogue of the chinese translation of the Buddhist
Tripiṭaka, Oxford 1883, (au n°. 134), ce livre a été traduit en chinois
par Kumâragîva, voir le n°. suivant. Livre d'église renfermé dans
une boîte en bois noir lacqué. Cet ouvrage contient les-bases fon-
damentales de la religion bouddhique et est considéré au Japon
comme le livre classique par excellence au sujet de la religion pour
toutes les sectes bouddhiques. Précédé du mot Namu, le titre de ce
canon forme la prière ordinaire des sectateurs de Nitsiren: „Louée
soit la doctrine merveilleuse du livre sacré". Sept volumes pliés en
forme de paravent gr. in-8°. Chaque volume est illustré d'un frontispice en noir représentant des personnages bouddhiques. s. l. 1702. —
M. Eugène Burnouf a publié en 1852 une traduction du présent
ouvrage sous le titre de „Le Lotus de la Bonne Loi".

580. 金 剛 般 若 經
Kon-gau han-niya kei.

Le Vagrakkhedikâpragñâpâramitâ-sûtra, ou le livre sacré du Lotus
de l'excellente Loi. Traduit du sanscrit en chinois en 401 de notre
ère par le prêtre indien Kumâragîva, qui en 384 établit sa demeure
à Si-ngan-fu en Chine. La préface datée de 1756 est de la main d'un
prêtre japonais, appelé Men-zan. En sinico-japonais classique. 1 vol.
pet. in-8°. en étui. Publié à Yedo 1851. — Une description détaillée
de ce livre se trouve sous le n°. 1 dans le Catalogue of Japanese and
Chinese books and manuscripts lately added to the Bodleian Library,
prepared by Bunyiu Nanjio, Oxford 1881. Traduit en français par
M. Eugène Burnouf.

581. 諸 陀 羅 尼
Siyo darani.

Dhâraṇî's ou formules bouddhiques. En caractères chinois classiques
avec prononciation juxtalinéaire en hiragana. 1 feuille pliée pet. in-8°.
s. l. 1857. — Voir la description de cet ouvrage dans le catalogue de
1881 de M. Nanjio sous le n°. 3.

582. 自 我 偈

Zi ga ke.

Gâthâ's ou strophes bouddhiques dont l'une commence par les mots „Zi-ga" c.-à-d: „de moi". En caractères chinois classiques avec la prononciation en hiragana. 1 feuille pliée pet. in-8°. Publiée pendant la période Ten-pô (1830—1844).

583. 嘉 永 改 正 觀 音 經

Ka-yei kai-sei Kuwan-on-kiyau.

„Le canon sur le Bodhisattva Avalokitesvara. Édition corrigée de la période Ka-yei (1848—1853)". Caractères chinois classiques avec la prononciation en hiragana. 1 feuille pliée pet. in-8°. s. l. 1848. — Traduit en italien par MM. C. Puini et F. Turrettini dans l'Atsume Gusa, Genève 1873—1881.

584. 地 藏 菩 薩 和 讚

Dai-zau Bo-sats' Kuwa-zan.

Hymne en l'honneur de Kshitigarbha Bodhisattva, le sauveur terrestre, vénéré sous la forme d'un prêtre bouddhique, représenté en noir sur le frontispice. Texte en hiragana. 1 feuille pliée pet. in-8°. s. l. e. d.

585. 佛 說 阿 彌 陀 經

Bussets' Amida kiyau.

Le canon prononcé par le Buddha sur Amita, le Tathâgata Amitâyus ou Amitâbha (l'Infini). Traduit du sanscrit en chinois par le prêtre indien Kumâragîva (voir le n°. 580). Caractères chinois classiques avec prononciation en hiragana. 1 feuille pliée pet. in-8°. s. l. e. d. — Voir J. J. Hoffmann, Das Buddha Pantheon von Nippon p. 152. Ce livre est mentionné par M. Nanjio, sous le n°. 26 de son grand catalogue de 1883.

586. 天 神 經

Ten-zin kiyau.

„Le livre sacré de l'Esprit Céleste". Prière adressée au saint appelé Ten-man-gu, c.-à-d. Sugavara no Mitsisane, personnage historique, canonisé, mort en 955 de notre ère. Caractères chinois classiques avec la prononciation en hiragana. 1 feuille pliée pet. in-8°. s. l. e. d.

587. 大 般 若 理 趣 分
Tai han-niya ri-siyuu bun.

La 10e partie d'un hymne sanscrit, intitulé Mahâ pragñâ riĕ, comprenant le 578e tome de l'ouvrage en 600 tomes appelé Tà-pân-shŏ po-lo-mi-to king, c.-à-d: Mahâ pragñapârâmitâ-sûtra, le canon de la rédemption par la grande intelligence. Traduit en chinois par Hiuên ts'âng A. D. 659, voir Burnouf, Introduction p. 68. Caractères chinois classiques. Figures noires. Longue feuille de papier carton, pliée en forme paravent. 1 vol. gr. in-8°. s. l. e. d. — Le livre entier est décrit par M. Nanjio sous le n°. 1 de son grand catalogue de 1883.

588. 釋 迦 如 來 御 一 代 紀 圖 會
Siyaka Niyo-rai go-itsi-dai ki-dzu-e.

„La vie de Sàkyamuni, le fondateur du Buddhisme, illustrée". Texte en caractères chinois peu cursifs et hiragana. Par Yamada Isai. Dessins en noir de Hoku-sai. 6 vols. gr. in-8°. Yedo, Ohosaka 1845. — Ce livre est mentionné par Anderson, Catalogue p. 345.

589. 觀 音 靈 驗 記
Kuwan-on rei-gen-ki.

Histoires, montrant le pouvoir divin de Kwan-yin (Avalokitesvara). Série d'estampes en couleurs par Utagawa Toyokuni de l'école Ukiyo-ye. 2 vols. gr. in-8°. s. l. e. d.

590. 佛 說 毘 沙 門 天 王 功 德 經
Bussets' Bisiyamon ten-ô ku-dok' kiyau.

Sermon du Buddha (c.-à-d. Sàkyamuni) sur les mérites du roi céleste Vaisramana. Un sûtra indien. Texte chinois en caractères classiques chinois avec prononciation en hiragana. 1 feuille pliée pet. in-8°. s. l. e. d. — Voir les nos 849 et 974 du grand catalogue de 1883 de M. Nanjio.

591. 道 二 翁 道 話
Dou ni ou dou-wa.

Sermon du vieux bonze Nakazawa Dou-ni; recueilli par Hakkiu Sai. Orné du portrait du bonze. En sinico-japonais cursif. 6 livres,

les 3 premiers chacun en 2 vols. les 3 derniers chacun en 3 vols. En
tout 15 vols. in-8°. Ohosaka 1846. Une édition de 1794 est mentionnée
par l'éditeur.

592. 增 補 諸 宗 佛 像 圖 彙
Zou-ho siyo-siu Buts'-zau dzu-i.

„Galerie d'images bouddhiques, appartenant à tous les sectes, édition
augmentée". Caractères chinois classiques et katakana. Illustrations
en noir de Tosa no Siyô-sô Ki no Hidenobu. Garni de notes
M. S. de feu le Dr. Hoffmann. 5 vols. in-8°. 3e édition s. l. 1796; la
première et la deuxième édition de 1690 et de 1783 sont mentionnées par l'auteur. — Ce livre a servi de base au travail de M. Hoffmann, intitulé Das Buddha Pantheon von Nippon.

593. 二 十 四 輩 順 拜 圖 會
Ni-ziu-si hai-siyun hai-dzu-e.

„Album des vingt-quatre lieux saints", c. à. d.: des lieux de la province de Kawatsi visités par les pèlerins à cause des vingt-quatre
espèces de reliques d'ancêtres illustres et de saints personnages qui
s'y trouvent. Les temples de la secte Sin-siu dans la même province,
aussi célèbres qu'ils soient, ne sont pas mentionnés dans le présent
ouvrage, par ce qu'ils ne contiennent pas de reliques. Caractères
chinois peu cursifs et hiragana. Par Siyaku Riyô-tei, prêtre du
temple de Ten-geu-si (province de Kawatsi). Dessins en noir de
Isida Giyok'-zan, de l'école Ukiyo-ye (Anderson, Catalogue
p. 346). 5 vols. in-4°. richement reliés en soie. Miyako, Yedo, Ohosaka 1718.

594. 扁 額 軌 範
Ben-kok' ki-han.

Dessins de tables votives (en noir), suspendues dans deux temples
bouddhiques à Kiyôto. Par Avigawa Min-kuwa et Kitagawa
Siyun-sei (disciple de K. Utamaro). Texte en sinico-japonais cursif.
1 vol. gr. in-8°. Miyako 1819.

595. 通 神 画 譜
Tsuu-sin kuwa-bu.

Tableaux miraculeux, en noir, par Avigawa Min-kuwa, de
l'école Ukiyo-ye. Avec quelques lignes de texte explicatif en sinico-
japonais cursif. 1 vol. gr. in-8°. Yedo, Miyako, Ohosaka 1819.

596. 繪 馬 雛 形
Ye-muma hinagata.

Dessins de chevaux sur des tables votives, suspendues dans les sanctuaires. En noir. Par Kô-nami Zirô-sayemon. 1 vol. gr. in-8°. Yedo, Ohosaka 1750.

597. 佛 法 雙 文
Buppau sau-bun.

„Tableau du jeu de la religion bouddhique". Le titre est expliqué à l'intérieur par: tableau du témoignage des fruits de la rédemption et du progrès (dans la voie du salut). Suivant le prof. J. J. M. De Groot c'est une espèce de jeu d'oie religieux, amusement des moines chinois, auxquels les jeux profanes sont interdits. Ce jeu paraît avoir été introduit au Japon. Le tableau est divisé en carrés avec inscription en caractères chinois classiques et katakana; au centre se trouve la roue de la loi; le nirwana, l'enfer s'y trouvent représentés également. 1 feuille pliée gr. in-8°. s. l. e. d.

598.

Explication d'une espèce de jeu de hasard religieux, que l'on joue aux dés, et dans lequel il est question des dix sectes bouddhiques. Sans titre. En caractères chinois cursifs. 1 feuille pliée. s. l. e. d.

599. 細 見 男 山 放 生 會 圖 錄
Sai-ken Otokoyama dzu-rok hau-siyau ye-dzu-roku

La fête de la mise en liberté d'animaux, qu'on célèbre tous les ans au 8e mois dans le temple Otokoyama, ou Iwasimidzu Hatsiman-guu à Kiyôto. Texte en sinico-japonais cursif. Planches en noir et en couleurs par Hayami Siyun-geu-sai. 1 vol. in-8°. Kiyôto 1820.

600. 增 補 咒 咀 調 法 記
Zou-ho Siyu-so teu hau-ki.

„La théorie des incantations, édition augmentée". Caractères chinois peu cursifs et hiragana. Par Kik-kiu Kuwa-san-zin. Le livre commence par un index alphabétique. Figures noires. 1 vol. in-12°. obl. Miyako 1781. — Voir les nos 481—484 du grand catalogue de 1883 de M. Nanjio.

601. 中 臣 神 祓

Nakatomi on baravi.

Prière de purification du Nakatomi ou grand sacrificateur du temple sintoïste d'Ise. Texte en hiragana avec traduction chinoise en caractères classiques. Imprimé sur les deux cotés d'une feuille, pet. in-8°. s. l. e. d.

602. 改 正 兩 部 神 道 口 決 鈔

Riyau-bu sin-tau ku-ketsu siyo.

Enseignement verbal sur le culte appelé Riyô-bu Sin-tô, c. à. d.: la fusion des cultes bouddhique et sintoïste, avec commentaire par Kô-gen keï-an. Caractères chinois classiques et katakana. 6 vols. gr. in-8°. s. l. 2e édition 1795; la première édition de 1716 est mentionnée par l'éditeur.

603. 八 卦

Hakke.

Les huit diagrammes (Pa-kua) de l'antiquité chinoise, servant à l'horoscopie. Caractères chinois classiques. 1 feuille pliée, imprimée des deux cotés. pet. in-8°. s. l. e. d.

604. 拾 玉 智 惠 海

Siu'-giyoku tsi-ye kai.

„Une mer de sagesse et de choses précieuses"; le second volume d'une série d'écrits technologiques, s'occupant de la magie et des incantations. En sinico-japonais cursif. 1 vol. in-8°. s. l. e. d.

605. 大 雜 書 三 世 相

Ou-zat'-siyo san-ze sau.

„Abrégé de tout ce qui est écrit sur le présent, le passé et le futur". Traité d'astrologie. En sinico-japonais cursif. Vignettes en noir. 1 vol. pet. in-8°. Tôkiyô. s. d.

606. 懷 寶 珍 錢 鑑

Kuwai-bau tsin-sen kagami.

second titre:

袖 寶 古 錢 譜
Siu-bau ko-sen fu.

Aperçu des monnaies précieuses de l'antiquité portées comme amulettes, avec indication des avantages qu'elles assurent au porteur.
Texte en sinico-japonais cursif. Figures noires. À droite de chaque
monnaie se trouve en caractères chinois classiques le nom de l'empereur et à gauche la dynastie sous laquelle elle a été émise. 1 feuille
pliée. Yedo 1816.

---

607. 四 書
Si-siyo (Szé schü).

Les quatre livres classiques (de l'école de Confucius), à savoir:
le 大學 Dai-gaku (Ta hiŏ), la grande étude; le 中庸 Tsiu-you
(Tschung yung), l'invariabilité dans le juste milieu; le 論語 Ron-go
(Lûn-yú), entretiens philosophiques; le 孟子 Mau-si (Meng-tsze),
le livre du philosophe Mencius. De ces quatre ouvrages classiques
existent plusieurs traductions en langues européennes. Texte chinois
en caractères classiques avec traduction japonaise juxtalinéaire en
katakana. 3 vol. pet. in-8°. les deux premiers classiques en un volume.
Nagoya 1812.

608. 孝 經
Kau-kiyau (Kiao king).

Le livre de la piété filiale. Un des neuf livres canoniques de l'antiquité chinoise, considéré comme le résumé des entretiens du philosophe Confucius avec son disciple Tseng-tsz. Texte en sinico-japonais
classique avec commentaire. Par Tai-sai-ziyun. 1 vol. gr. in-8°.
Tôkiyô. Nouv. édit. de 1789. La première édition de 1732 est mentionnée par l'éditeur. Voir De Rosny, Catalogue Nordenskiöld p. 15.

609. 論 語
Ron-go.

Entretiens philosophiques; le troisième des quatre livres classiques
de l'antiquité chinoise. Il renferme le résumé des conversations philosophiques et morales de Confucius avec ses disciples. Texte en

sinico-japonais classique avec commentaire japonais en katakana. Par
Tou-siyun. 1 vol. (le 6e et 7e tome) s. l. e. d. gr. in-8°. — Voir
De Rosny, Catalogue Nordenskiöld p. 17.

610.　論　語　彝　訓　卷　之　首
Ron-go i-kun maki no bazime.

Le premier volume du livre classique appelé Ron-go, voir le n°.
précédent. Ce volume contient un exposé des différentes éditions et
commentaires du Ron-go. Caractères chinois classiques. Publié par
Mogami Tok'-nai. vol. 1er in-8°. incomplet. s. l. e. d.

611.　四　書　集　註
Si-siyo siu'-siu.

Explication de la collection des quatre livres classiques de la Chine.
Édition japonaise en sinico-japonais classique. Par Issai Satau.
10 vols. gr. in-8°. s. l. 1825.

612.　四　書　國　字　辨
Si-siyo koku-zi ben.

„Les quatre livres classiques expliqués dans la langue nationale"
(du Japon). En caractères chinois classiques et katakana. 10 vols. in-8°.
s. l. 1794.

613.　經　典　餘　師
Kei-ten yo-si.

Les quatre livres classiques et les sages, à savoir: le Dai-gaku,
le Tsiu-you, le Ron-go et le Mau-si de l'école de Confucius, ensuite
le I-kei 易經 (Yih-king), „le livre sacré des transformations", le
Siyo-kei 書經 (Shu-king) „le livre sacré d'histoire", le Si-kei 詩經
(Shi-king) „livre sacré des poésies", appartenant à la collection des
cinq livres canoniques de l'antiquité chinoise, composée par Confucius
à l'aide de documents recueillis principalement dans la Bibliothèque
impériale des Tschou, et le Seu-gaku 小學 (Siao hiö), livre non
classique de Tszé-Hi. Caractères chinois classiques et katakana, commentaire en caractères chinois classiques et hiragana. 36 vols. in-8°.
Ohosaka 1849. — M. de Rosny dans son catalogue de la bibliothèque
Nordenskiöld a publié un répertoire complet des matières traitées
dans le Shu-king et le Shi-king.

614.

Fides no doxito xite P. F. Luis de Granada amerataru xo no
riacu. Core uo Companhia no Superiores no go saicacu vomotte Nippon
no cotoba ni vasu. Jesus no Companhia no Collegio Amacusa ni voite
Superiores no go men qio toxite core uo fan ni qizamu mono nari.
Go xuxxe yori 1592.

Abrégé de l'enseignement religieux de feu le R. P. Luis de Granada.
Écrit en langue japonaise par les soins des supérieurs de la Compagnie
de Jésus; gravé sur bois avec la permission des supérieurs du collège
à Amakusa en 1592. En caractères romains. — Relique d'une sainte
œuvre, étouffée dans le sang des martyrs. Ce livre mériterait une
réédition en sinico-japonais. 1 vol. pet. in-8°.

615. 約 翰 傳 福 音 書
Yohan no yorokobi otodzure.

L'Évangile selon St. Jean, en japonais imprimé en types mobiles,
caractères hiragana. 1 vol. pet. in-8°. s. l. e. d.

616. 路 加 傳 福 音 書
Luka no yorokobi otodzure.

L'Évangile selon St. Luc, en japonais. Caractères chinois classiques
et katakana. 1 vol. pet. in-4°. relié s. l. 1815.

617. 路 加 傳 福 音 書
Luka den fuku-in siyo.

L'Évangile selon St. Luc, traduit dans la langue de l'archipel
Lieou-kieou. En katakana. 1 vol. gr. in-8°. relié. s. l. 1855.

618. 約 翰 傳 福 音 書
Yohan den fuku-in siyo.

L'Évangile selon St. Jean, traduit dans la langue de l'archipel
Lieou-kieou. En katakana. 1 vol. gr. in-8°. relié. s. l. 1855.

619. 聖 差 言 行 傳
Sei-su gen giyau-den.

Les Actes des Apôtres, traduits dans la langue de l'archipel Lieou-
kieou. En katakana. 1 vol. gr. in-8°. relié. s. l. 1855.

620. 保 羅 寄 羅 馬 人 書

Polo ki Roma-zin siyo.

L'Épitre de St. Paul aux Romains, traduite dans la langue de l'archipel Lieou-kieou. En katakana. 1 vol. gr. in-8°. relié. s. l. 1855.

---

621. 本 朝 女 鑑

Hon-teu dziyo-kan.

Le miroir des femmes du Japon. Histoires morales à l'usage des femmes. En sinico-japonais cursif. 12 tomes en 6 vols. gr. in-8°. illustrées en noir. Kiyoto 1661.

622. ツ レ ヅ レ 草

Tsure-dzure-gusa.

„Rêveries et ébauches". Recueil de contes et de méditations. En sinico-japonais cursif. Dessins de Nisigawa (voir Anderson, Catalogue p. 339). 2 vols. pet. in-4°. s. l. 1737.

623. 世 談 雜 說

Se-dan zau'-setsu.

Récits variés sur des sujets mythologiques et historiques. En sinico-japonais cursif. Planches en noir. 5 vols. in-8°. s. l. 1754.

624. 比 賣 鑑

Hime kagami.

„Miroir de la noble dame", exemples de femmes vertueuses et braves, servant à l'éducation des jeunes filles. Par Kogasan Zin. Planches en noir. 12 vols. in-8°. Yedo 1756.

625. 笑 府

Seu-fu.

„Magasin comique"; recueil de narrations de choses plaisantes et parfois obscènes. En caractères chinois classiques et katakana. Par Boku Kan-sai. 1 vol. pet. in-8°. Tôkiyô 1768.

626. 雜 話 教 訓 鑑
Zat'-wa keu-kun kagami.

„Contes variés, miroir ou recueil instructif de lecture". Collection de contes moraux en sinico-japonais cursif. Planches en noir. 5 vols. in-8°. Yedo 1775. — Le même ouvrage sous le titre de

近 世 貞 婦 傳
Kon-ze tei-fu den.

„Biographies des femmes les plus célèbres des temps modernes", publié à Miyako, Yedo, Nagoya en 1799.

627. 孝 義 錄
Kau-gi roku.

„Régistre d'actes vertueux", rassemblés par provinces par ordre du Gouvernement du Siyô-gun. En sinico-japonais cursif. 50 vols. in-8°. s. l. 1789.

628. 手 島 先 生 教 訓 書
Te-sima sen-sei kau-kun siyo.

„L'éthique du docteur Tesima", discours réunis sous le titre général de „Atsume Gusa" „recueil de plusieurs genres". En sinico-japonais cursif. Publié par San-tô Si-gets' (Sasi-tsuki?). Planches en noir par Simokawabe de l'école Ukiyo-ye (Catalogue Anderson p. 342). 8 vols. in-8°. reliés, portant le titre anglais de Japanese Sermons.

a. 雨 ノ 嚇
Ame no hareru.

„La fin de la pluie". Tôkiyô 1786, et

勸 孝 ミ セ ハ ヤ
Kuwan-kau miashaya.

„La ficelle de l'étude". Tôkiyô 1790, reliés ensemble.

b. 目 前
Ma no atari.

„L'Évidence" s. l. 1787.

c. 民 ノ 繁 榮
Tami no nigiwavi.

„Les soucis de ce monde". s. l. 1795.

d. 勸 善 小 語
Kuwan-zen ziyau-go.

„Propos moraux". s. l. 1795.

e. 福 相 ニ ナ ル ノ 傳 授
Fuku-sau ni naru no den-ziyu.

„L'art de devenir heureux". s. l. 1802.

f. 賣 卜 先 生 安 樂 傳 受
Bai-boku sen-sei an-raku no den-ziyu.

„L'art d'être heureux, du docteur Bai-boku". s. l. e. d.

g. 御 代 恩 澤
Mi-yo no uruhoi.

„Les bienfaits du siècle". s. l. e. d.

h. ア ツ メ 艸 三 篇
Atsume-gusa san-ben.

„Le troisième volume de l'Atsume Gusa". s. l. e. d.

629. 東 牖 子
Tou-yuu-si.

Miscellanées de Tô-yuu-si; recueil de méditations et d'observations sur toutes sortes de sujets, publié par un de ses serviteurs appelé Tanaka Sen. En sinico-japonais cursif. Planches noires. 1 vol. in-8°. s. l. 1801. Exemplaire incomplet et endommagé.

630. 童 蒙 教 訓 繪 本 米 恩 錄
Dou-mou kau-gun ye-hon kome no on-roku.

„La ration de riz, livre illustré pour l'enseignement de la jeunesse". En sinico-japonais cursif. Par Nakagawa Aritsune. Illustrations en noir par Hayami Siyun-kiyo-sai de l'école Ukiyo-ye (Catalogue Anderson p. 364). 5 vols. in-8°. Miyako 1803.

631. 繪 本 鏡 山 列 女 功
Ye-hon Kagami-yama ret'-ziyo kou.

„Illustration des actions mémorables de l'éminente vierge de Kagami-yama" (dans la province de Sagami); ou biographie de la vierge Onoye Ohatsu. En caractères chinois peu cursifs et hiragana. Publié à l'usage de la jeunesse, par Kawaseki I-ziyu. Planches noires. 5 vols. in-8°. (Le 2e vol. manque). Yedo 1803.

632. 文 化 新 板 伊 勢 物 語
Bun-kuwa sin-ban Ise-monogatari.

„Le roman d'Ise", attribué au 10e siècle (Chamberlain). En sinico-japonais cursif. Planches en noir. Par Simokawabe Ziu-sui de l'école Ukiyo-ye. 2 vols. gr. in-8°. Nouvelle édition de la période Bun-kuwa (1804—1817). s. l. 1804. La première édition mentionnée par l'éditeur est de 1793.

633. 二 國 一 夜 物 語
San-koku itsi-ya monogatari.

Historiettes au sujet de deux musiciens, appelés Fuzi et Asama. Caractères chinois classiques et hiragana. Par Kiyoku-tei Bakin. Planches noires et lavées, par Utagawa Kunisada de l'école Ukiyo-ye. (Anderson, Catalogue p. 366). 8 vols. in-8°. s. l. 1805.

634. 櫻 姫 全 傳 曙 草 紙
Sakura-hime zen-den akebono zau-si.

Roman japonais. Caractères chinois peu cursifs et hiragana. Par Sei-sai Rau-zin. Planches en noir. 2 vols. in-8°. s. l. 1805.

635. 繪 本 孝 婦 傳
Ye-hon kau-fu no den.

Traité illustré sur les femmes vertueuses; exemples moraux. En sinico-japonais cursif. Planches en noir par Avigawa Min-kuwa de l'école Ukiyo-ye. 1 vol. gr. in-8°. Ohosaka, Miyako 1806.

636. 酩 酊 氣 質
Nama-ei katagi.

„Histoires comiques pour les ivrognes". Caractères chinois peu cursifs et hiragana. Planches en noir par Utagawa Toyokuni de l'école Ukiyo-ye. 3 vols. pet. in-8°. Yedo 1806.

637. 繪 本 金 花 談
Ye-hon kin-kuwa dan.

„Discours illustré sur la fleur dorée, ou bien: discours illustré provenant de l'imprimerie des fleurs d'or" (De Rosny). Biographie du prince Iwagi Hiôgo no Kami Hidekatsu, fils de Fudziwara no Hidehira, prince de Mutsu et de Dewa, contemporain de Minamoto Yoritomo. En sinico-japonais cursif. Planches noires. 12 vols. in-8°. Ohosaka, Miyako 1806.

638. 七 福 七 難 圖 會
Sitsi-fuku sitsi-nan dzu-ye.

„Les sept bonheurs et les sept malheurs représentés en dessins". Les premiers sont: les fonctions de l'État, les grands revenus, une longue vie, la fécondité, l'avancement en grade, la postérité et la richesse. Les seconds sont: l'incendie, le tremblement de terre, l'inondation, la maladie, la tempête, le fléau du brigandage, l'orage. En caractères chinois et hiragana. Par Sei-sei Sui-ma, citoyen d'Ohosaka. Dessins en teintes lavées et en couleurs par Okada Tô-seki et Go-rei Do-ho. 5 vols. in-8°. Miyako, Ohosaka 1808.

639. 物 草 太 郎
Mono-kusa-tarau.

L'histoire curieuse de Monokusatarô. Caractères chinois peu cursifs et hiragana. Par Sei-siu San-zin. Planches en noir par Avigawa Min-kuwa de l'école Ukiyo-ye. 10 vols. in-8°. Kiyôto 1808.

640. 夢 想 兵 衛 胡 蝶 物 語
Mu-sou biyou-ye ko-tsiyou monogatari.

Histoire d'un songe où l'on voit un officier de la garde impériale, qui traverse l'espace sur un cerf-volant en forme de papillon. Caractères chinois classiques et hiragana. Par Kiyoku-tei Bakin. Planches en noir par Itsi-riu-sai Toyohiro de l'école Ukiyo-ye. 10 vols. en deux séries in-8°. s. l. 1810. — Ce livre est mentionné par Anderson p. 347.

641. 烹 糅 ノ 記
Nimaze no ki.

„Olla podrida", ou recueil de toutes sortes d'histoires surtout sur des sujets fantastiques, tels que des monstres, des animaux fabuleux, des sorciers, etc. En sinico-japonais cursif. Planches en noir par Kameda Bô-sai de l'école chinoise (voir Anderson, Catalogue p. 190). Les deux premiers vols. gr. in-8°. (le 3ème vol. manque) s. l. 1811.

642. 繪 本 更 科 草 紙
Ye-hon Sara-sina zau-si.

„Roman illustré de Sarasina" (district de la province de Sinano). Histoire fabuleuse de Yamanaka Sikanosuke et de ses exploits. Caractères chinois peu cursifs et hiragana. Par Kuritsuye Tei-kin-zan. Dessins lavés et en noir par Isida Giyoku-zan et par Ippô-sai (Catalogue Anderson pp. 346 et 368) de l'école Ukiyo-ye. Trois séries, chacune en 5 vols., en tout 15 vols. in-8°. Mauvais tirage. Ohosaka 1811—1814.

643. 毬 唄 三 人 娘
Temari uta san ni musume.

„Récit de trois jeunes filles jouant à l'éteuf", roman japonais. Caractères chinois peu cursifs et hiragana. Par Matsu-tei Kanemidzu. Planches noires et lavées par Utagawa Yositosi de l'école Ukiyo-ye. (Catalogue Anderson p. 368). 15 vols. pet. in-8°. Yedo 1817.

644. 長 崎 先 民 傳
Nagasaki sen-min den.

„Traditions de Nagasaki concernant des personnes des temps passés". Série de biographies des plus célèbres citoyens de Nagasaki. Texte en sinico-japonais classique. Par Ro sen-ri lettré chinois à Nagasaki. 2 vols. gr. in-8°. s. l. 1819. La première édition de 1731 est mentionnée par l'éditeur.

645. 浮 世 新 形 六 枚 屏 風
Uki-yo sin-kata roku-mai biyau-bu.

„Nouvelles scènes du monde populaire exposées sur six feuilles de paravent". En hiragana. Par Riu-tei Tanehiko. Illustrations en noir par Utagawa Toyokuni de l'école Ukiyo-ye. Ce roman a été traduit en allemand, en français et en italien. Année 1820 d'un périodique avec almanach. 2 vols. in-8°. s. l. Yedo.

646. 松 陰 快 談
Matsu-kage kuwai-dan.

„Discours spirituels sous l'ombre d'un vieux sapin". Traités divers, en sinico-japonais classique. Par Toyoyama Nagano. 2 vols. gr. in-8°. Yedo, Miyako, Ohosaka 1821.

647. オソメ久松花競浮名ノ讀販

Osome Hisamatsu hana-kurabe uki-na no yomi-uri.

„Comparaison des fleurs" ou „commerce de lecture" sur Osome Hisamatsu et ses aventures galantes. Les personnages sont représentés sous des noms d'emprunt. Texte en hiragana. Dessins en noir par Kunimaru, disciple d'Utagawa Toyokuni. 1er vol. pet. in-8°. les deux vols. suivants font défaut. Yedo 1822.

648. 狂 戲 別 傳 風 流 問 答

Kiyau-ki betsu-den fuu-riu mon-dau.

„Le pourquoi et le parce que du jour", ou réponses spirituelles à des questions ordinaires. En sinico-japonais cursif. Par Siyun-ba Bun-ô-tei, accompagnant sa signature d'un petit croquis de Dar'ma. La première planche représente le saint Dar'ma à coté d'une courtisane (le sagesse sous une forme galante), la seconde un récitateur ou improvisateur public devant son auditoire, tous les deux dessinés par Utagawa Kuniyasu de l'école Ukiyo-ye. Figures en noir. 1 vol. pet. in-8°. s. l. 1822.

649. ザ ウ リ ヲ リ

Zau-ri ori.

„Le fabricant de sandales de paille". Roman. En hiragana. Par Tsuruya Nanboku. Figures noires par Yanagawa Sigenobu de l'école Ukiyo-ye. Vols. 2. et 3. (le 1er vol. manque) pet. in-8°. Couverture polychrome. s. l. 1822.

650. 音 羽 丹 七 女 郎 花 喩 粟 島

Otoba Tansitsi Omina-vesi tatove no ava-sima.

Les amours de la fille nommée Otoba et du négociant appelé Tansitsi. En hiragana. Par Riu-tei Tanehiko. Dessins en noir par Utagawa Kunisada de l'école Ukiyo-ye. 2 vols. in-8°. Année 1823 du périodique mentionné sous le n°. 645. Publié à Yedo.

651. 菜 根 譚

Sai kon dan (Ts'ai kên t'ân).

„Discours sur les herbes et les racines", c. à d.: la nourriture saine et simple (de l'esprit). Par le Chinois Hûng tsé tsch'ing, qui vivait sous la dynastie des Ming. En sinico-japonais classique. 2 vols. in-8°. Édition japonaise de 1825, publiée à Yedo.

652.　正　本　製　七　編

Siyau-hon sitate sitsi-ben.

„Le septième recueil d'archétypes". En hiragana. Par Riu-tei
Tanehiko. Gravures en noir par Utagawa Kunisada. 2 vols.
in-8°. Année 1824 du périodique mentionné sous le n°. 645. Publié à
Yedo.

653.　正　本　製　八　編

Siyau-hon sitate hatsi-ben.

„Le huitième recueil d'archétypes". Écriture hiragana. Par Riu-tei
Tanehiko. Gravures en noir par Utagawa Kunisada, appelé
plus tard Toyokuni. 2 vols. in-8°. Année 1826 du périodique mentionné sous le n°. 645. Publié à Yedo.

654.　栗　戯　彌　次　馬

Kurige yazi muma.

„L'entremetteur importun". Roman japonais. En hiragana. Par
Ton-tei Rô-bun. Frontispice en couleurs. Illustrations en noir par
Issei-sai Yosinao. Tirage inférieur. Seulement le 2e volume, pet.
in-8°. s. l. 1826.

655.　東　紫　對　重　着

Yedo murasaki tsiu no kasanegi.

„Une paire de robes couleur pourpre". Roman japonais. En
hiragana. Par Fuku-tei Roku-ma. Frontispice en couleurs, illustrations en noir par Kitao Yosimaru. Le 1er et le 3e vol. d'une
série de 6 vols. pet. in-8°. s. l. 1826.

656.　情　竸　顔　城　蒿

Ikidzi kurabe kei-sei ga dake.

„La plus habile des courtisanes rivales". Roman japonais. En hiragana. Par Han-tô Siu-ka. Frontispice en couleurs, illustrations en
noir par Utagawa Kuniyasu de l'école Ukiyo-ye, (Anderson,
Catalogue p. 348) 2 vols. pet. in-8°. s. l. 1826.

657. 間 勇 八 幡 祭

Kiite kioi Hatsiman matsuri.

„La fête Hatsiman où le courage se montre". Roman japonais.
En hiragana. Par Itsikawa Dan-zirô. Frontispice en couleurs,
illustrations en noir par Kitao Yosimaru. La première planche
représente une réunion d'hommes de lettres au domicile de l'acteur
Kiba Sanziyô, parmi lesquels se trouve l'auteur. Les deux premiers
vols. d'une série de 6 vols. 2 vols. pet. in-8°. s. l. 1826.

658. 尾 上 松 緑 百 物 語

Onoye matsu-roku hiyaku monogatari.

„Cent historiettes de Matsuroku", racontées par Onoye Kikugorô
Bai-kô. En hiragana. Frontispice en couleurs, illustrations en noir
par Utagawa Itsiyôsai Toyokuni de l'école Ukiyo-ye. Une
des planches représente une réunion amicale, où figurent les roman-
ciers Siyô-roku, Onoye, Itsikawa Danzirô, etc. Avec portrait de Toyokuni. Les deux premiers vols. d'une série de 6 vols.
2 vols. pet. in-8°. s. l. 1826.

659. イ ロ ハ 孃 席 書

Irova musume no seki-gaki.

„A. B. C. Le cahier de mademoiselle". Roman japonais. En hiragana. Par Onoye Bai-kô. Frontispice en couleurs, illustrations en
noir par Utagawa Kunisada. Les deux premiers vols. d'une série
en 6 vols. 2 vols. pet. in-8°. s. l. 1826.

660. 女 扇 患 義 ノ 要

Onna-augi tsiu-gi no kaname.

„Le pivot de l'éventail des femmes", emblème de la fidélité.
Roman appartenant au cycle des 47 rô-nin. En hiragana. Par Nanboku. Frontispice en couleurs, illustrations en noir par Utagawa
Go-to-tei Kunisada. Les trois premiers vols. d'une série en 12
vols. pet. in-8°. s. l. 1826.

661. 名 殘 花 四 家 怪 譚

Nagori no hana Yotsuka no kuwai dan.

„La fleur du souvenir, histoire de revenants de Yotsuka". Roman
japonais. En hiragana. Par Onoye Kikugorô Bai-kô. Frontispice

en couleurs. Illustrations en noir par Kei-sai Yei-sen de l'école
Ukiyo-ye (Anderson p. 365). Les deux premiers vols. d'une série de
6 vols. 2 vols. pet. in-8°. s. l. 1826.

662. 長 者 ノ 姫 萬 兩

Tsiyau-ziya no hime Man-riyau.

„La riche demoiselle Man-riyô". Roman japonais. En hiragana. Par
Bakin. Frontispice en couleurs, illustrations en noir par Kitao
Yosimaru. Les deux premiers vols. d'une série de 6 vols. 2 vols.
pet. in-8°. s. l. 1826.

663. 笹 色 酒 猪 口 曆 手

Sasa-iro no tsiyo-ku koyomi-de.

„La tasse de vin couleur de jeune bambou". Roman japonais. En
hiragana. Par Riu-tei Tanehiko, illustrations en noir par Utagawa Toyokuni. 2 vols. in-8°. Année 1826 du périodique mentionné
sous le n°. 645.

664. 三 日 月 阿 專 物 語

Mi-ka-tsuki o-sen monogatari.

Roman japonais. En sinico-japonais cursif. Frontispice en couleurs,
illustrations en noir par Kei-sai Yei-sen. 3 vols. pet. in-8°. s. l. 1826.

665. 傾 城 水 滸 傳

Kei-sei sui-ko-den.

Roman japonais. En caractères chinois peu cursifs et hiragana.
Par Bakin. Frontispice en couleurs, illustrations en noir par Utagawa Toyokuni. 1ère série vols. 1, 3, 4; 2ième série vols. 1 et 4,
en tout 5 vols. pet. in-8°. s. l. 1826.

666. 怪 談 鳴 見 絞

Kuwai-dan narumi sibosi.

Histoire de revenants. En hiragana. Par Tsuruya Nanboku.
Frontispice en couleurs, illustrations en noir par Go-to-tei Kunisada de l'école Ukiyo-ye. Le 1er vol. pet. in-8°. s. l. 1831.

667. 西國奇談二編

Sai-koku ki-dan ni-ben.

„Deux volumes d'histoires étranges de l'île de Kiu-siu". Texte en hiragana. Par Go-riu-tei Toku-siyô. Frontispice en couleurs, illustrations en noir par Kei-sai Yei-sen. Le 1er vol. pet. in-8°. s. l. 1831.

668. 遠乃白浪

Otsi no siranami.

„Vagues blanches et lointaines", ou histoire d'un certain pirate, nommé Ippon Dayemon. En caractères chinois peu cursifs et hiragana. Frontispice en couleurs, illustrations en noir par Utagawa Yosimaru. 3 vols. pet. in-8°. s. l. 1832.

669. 牡丹ノ隈取

Botan no kumadori.

„Une haie de pavoines". Roman japonais. En hiragana. Par Tsuruya Nanboku. Frontispice en couleurs, illustrations en noir par Kunisada. Le 3ième vol. pet. in-8°. s. l. 1833.

670. 大山道中膝栗毛

Ohoyama dou-tsiu hizakurige.

„Récit de deux braves garçons qui font une excursion à l'Ohoyama", (litt. la haute montagne). Par Riu-tei Tanehiko. Illustrations en noir par Utugawa Kunisada. 3 séries, chacune de 2 vols.; en tout 6 vols. pet. in-8°. Yedo 1833. La première édition est de 1817. — Un autre roman sous le même titre de Hizakurige, attribué à Zippen-siya Ikku a été mentionné par Chamberlain (Things Japanese).

671. 春色雪ノ梅

Siyun-siki yuki no ume.

„Le prunier blanchi de neige au printemps". Roman japonais. Caractères chinois peu cursifs et hiragana. Par Tamenaga Siyun-sui et Tamenaga Siyun-ga. Illustrations en noir par Utagawa Sadahide de l'école Ukiyo-ye (Catalogue Anderson p. 368). 12 vols. pet. in-8°. Yedo 1838.

672. 鳩 翁 道 話

Kiu-ou dau-wa.

„Discours religieux d'un vieillard". En sinico-japonais cursif. 6 vols.
et 3 vols. de supplément; en tout 9 vols. in-8°. s. l. 1839.

673. 心 學 道 ノ 話

Sin-gaku mitsi no hanasi.

Contes moraux de Okuda Ziu-da, communiqués par Hirano
Kitsuo. Caractères peu cursifs et hiragana. 7 tomes chacun en 3
vols., en tout 21 vols. in-8°. Yedo, Miyako, Ohosaka. 1842.

674. 新 局 玉 石 童 子 訓

Sin-kiyoku giyoku-seki dou-zi kun.

„Nouveau recueil complet de miscellanées pour la jeunesse". En
caractères chinois classiques et hiragana. Par Kiyoku-tei Bakin.
Planches en noir par Itsi-you-sai Go Toyokuni, c. à. d.: „le second
Toyokuni", nom d'artiste, adopté par Utagawa Kunisada (Anderson, Catalogue p. 348). Beau tirage. 30 vols. in-8°. s. l. 1845.

675. 三 魏 文 鈔

San-gi bun-siyo (San-Wéi wan-ch'aóu).

Recueil de compositions rhétoriques par trois frères de la famille
chinoise Wéi; écrit vers la fin du 18e siècle. En caractères chinois
classiques. Édition japonaise. 3 vols. gr. in-8°. Tôkiyô, Miyako, Ohosaka 1856.

676. 武 者 實 傳 記

Mu-siya zitsu-den ki.

„La véritable chronique des héros". Caractères chinois peu cursifs et
hiragana. Planches en bleu. 1 vol. pet. in-8°. s. l. 1857.

677. 教 師 必 讀

Kiyau-si hif'-toku.

Traité de morale en forme de sermon, par un missionnaire hollandais, appelé Van Kasteel. Chinois en caractères classiques et katakana. 1er vol. pet. in-8°. s. l. 1859.

678. 近 古 史 談

Kin-ko si-dan.

„Contes historiques des temps anciens et modernes". En sinico-japonais classique. Par Ohodzuki Sei-siyuu. 4 vols. gr. in-8°. Yedo 1864.

679. 脩 身 口 授

Siu-sin ku-ziyu.

„Instruction verbale dans l'art de bien se conduire". Traité de morale en caractères chinois classiques et hiragana. Illustré de gravures à l'européenne. 1 vol. in-8°. s. l. 1875.

680. 明 治 孝 節 錄

Mei-dzi kau-setsu roku.

„Exemples récents de piété filiale". En caractères chinois peu cursifs et hiragana. Par Kondau Hau-ziu. Publié par ordre du Ministère de l'Intérieur. Planches en noir. 4 vols. in-8°. Tôkiyô 1877.

681. キ フ 子 本 地

Kibune hon dzi.

„Histoire du pays de Kibune" (dans la province de Yamasiro) M. S. Trois beaux rouleaux en sinico-japonais cursif. Avec dessins en couleurs et en or, à la manière de l'école de Tosa. s. d.

682. 大 仕 掛 カ チ カ チ 山

Oho-si-kaka katsi-katsi yama.

„La grande montagne craquetante va se faire entendre". Conte japonais. En hiragana. Illustrations en noir. 2 vols. in-12°. s. l. e. d.

683. 閒 情 偶 寄

Kan-sei gou-ki (Hiên-ts'ing ngeù-ki).

„Pensées fortuites communiquées au hasard". Méditations en prose, par Hû Scháng-li. Édition japonaise. En sinico-japonais classique. Avec quelques figures en noir, représentant entre autres des feuilles de banane, de bambou, etc. couvertes de poésies. 2 vols. pet. in-8°. s. l. e. d.

684.　武　者　鑑　百　人　相

Mu-siya kagami. Hiyaku-nin sau.

„Miroir militaire", ou „collection des cent". Cent biographies de personnes des deux sexes, célèbres pour leurs actions héroïques. Caractères chinois peu cursifs et hiragana. Par Kuwaku-tei. Planches en noir et en couleurs par Itsi-mô-sai Yositora de l'école Ukiyo-ye (Anderson, Catalogue p. 368). 5 vols. pet. in-8°. s. l. e. d.

685.　花　暦　封　文

Hana-koyomi fuuzibumi.

„Histoire d'un calendrier de fleurs dans une enveloppe". Roman japonais. En sinico-japonais cursif. Planches en noir et lavées par Itsi-ô-sai Kunisono. 9 vols. pet. in-8°. s. l. e. d.

686.　繪　本　武　者　兵　林

Ye-hon mu-siya hei-rin.

„La forêt des guerriers". Contes populaires sur les héros de l'histoire et de la fable. Par Kiyoku-tei Siyun-teu. Le premier vol. en caractères chinois classiques et hiragana, le second vol. en sinico-japonais cursif. Méchants dessins en couleurs. Par Itsigawa Yosikazu. 2 vols. pet. in-8°. s. l. e. d.

687.　玉　都　葉　喜

Tama tsubaki.

„La précieuse camélia". Roman japonais. Caractères chinois peu cursifs et hiragana. Par Tamenaga Siyun-sui et Tamenaga Siyun-ga (voir le n°. 671). Dessins lavés par Utagawa Kunisada. 9 vols. pet. in-8°. Yedo s. d.

688.　春　色　田　家　ノ　花

Siyun-siyoku den-ka no hana.

„Fleurs de la ferme aux couleurs printanières". Roman japonais. En sinico-japonais cursif. Par Tamenaga Siyun-sui (voir le n°. précédent). Planches en noir et en noir et bleu, par Utagawa Tadasige. 15 vols. pet. in-8°. Yedo s. d.

689. ミ ノ ブ マ ウ デ ド ウ チ ウ コ ツ ケ イ ハ ナ
ノ カ ケ

Mino-bu maude dou-tsiu kotsu-kei hana no kake.

Fragment d'un récit japonais, par Kawama-tei. En sinico-japonais cursif. Seulement le dernier vol., pet. in-8°. s. l. e. d.

690. 滑 稽 ア ナ サ ガ シ

Kotsu-kei Anasagasi, ou Anasagasi oki-yo dan-go.

„Contes comiques". Figures absurdes en teintes lavées, représentant des individus aux membres disloqués ou disproportionnés. Texte en sinico-japonais cursif. 1 vol. pet. in-8°. s. l. e. d.

691. 玉 石 志 林

Giyoku-seki si-rin.

Miscellanées d'un caractère principalement biographique, empruntées à des livres européens, telles que sur Galilei, Ida Pfeiffer, le Maréchal Arnaud, Mas Aniello, Benjamin Franklin, les jumeaux siamois, etc. Par quelques professeurs de l'école Kai-sei dzio. En caractères chinois classiques et hiragana. Planches lavées en noir. 4 vols. gr. in-8°. s. d.

692. 中 外 新 聞

Tsiu-guwai sin-bun.

„Nouvelles de la patrie et de l'étranger", journal officiel. En caractères chinois classiques et hiragana. 24 numéros et supplément en 8 feuilles. s. l. 1868.

693. 江 城 日 誌

Ye-sei nissi.

Chronique de Yedo. Bulletins officiels, publiés pendant la révolution. En caractères chinois classiques et hiragana. 12 numéros 1868.

694. 横 濱 新 報

Yokohama sin-bau mosihogusa.

Journal de Yokohama. En caractères chinois classiques et hiragana. Publié chez K. S. Asom. 1868.

695. 宋 詩 礎

Sou-si no hasira (Súng schï ts'ù).

„Le pilier de la poésie", appelée Súng-schï, c. à. d.: poèmes écrits sous le règne de la dynastie chinoise des Súng. Les bouts-rimés, p. e. 東 tûng et 風 fûng paraissent sur fond noir, et sont suivis chacun d'un certain nombre d'expressions et de phrases, généralement de trois caractères, dont le bout-rimé forme le terme dernier. C'est un gradus ad parnassum de la poésie chinoise. En sinico-japonais classique. Par Ohokubo Giyó. 2 vols. pet. in-8°. Yedo 1803.

696. 宋 詩 清 絶

Sou-si sei-setsu (Súng-schï ts'ing-tsiuĕ).

Poèmes choisis, écrits sous la dynastie des Súng. En sinico-japonais classique. Par Kaya-aki Niyo-tei. 1 vol. in-8°. Yedo 1813.

697.

Épigrammes chinoises, en caractères chinois peu cursifs sur un fond d'or en forme d'éventail. Sans titre. 1 rouleau.

---

698. 萬 葉 集

Man-yeu siu'.

„Recueil des dix mille feuilles", ou poèmes antiques, commencé par Tatsibana Moroye († 757) et achevé par Udai-hen Yakamotsi, avec commentaires. Caractères chinois peu cursifs et hiragana. 20 tomes en 30 vols. in-8°. Miyako 1688.

699. 歌 林 雜 木 抄

Ka-rin zats'-moku seu.

„Arbres de la forêt poétique", ou collection de poèmes. Vols. 1 et 2 contiennent des odes au printemps, vol. 3 des odes à l'été, vols. 4 et 5 à l'automne, vol. 6 à l'hiver, vol. 7 à l'amour et à l'amitié, vol. 8 contient des miscellanées. En sinico-japonais cursif. 8 vols. in-8°. Miyako 1696.

700. 本 朝 画 苑

Hon-teu guwa-yen.

„Le salon national de la peinture", recueil d'estampes historiques, avec des poèmes et des explications en prose. En sinico-japonais cursif. Par Uminami Kiyo-siyu-zin. 6 vols. gr. in-8°. Miyako 1782.

701. 正 徹 物 語

Siyau-tetsu no monogatari.

Biographie et poésies du poète Siyo-tetsu († 1459). En caractères chinois peu cursifs et hiragana. 2 vols. in-8°. s. l. 1790.

702. 職 人 盡 發 句 合

Siyoku-nin tsukusi hotsu-ku awase.

„Les artisans (ou mieux les professions) chantés en vers de 17 syllabes". Poésies en caractères chinois cursifs, accompagnées de croquis en noir d'artisans, de marchands, de lutteurs, de prêtres mendiants, etc. Le texte par Kanten Si-kó-kei. L'ouvrage est signé à la fin Kamo no Akatanusi. 2 vols. pet. in-4°. Yedo, Miyako 1797.

703. 江 戸 職 人 歌 合

Yedo siyoku-nin uta awase.

„Les artisans (ou artistes) de Yedo accompagnés de poésies". Caractères chinois cursifs. Par Fudziwara no Tai-en. Planches noires. 2 vols. pet. in-4°. Owari 1808.

704. 續 撰 吟 和 歌 集

Siyoku-sen-gin Wa-ka siu'.

Recueil de poèmes japonais, arrangés suivant les saisons et à l'usage des récitateurs publics. Le livre se termine par une épigramme sur l'an 1793. 1 vol. pet. in-8°. Miyako, Yedo, Ohosaka 1800.

705. 和 歌 怜 野 集

Yamato uta rin-ya siu'.

„Odes à la nature, poésies japonaises". Réunies par Kiyobara no Ogaze. six vols. sont voués aux quatre saisons, trois autres contiennent des poésies érotiques et trois vols. de miscellanées. Collection extraite de plusieurs anthologies, surtout du Man-yô-siu, ce qui est indiqué en tête de chaque page. En sinico-japonais cursif. 12 vols. in-8°. s. l. 1806.

706. 定 家 撰 錦 葉 鈔

Tei-ka sen kin-yeu seu.

„Recueil de poésies choisies du poète Tei-ka († 1241); imprimé sur du papier de différentes couleurs". En sinico-japonais cursif. Planches en couleurs par Isida Giyoku-zan de l'école Ukiyo-ye. 1 vol. gr. in-8°. Couverture en soie brochée. Ohosaka 1813.

707. 古 今 集 遠 鏡

Ko-kin siu tovo-kagami.

„Miroir à longue vue" ou examen critique des poésies de l'anthologie, publiée en 905 et intitulée Ko-kin-siu, c. à. d. : collection de poèmes anciens et modernes. Les deux systèmes d'écriture. Par Motoï Noritake. 6 vols. gr. in-8°. Miyako, Yedo, Ohosaka, Nagoya 1816.

708. 繪 本 和 歌 合

Ye-hon Wa-ka awase.

„Collection illustrée de poèmes japonais". Publiée par Fudzitani Mitsuye. Album de dessins en couleurs de plusieurs artistes japonais, tels que Ya-teu de l'école Si-ziyô, (Anderson, p. 416), Haku-yei, de l'école chinoise (Anderson, p. 193), Siyo-dô, de l'école Gan-ku (Anderson, p. 449); à coté de chaque dessin se trouve une bande étroite coloriée et encadrée, contenant une poésie calligraphiée. Édition de luxe. 1 vol. gr. in-8°. s. l. 1819.

709. 草 花 式

Sau-kuwa siki.

„Spécimens d'herbes et de fleurs"; dessins et poésies de Hô-kiyô Katsugawa Siyun-sen de l'école Ukiyo-ye (Anderson, Catalogue p. 364). En sinico-japonais cursif. 3 vols. gr. in-8°. Yedo 1820.

710. 和 歌 布 留 能 山 抉 美

Wa-ka furu no yama bumi.

„Poèmes japonais du bon vieux temps", recueillis par O h o y e T e n-
m a n. Les deux premiers vols. contiennent des poésies sur les saisons,
le troisième des chansons d'amour, le quatrième des miscellanées. En
sinico-japonais cursif. 4 vols. pet. in-8°. Yedo, Miyako, Ohosaka 1824.

711. 百 人 一 首 峯 ノ カ ケ ハ シ

Hiyaku-nin issiu mine no kakehasi.

„Échelle menant à la cime des cent poèmes choisis", c. à. d : Gradus
ad parnassum japonicum, ou introduction dans l'art poétique, avec
un commentaire à chaque poème de l'anthologie des cent. Les deux
systèmes d'écriture. Par M o t o-o r i N o r i t a k e. Publié par K o r o mo-
g a w a D a i-z i n. 2 vols. gr. in-8°. Miyako 1806.

712. 文 化 新 版 麗 玉 百 人 一 首 吾 妻 錦

Bun-kuwa sin ban rei-kiyoku hiyak'-nin issiyu adzuma nisiki.

„La plus précieuse édition de l'anthologie des cent poètes; recueil
à la fois élégant et didactique, destiné aux jeunes filles, réimprimé
dans la période Bun-kuwa (1804—1817)". Cours complet des accom-
plissements féminins, tels que beaux arts, politesse, histoire, religion,
etc. En sinico-japonais cursif. Dessins en noir; frontispices en couleurs.
1 vol. gr. in-8°. Ohosaka, Miyako, Yedo 1811. — Voir le n°. 10.

713. 秀 雅 百 人 一 首

Siu-ka hiyaku-nin issiu.

„L'élégante anthologie de cent poètes"; collection de poèmes dans
le genre de l'anthologie classique du même nom; avec portraits en
noir et précédé de récits historiques, illustrés en couleurs. En tête
de chaque page se trouve un commentaire en sinico-japonais cursif.
Illustrations de H o k u-s a i, K u n i y o s i, Y a n a g a w a, Y e i-s e n et
T o y o k u n i de l'école Ukiyo-ye. 1 vol. pet. in-8°. s. l. 1848.

714. 新 編 歌 誹 百 人 撰

Sin-ben ka-hai hiyaku-nin sen.

„Nouvelle anthologie des cent poètes", accompagnée d'un mémoire
sur les U t a et les H a i-k a i, précédé d'un traité sur les beaux arts.

Commentaires en caractères chinois classiques et hiragana. Planches
en noir et en couleurs par Itsi-yô-sai Toyokuni. 1 vol. pet. in-8°.
Yedo 1849.

715. 美 玉 百 人 一 首

Bi-gyoku hiyaku-nin issiu.

„Édition bijou de l'anthologie des cent poètes". Publiée et annotée
(en sinico-japonais cursif) par l'octogénaire San-tô An-kiyo-san.
Planches en noir et en couleurs. 1 vol. pet. in-8°. Yedo 1851.

716. 錦 繪 註 入 百 人 一 首

Nisiki-ye tsiu-iri hiyaku-nin issiu.

„Les cent poésies accompagnées de gloses et de planches en couleurs". Commentaire en caractères chinois peu cursifs et hiragana.
Illustrations de Itsi-yô-sai Toyokuni et Itsi-yuu-sai Kuniyosi
(voir Anderson, Catalogue pp. 348, 367) 1 vol. pet. in-8°. s. l. 1869.

717. 花 鳥 百 人 一 首 都 錦

Kuwa-teu hiyak'-nin issiu Miyako nisiki.

Anthologie des cent poètes japonais dite „brocart de Miyako",
augmentée de plusieurs traités relatifs à l'éducation des jeunes filles.
En sinico-japonais cursif. Planches en noir, double frontispice en
couleurs. Mauvaise xylographie. 1 vol. gr. in-8°. s. l. e. d.

718. 春 月 百 人 一 首

Siyun-getsu hiyaku-nin issiu.

Édition populaire de l'anthologie des cent poètes, appelée „édition
du mois printannier". Sans commentaires. Grossières images en noir.
1 vol. in-8°. s. l. e. d.

719. 繪 本 百 人 一 首

Yebon hiyaku-nin issiu.

„Anthologie illustrée des cent poètes". Choix de poèmes du recueil
de ce nom, se suivant sans ordre et accompagnées d'illustrations parfois burlesques. En sinico-japonais cursif. Planches en couleurs. 2 vols.
in-8°. s. l. e. d.

720. 寶 玉 百 人 一 首

Hou-giyoku hiyaku-nin issiu.

„Anthologie des cent poètes, édition bijou". En sinico-japonais cursif. Planches en noir; frontispice en couleurs. 1 vol. in-12°. s. l. e. d.

721. 日 木 百 人 一 首

Ni-hon hiyaku-nin issiyu

„Anthologie des cent poètes japonais". Édition miniature avec portraits en noir. Intéressant comme spécimen de xylographie. 1 vol. in-16°. s. l. e. d.

722. 百 人 一 首

Hiyaku-nin issiu.

„Anthologie des cent poètes". Planches noires. Mauvais tirage. 1 vol. in-16°. s. l. e. d. Le livre se trouve dans une boite grossièrement ornée.

723. 百 人 一 首 小 倉 文 庫

Hiyaku-nin issiu ko-kura mon-ko.

Anthologie des cent poètes, édition miniature. Planches noires. 1 vol. in-16°. s. l. e. d.

724. 吉 原 女 郎 歌 準

Yosiwara dziyo-rau uta nazorave.

„Modèles de poèmes japonais à l'usage des femmes de Yosiwara"; collection de surimono, collés dans un album. En sinico-japonais cursif. Quelques planches sont signées: Siyun-ou (Katsugawa), et Keisai (Ikéda, Yei-sen). 1 feuille pliée en forme de paravent, in-8°. s. l. e. d.

725. 具 盡 浦 ノ ニ シ キ

Kai-tsukusi ura no nisiki.

„Collection de coquilles ou ornements du rivage", titre allégorique d'un petit recueil de poésies, qui viennent, comme la perle se poser sur des coquilles, c. à. d.: des bandes de papier de couleur variée (on écrit souvent des distiques dans des coquilles), quand la mer est tranquille, c. à. d.: en temps de paix. En sinico-japonais cursif. Par Han-kuwa-an de Noto. 1 vol. pet. in-8°. s. l. e. d.

726. 三 十 六 歌 集
San-ziu' roku uta no atsume.

„Recueil de 36 poèmes japonais". Mauvaise édition sous un autre titre, du numéro précédent. En sinico-japonais cursif. La forme des caractères et l'orthographe diffèrent. 1 vol. pet. in-8°. s. l. e. d.

727. 花 容 女 職 人 鑑
Kuwa-you niyo-siyoku-nin kagami.

„Miroir des jolies femmes du peuple". Planches en couleurs. Poésies de différents auteurs en sinico-japonais cursif. Publié par Nisikoori Matsubuts'. 2 vol. in-8°. s. l. e. d.

728. 長 恨 歌
Tsiyau-kon uta.

Roman historique sur la dame Ts'âng-hên ou Yang Kuei fei, mariée à l'empereur chinois Hiuèn tsûng, l'an 745. M. S. Poème lyrique japonais. En sinico-japonais cursif. Richement enluminé en couleurs sur fond d'or, suivant le style de Tosa. 3 vols. pet. in-8°. obl. s. d.

729. ド ド イ ツ ブ シ
Dodo-itsu busi.

„Le rime de la chanson populaire". Épigrammes illustrées sur les cinquante deux stations du Tôkaidô et sur les douze mois de l'année. En sinico-japonais cursif. Vignettes en noir. 1 vol. pet. in-8° s. l. e. d.

730. 双 蝶 曲 輪 日 記
Futats'-téu-kiyoku rin nikki.

„Chansons du jour du cycle des papillons conjoints" (l'amour conjugal) M. S. En sinico-japonais cursif. 1 vol. gr. in-8°. s. d.

731. 繪 本 袖 中 雛 源 氏 六 十 帖
Yehon siu-tsiu hina Gen-si roku-ziu' dziyau.

„Soixante pages de dessins, vouées à la famille Gen ou Minamoto, livre d'estampes, édition de poche". Chaque estampe est accompagnée d'une poésie de Murasaki Sikibu. En sinico-japonais cursif. Figures en couleurs. 1 vol. in-12°. s. l. e. d.

732. 源 氏
Gen-si.

Épigrammes d'un poète japonais appartenant à la famille de Minamoto. M. S. En sinico-japonais cursif. 2 vols. pet. in-8°. s. d.

733.

Poésies diverses. M. S. Sans titre. En caractères chinois cursifs.
1 vol. in-12°. obl. s. d.

734.

Fragments de poèmes japonais. M. S. Sans titre. En sinico-japonais
cursif. 3 vols. in-8°. s. d.

735.

„Galerie des hommes de lettres". Recueil de poésies avec illustrations et portraits des poètes, dont quelques uns sont signés Gaku-
tei, disciple de Katsugawa Siyun-siyô, de l'école Ukiyo-ye.
Sans titre japonais. En sinico-japonais cursif. Belles planches en couleurs. 1 vol. in-8°. s. l. e. d.

736. 近 世 名 家 歌 集
Kon-sei mei-ka ka-siu.

„Recueil de poèmes célèbres du temps moderne". En sinico-japonais
cursif. 7 vols. pet. in-8°. s. l. e. d.

737. 埋 木 廼 花
Umore-gi no hana.

„Fleurs de l'arbre fossile". Recueil de poésie japonaise, fait pendant le voyage de S. M. l'Empereur du Japon. Par Takasaki Sei-
fuu. Deux volumes en enveloppe de brocart. gr. in-8°. Tôkiyô 1876.

738. 同 風 歌 集
Dou-fuu ka-siu.

„Recueil synoptique de poésies concordantes". En sinico-japonais
cursif. Par Kon-dau Hau-ziyu. Deux séries chacune de trois tomes;
en tout six volumes; couverture en brocart. 8°. Tôkiyô 1878.

739. 棧 雲 峽 雨 日 記

San-un keu'-u nikki.

„Journal de nuages en masses et de pluie en torrents". Recueil de
poésies modernes. En sinico-japonais classique. Une glose en tête de
chaque page; quelques préfaces calligraphiées. Par Ii Tsiku-ten de
Kumamoto. 3 vols. in-8°. Tôkiyô 1879.

---

740. 俳 諧 七 部 集

Hai-kai sitsi-bu atsume.

Recueil de sept espèces de poésies hai-kai. En caractères chinois
peu cursifs et hiragana. 2 vols. pet. in-8°. s. l. 1774.

741. 八 重 山 婦

Yahe no yama-biko.

„Poésies hai-kai octuples" du commencement de la période Bun-
kuwa. Ce livre fait partie d'une bibliothèque de ce genre de poésies.
2 vols. in-8°. En sinico-japonais cursif. s. l. 1809.

---

742. 新 紅 塵 和 歌 集 類 題

Sin kou-den Wa-ka siu rui-tai.

„La nouvelle vallée de misère", impromptus japonais, recueillis par
Murata. En sinico-japonais cursif. 2 vols. pet. in-8°. Yedo, Ohosaka s. d.

743. 山 家 集 類 題

Yama-ka siu rui-tai.

„Collection d'impromptus de Yamaka", ville située dans la province
de Tanba, recueillis et pourvus de titres par le prêtre Sai-giyô
Siyo-nin. Ce sont des uta et des tsurane-uta, versets improvisés
moitié par une personne, moitié par une autre. En sinico-japonais
cursif. 1 vol. pet. in-8°. s. l. 1814.

744. 類 題 皰 玉 集 四 編

Rui-tai fuku-giyoku siu si-ben.

Recueil d'impromptus, sous le titre de „Collection de perles".
Poésies modernes. En sinico-japonais cursif. 2 vols. pet. in-8°. s. l. 1841.

745. 類 題 武 藏 野 集

Rui-tai Musasi no-siu.

Recueil d'impromptus divers, appelé „La collection rustique de
Musasi", c. à. d.: provenant tous d'habitants de la ville de Yedo. En
sinico-japonais cursif. Par Nakada. 2 vols. pet. in-8°. Kiyôto, Yedo,
Ohosaka 1852.

746. 類 題 春 草 集

Rui-dai siyun-zou siu.

„Fleurs du printemps, impromptus variés". En sinico-japonais cursif.
2 vols. pet. in-8°. s. l. 1857.

---

747. 狂 歌 関 東 百 題 集

Kiyau-ka Kuwan-tou hiyaku-tai siu.

„Recueil de cent poèmes comiques, nommé la collection de Yedo".
En sinico-japonais cursif. Par Ton-ton Tei. Illustrations en noir de
différents artistes. 2 vols. in-8°. Yedo 1805.

748. 狂 歌 手 毎 之 花

Kiyau-ka te-goto no hana.

„La fleur (morceaux choisis) de chacun des poètes comiques". Les
poésies sont accompagnées d'estampes en couleurs, copiées de Ya-
teu Ô-sin (école Si-ziyô, Anderson, pp. 415, 416) Ha ku-yei
Tsi-haru (école chinoise, Anderson, pp. 193, 203) et d'autres. En
sinico-japonais cursif. Publié par Bunyano Sigetada. 2 vols. pet.
in-8°. s. l. 1810.

749. 狂 歌 扶 桑 集

Kiyau-ka Fu-sau siu.

La dite „Collection japonaise" de poésies comiques, sur les endroits les plus remarquables du Japon. En sinico-japonais cursif. 2 vols. in-8°, Yedo. s. d.

750. 狂 歌 画 自 満

Kiyau-ka ye zi-man.

Recueil de poésies comiques. En caractères chinois peu cursifs et hiragana. Illustrations en couleurs par Hokkei, de l'école Ukiyo-ye (Anderson, p. 367). 3 vols. in-8°. s. l. e. d.

751. 千 紅 萬 紫

Sen-kou ban-si.

„Mille rouges et dix mille pourpres". Recueil de poésies comiques par Siyoku-san. En sinico-japonais cursif. 1 vol. pet. in-8°. Tôkiyô 1817.

---

752. 歌 道 名 目 鈔

Ka-dou-mei moku-seu.

„La nomenclature dans l'art poétique"; introduction dans la poésie japonaise; livre très utile à l'étude de cette branche de la littérature; mais malheureusement rempli de fautes d'orthographe, surtout en ce qui concerne le texte chinois. Les deux systèmes d'écriture. Par Utsiu-hen Sukemotsi. 3 vols. in-8°. s. l. 1713.

---

753. 毛 詩 草 木 鳥 獸 蟲 魚 疏

Mau-si sau-moku teu-ziyu giyo-so. (Maò-schi ts'aò mù niaò scheù tsch'ùng yǚ sù).

„Illustration des herbes, des arbres, des oiseaux, des quadrupèdes, des insectes et des poissons, dont il est question dans la collection d'anciennes poésies chinoises, dite Shî-king" (voir le n°. 613) également appelée Mâo-schi, c. à. d.: poésies de Mâo-chang, le compilateur de la collection, qui a vécu au commencement de la dynastie des Han (De Rosny). Par Lü-ki. Voir à propos de cet ouvrage le catalogue de Furmont p. 427. Édition japonaise, publiée par Matsusita Ken-rin. En sinico-japonais classique. 2 tomes en 1 vol. pet. in-4°. s. l. 1697.

754. 毛 詩 陸 氏 艸 木 疏 圖 解

Mau-si Riku-si sau-moku so dzu-kai. (Maô-schi Lŭ-schi ts'aŏ-mŭ sŭ t'û kiaĭ).

„Description illustrée des herbes et des arbres, dont il est question dans le recueil de poésies chinoises dite Schi-king, par Lŭ-schi ou Lŭ-ki". Édition japonaise publiée par Futsi Zai-kuwan, qui a ajouté des notes et la synonymie japonaise des objets d'histoire naturelle, mentionnés dans cet ouvrage. Le dernier volume contient un supplément sur les objets du culte et de la vie domestique, les instruments de musique, l'art militaire, etc. En caractères chinois classiques et katakana. Planches noires. 5 vols. gr. in-8°. Miyako 1779.

755. 毛 詩 品 物 圖 攷

Mau-si bin-butsu dzu-kau. (Maô-schi p'ĭn-wŭ t'û k'aŏ).

„Classement des objets, dont il est question dans les poésies anciennes". Caractères chinois classiques et katakana. Par Oka Gen-pô Koyoku. Illustrations en noir par Iu-bô-sai Kuni-ô. 7 tomes en 3 vols. pet. in-4°. Yedo, Miyako, Ohosaka 1785.

756. 毛 詩 名 物 圖 說

Mau-si mei-butsu dzu-setsu. (Maô-schi ming-wŭ t'û yuĕ).

„Dessins et explications des choses remarquables célébrées dans les poésies anciennes". Par U-tschûng Siû-ting en 1771. En sinico-japonais classique. Dessins de plantes et d'animaux en noir, en tête de chaque page; les noms expliqués en japonais en caractères katakana. Édition japonaise publiée sous les auspices de la faculté de médecine à Yedo par Niwa Genkan. 2 vols. gr. in-8°. Yedo 1808.

757. 四 聲 解 環

Si-sei kai-kuwan.

„Le cercle parfait des quatre tons". Vocabulaire des rimes à l'usage de ceux qui font de la poésie chinoise. Édition de poche. L'auteur, s'étant efforcé de rendre en japonais les nuances les plus subtiles des caractères chinois, le présent ouvrage possède une certaine valeur lexicographique. Arrangé suivant l'alphabet sanscrit, avec indication du ton appartenant à chaque caractère chinois. Forme classique et katakana. Par Kau-men. 1 vol. in-12°. Miyako, Ohosaka 1801.

758. 四 聲 字 林 集 韻

Si-sei zi-rin siu-in.

„Forêt de caractères avec indication des rimes" (In). Caractères chinois classiques et katakana. Arrangé suivant les clefs de la langue chinoise. Par Kuwan-sai Kamada. 1 vol. pet. in-8°. Yedo 1815. La première édition de 1803 est mentionnée par l'éditeur.

759. 袖 珍 畧 韻 大 成

Siu-tsin riyaku in dai-sei.

„Dictionnaire des rimes pour la poésie chinoise". Recueil de phrases poétiques, chacune en trois caractères chinois, chaque phrase accompagnée de sa traduction. En sinico-japonais classique. 2 séries, en 4 vols. in-8°. s. l. e. d.

760. 詩 礎 諺 解

Si-so gen-kai.

„Dictionnaire des rimes pour la poésie chinoise". Recueil de phrases poétiques en chinois avec traduction en japonais. Un appendice contient des phrases chinoises classées d'après le rime. En sinico-japonais classique. Par Murase Kai-bo. 1 vol. pet. in-8°. Nagoya 1805.

----

761. 和 名 類 聚 鈔

Wa-mei riu-siu seu.

„Explication systématique de mots japonais". Dictionnaire du vieux japonais pour servir à l'interprétation des anciennes poésies. Arrangé suivant les groupes homologues (voir la deuxième section). Caractères chinois classiques et katakana. Par Naba Mitsimaro. Annoté à la plume. 5 vols. pet. in-4°. Nouvelle édition. Ohosaka 1667.

762. 増 補 大 和 言 葉

Zou-ho yamato gen-yeu.

„Feuilles couvertes de mots japonais, édition augmentée", second titre: 大和詞 Yamato-kotoba, „le vieux japonais". Vocabulaire explicatif des mots et des locutions qui se rencontrent dans les anciennes poésies; avec indications sur l'art d'écrire des épigrammes. En sinico-japonais cursif. Par Hisiya San-zin. Avec frontispice en noir. 1 vol. pet. in-8°. Miyako 1727. — Autre édition de 1756.

762a. 雅 言 假 字 格

Ga-gen ka-si kaku.

„Examen des mots de la langue classique". Par Itsioka Takehito. Nouvelle édition augmentée, sinon améliorée du livre précédent, publié sous un nouveau titre. Owari 1814.

763. 新 撰 大 和 詞

Sin-sen Yamato kotoba.

„Nouvelle collection des mots de la langue japonaise (ancienne)". Traité sur quelques mots d'un usage assez fréquent dans les anciennes poésies, accompagné d'un essai de grammaire. En caractères chinois peu cursifs et katakana. Par Tô-kuwa Sekkei et Watanabe no Kuruvu. Frontispice comique. 1 vol. pet. in-4°. Miyako 1741.

764. 増 補 詩 文 重 寶 記

Zou-ho si-mon tsiu-bau ki.

Vocabulaire d'expressions poétiques, arrangé suivant l'irova. Caractères chinois classiques et katakana. Par Sin-kô-sei. 1 vol. in-12°. Édition augmentée. Miyako 1733.

765. 古 言 梯

Furu-koto no basi.

„Gradin de la langue antique". Dictionnaire des mots tombés en désuétude arrangé suivant l'alphabet sanscrit et subdivisé suivant le nombre des syllabes. En hiragana; explications en caractères chinois classiques. Par Fudziwara no Umaki. 1 vol. gr. in-8°. Yedo, Ohosaka 1765.

766. 文 藻 行 潦
Bun-sau kau-riyau.

La cascade de la littérature". Dictionnaire de poche du language poétique, arrangé suivant l'irova. Les mots japonais sont expliqués en chinois. Caractères chinois classiques et katakana. 1 vol. relié pet. in-8°. s. l. 1782.

767. 和 歌 吳 竹 集
Wa-ka kuretake atsume.

„Recueil de mots et de phrases qui sont propres au style poétique (Kuretaka, ou Makura-kotoba)". Arrangé suivant l'irova. En sinico-japonais cursif. Par Ozaki Gaka. 1 vol. pet. in-8°. s. l. 1795.

768. 和 歌 讀 方 指 南 抄
Wa-ka yomi-kata si-nan seu.

„Guide pour le lecteur de poèmes japonais". En sinico-japonais cursif. 1 vol. pet. in-8°. Yedo 1801.

769. 詞 ノ ヤ チ マ タ
Kotoba no ya-tsi-mata.

„Huit mille mots japonais"; ce titre signifie également: „le carrefour du langage" Vocabulaire de la langue poétique. Caractères chinois peu cursifs et hiragana. Par Moto-ori Dai-zin. 2 vols. pet. in-8°. Miyako 1806.

770. 和 歌 政 名 草
Wa-ka masa-na-gusa.

„Dictionnaire des expressions vieillies, en usage dans le style poétique". Arrangé suivant l'irova. En sinico-japonais cursif. 2 vols. pet. in-8°. Ohosaka. 2e édition 1836. La première édition de 1690 est mentionnée par l'éditeur.

771. 小 野 篁 歌 字 盡
Onono Takamura uta zi-tsukusi.

„Régistre complet des mots du poème (antique) de Ono no Takamura". Glossaire. En caractères chinois peu cursifs et hiragana. Frontispice en noir. 1 vol. pet. in-8°. Tôkiyô 1843.

772. 誘 歌 心 ノ 種

Yuu-ka kokoro no tane.

„Graines de l'esprit pour l'art poétique". Petit dictionnaire de la langue poétique. Arrangé suivant l'irova. Caractères chinois classiques et hiragana. Par Hagibara Kuwô-dô. 2 vols. pet. in-8°. Yedo, Miyako, Ohosaka 1850.

---

773. 菅 原 傳 授 手 習 鑑

Sugavara den-ziyu te-naravi kagami.

„La calligraphie enseignée par Sugawara", ou „les traditions de Sugawara en écriture modèle". Pièce de théatre. Par Takemoto Yosi-tai-fu. En sinico-japonais cursif (forme serrée). 1 vol. in-8°, s. l. 1746.

774. 双 蝶 蝶 曲 輪 記

Futatsu teu-teu kuruwa ki.

„Histoire de deux papillons amoureux en retraite". Pièce de théatre. Par Takemoto Yosi-tai-fu. En sinico-japonais cursif (forme serrée). 1 vol. in-8°. s. l. 1749.

775. 一 谷 嫩 軍 記

Itsi no dani futaba kun-ki.

„Chronique des batailles d'Itsinodani" (en 1184) nom d'une vallée dans la province de Setsu, où la famille des Hei ou Taira a été complètement détruite. Zidai-mono ou drame historique. Par Toyotake Etsi-zen Seu'-roku-en. En sinico-japonais cursif (forme serrée). 1 vol. in-8°. Miyako, Yedo, Ohosaka, réédition de 1767, la première édition de 1751 est mentionnée par l'éditeur.

776. 近 江 源 氏 先 陣 舘

Aumi Gen-si sen-dsin yakata.

„Le camp de l'avant-garde de l'armée des Gen ou Minamoto, dans la province d'Ômi"; drame historique. Par Takemoto Yosi-tai-fu. En sinico-japonais cursif (forme serrée). 1 vol. in-8°. s. l. 1769.

777. 若 草 初 音 本 町 ⽊ 屋 娘

Wakagusa Hatsune Honmatsi-Itoya musume.

„Les jeunes filles Wakagusa et Hatsune de la maison Hon-matsi Itoya". Drame historique, commençant par un dialogue entre deux sœurs. Le dernier acte joue dans le Owari yasiki. Le livre se termine par un aperçu des différents actes avec indication des acteurs. Par Toyotake Etsi-zen. En sinico-japonais cursif (forme serrée). 1 vol. in-8°. Ohosaka 1813.

778. 壇 浦 兜 軍 祀 琴 青 叚

Dan no ura kabuto-gun ki koto-seme dan.

„L'armée des cuirassiers à Dan no ura". Un acte du drame historique intitulé „Koto-seme no dan"; le sujet en est la mort du Mikado An-tok' dans la bataille de Dan no ura. En sinico-japonais cursif (forme serrée). 1 vol. in-8°. s. l. e. d.

779. 妹 背 山

Imose yama.

Quelques actes du drame historique Imose yama, c. à. d.: le mont Imosé. Par Tamamidzu Gen-zirô. En sinico-japonais cursif (forme serrée). 5 vols. in-8°. s. l. e. d.

780. 忠 臣 義 士 傳 發 端

Tsiu-sin gi-si-den hottan.

„Introduction à l'histoire des serviteurs fidèles". Série de biographies des principaux héros du drame populaire Tsiu-sin-gura sur l'histoire des 47 rô-nin, qui se sont sacrifiés pour venger la mort de leur seigneur. En caractères chinois classiques et hiragana. Chaque biographie est accompagnée d'une figure en couleurs, représentant quelque acteur populaire dans son rôle. Les héros sont arrangés suivant l'irova (ordre civil) afin de faire ressortir que, loin de se sentir des insurgés, ils poursuivaient un but pacifique; c'est dans cet ordre civil que suivant la tradition ils se sont mis en marche. 1 vol. gr. in-8°. s. l. e. d.

781. 繪 本 忠 臣 藏

Ye-hon tsiu-sin-gura.

(Huit chapîtres du) „Drame des serviteurs fidèles", traité en roman ; avec les vrais noms des personnages historiques. En sinico-japonais cursif. Illustrations en couleurs (portraits des acteurs) par Kiyo-sai. 10 vols. reliés ensemble in-8°. Miyako 1800.

782. 假 名 手 本 忠 臣 藏

Kana-tehon tsiu-sin-gura.

Le magasin des serviteurs fidèles „abécédaire". Livret de théâtre en sinico-japonais cursif (forme serrée). Par Takemoto Matsugo. Le mot „abécédaire", ou littéralement „livre de modèles d'écriture pour les caractères japonais" est peut-être une allusion à l'ordre alphabétique, dont il est question sous le n°. 780. Mauvais tirage. 1 vol. in-8°. s. l. 1748. — Une autre édition publiée à Ohosaka, sans date contient les actes 4 et 7 du drame. 1 vol. in-8°.

783.

Drames japonais. Quelques actes des drames Imose yama et Tsiu-sin-gura (voir les n°ˢ 779 et 780). Sans titre japonais. En sinico-japonais cursif (forme serrée). 3 vols. in-8°. s. l. 1748, 1773.

---

784. 坐 敷 藝 忠 臣 藏

Za-siki-gei tsiu-sin-gura.

Édition burlesque du drame „Les serviteurs fidèles" ayant en guise de périphrase du titre les mots „Hara-sudzi avumu-seki go-kiyô", pour indiquer que c'est un guide pour les récitateurs publics du genre amusant (Go-kiyô). Texte en caractères chinois peu cursifs et hiragana. Par San-tô Kiyo-den. Illustrations comiques par Utagawa Toyokuni. 1 vol. pet. in-8°. Yedo s. d. — Voir le n°. 789.

785. 繪 本 淨 瑠 璃 絶 句

Ye-hon ziyau-ru-ri zekku.

Les strophes de „La pure émeraude". Ballet-opéra, illustré. La pure émeraude est le nom poétique d'une jeune fille, aimée par

Minamoto no Yositsune. En sinico-japonais cursif (forme serrée). Dessins lavés de Hoku-sai, qui ont rapport aux premières et dernières lignes de chaque strophe. 1 vol. in-8°. Nagoya 1815. — Ce livre est mentionné par Anderson, Catalogue p. 362.

786. 猿 樂 之 圖
Saru-gaku no dzu.

„Tableau de la danse du singe" (le 9e signe du zodiaque chinois). Ballet symbolique d'origine bouddhique, institué par Siyô-toku Dai-si (commencement du 7ième siècle). Planches en couleurs. La première planche réprésente la danse, les huit suivantes des musiciens. 1 vol. in-folio s. l. e. d.

787. 京 都 歌 舞 妓 新 狂 言 外 題 年 鑑
Kiyau-to kabuki sin kiyau-gen ge-tai nen-kan.

„Index chronologique de poésies dithyrambiques (Kiyô-gen) à l'usage des danseurs chantants (Kabuki) de la ville de Miyako". Poèmes écrits de 1719 à 1826, suivis d'un index des principaux poètes, qui se sont occupés de ce genre de poésies. Caractères chinois classiques et hiragana. 1 feuille pliée. s. l. e. d.

788. 踊 獨 稽 古
Odori hitori kei-ko.

„Méthode pour apprendre seul la danse". L'usage du livre est expliqué dans une poésie autour du frontispice. Les différentes figures de la danse sont représentées par d'excellents croquis en noir de Hok'-sai; les mouvements et révolutions du corps sont indiqués par un procédé à la fois simple et ingénieux; l'ouvrage se termine par une série des figures successives d'une „danse de porteur d'eau fraiche". En sinico-japonais cursif. 1 vol. pet. in-8°. Tôkiyô 1815.

789. 腹 筋 逢 夢 石
Hara-sudai avu-mu seki.

„Le rocher des songes imprévus, scènes burlesques". Les caractères chinois accompagnant les mots „avu-mu-seki" ont été choisis pour l'occasion, pour faire allusion au caractère fantastique des dessins. Avu-mu-seki est cependant la transcription de trois caractères chinois signifiant „la pierre des perroquets, ou la pierre de l'écho" et sert à indiquer une espèce de pierre résonnante et en même temps les livres employés par les récitateurs publics, qui récitent des rôles de théâtre en imitant la voix et les gestes des acteurs. Le présent titre est un exemple de la complication et du sens tordu de certains titres dans la littérature japonaise. Il est précédé d'une périphrase en ces termes; tori, kedamono, uwo, musi, sau-moku, ki-butsu, mihuri kowairo, c. à. d.: „imitations des gestes et des sons de tous les objets de la nature", ce qui s'accorde avec le contenu du livre, qui paraît être une espèce de manuel pour le clown, à rendre par des attitudes particulières la forme d'une quantité d'animaux et d'objets. Texte en caractères chinois peu cursifs et hiragana par San-tô Kiyô-den. Planches en noir par Utagawa Toyokuni. Yedo. Sans date. 3 vols. pet. in-8°. — Voir le n°. 784.

790. 四 十 八 手 最 手 鏡

Si-ziu hatsi-te seki-tori kagami.

„Aperçu de quarante huit tours de main de lutteurs". Par Yomona San-zin. Caractères chinois peu cursifs et hiragana. Planches en noir par Utagawa Kuniyasu. 1 vol. pet. in-8°. s. l. e. d.

791. 角 觝 詳 說 活 金 剛 傳

Sumavu siyau-setsu kuwats' kon-gau den.

„Discussion détaillée sur la lutte, ou mémoire sur les athlètes aux muscles de fer". Caractères chinois classiques et katakana. Par Siyô Siyu-rô Siyu-zin. Dessins en noir par Utagawa Kunimasa. 1 vol. in-8°. s. l. 1822.

---

792. 大 坂 京 都 名 物 合

Ohosaka Miyako mei-butsu awase sumau.

„Tableau des choses remarquables qui se trouvent dans les villes d'Ohosaka et de Miyako". En caractères chinois peu cursifs et hiragana. 10 feuilles pliées. 1ième feuille, une méchante gravure de la prise d'Ohosaka par Tokugawa Iyeyasu en 1615. 2ième feuille, liste des principaux acteurs d'Ohosaka, publiée en 1828. 3ième feuille, liste des principaux acteurs des trois capitales, 1826. 4ième feuille, liste des principaux joueurs d'échec 1823. 5ième feuille, liste des principaux acteurs du dernier demi-siècle, 1822. 6ième feuille, liste des joueurs de marionettes, des chanteuses et des lutteurs d'Ohosaka, 1823. 7ième feuille, liste des artistes exécutant le ziyô-ru-ri, des joueuses de samisen et des montreurs de poupées d'Ohosaka 1826. 8ième feuille, liste des amateurs exécutant le ziyô-ru-ri et des lutteurs particuliers d'Ohosaka 1826. 9ième feuille, liste des endroits de divertissement à Ohosaka et Kiyôto 1823. 10ième feuille, tableaux statistiques.

793. 都 國 芝 居 繁 榮 數 望

Kuni-guni sibai han-yei sumau.

„Énumération des théatres du Japon" (et des principaux acteurs de la ville d'Ohosaka). En caractères chinois classiques et hiragana. 1 feuille pliée s. l. 1825.

104.

Affiche d'un théatre de jongleurs, d'équilibristes et d'acrobates d'Ohosaka; les sujets sont représentés en action, en balançant et en mouvant le corps et les membres (te-odori). En noir. 1 feuille pliée. s. l. e. d.

---

795. 箏 ノ コ ト 曲 大 意 抄

Siyau no-koto kiyoku dai-i seu.

„Explication de l'essentiel des chansons avec accompagnement de la cithare". Recueil de chansons japonaises, avec indication de l'accompagnement de la cithare à treize cordes. Les notes sont indiquées par des caractères chinois. Les deux systèmes d'écriture. 6 vols. gr. in-8°. Yedo, Ohosaka, Owari 1811. La première édition de 1779 est mentionnée par l'éditeur.

796. 鳳 笙 見 切 譜

Hou-siyau ken-setsu fu.

„Exposé de l'essentiel de la musique". Livre de musique japonaise pour l'orgue de bouche (Siyô). M. S. 1 vol. in-12°. obl. s. d.

SIXIÈME SECTION.

ETHNOGRAPHIE. ETHNOGRAPHIE GÉNÉRALE DU JAPON ET DE LA CHINE, MOEURS ANCIENNES, CIVILISATION MODERNE. HABILLEMENTS, TOILETTE. RITES SOCIAUX ET POLITESSE. FAUCONNERIE. JEUX DE HASARD. OUVRAGES DE MAIN. ART DU BOUQUETIER. COLLECTIONS D'ART ET D'ARCHÉOLOGIE, ARMES ANCIENNES.

———

Ce qui a été dit à propos du théatre, s'applique également aux livres, décrits dans la présente section. La littérature japonaise, fertile en productions, le plus souvent illustrées, rappelle dans leur intégrité les moeurs et les coutumes, les armes et les inscriptions des temps passés. La cour de Miyako, à la vie facile et indolente, nous a laissé le souvenir d'une société, à la fois élégante et frivole, où le raffinement est poussé à l'extrême. L'art du fauconnier était un apanage de la noblesse, comme en Europe. Les manuels du bouquetier méritent une mention particulière. Ils nous apprennent une fois de plus que l'art japonais n'a rien d'intuitif, que tout y est voulu, délibéré, suivant des principes posés d'avance, travail des siècles successifs. L'art du bouquetier, considéré comme une occupation des plus sérieuses, réservée aux personnes d'une éducation soignée, pourrait être appelé „la science de la grâce". En effet, l'arrangement artistique et gracieuse des branches et des fleurs est dominé par des principes mystiques et rationels, qui demandent une étude approfondie plutôt que du bon goût. M. J. Conder a publié un travail intéressant sur cette matière sous le titre de: The flowers of Japan and the art of floral arrangement. Tôkiyô 1891, et l'auteur du présent catalogue une série d'articles dans le périodique hollandais, intitulé: Eigen Haard, an 1892 nos 36, 39.

Des notices nombreuses sur les moeurs et les coutumes des Aïno's
des îles de Yezo et de Sachalin se trouvent dans les livres, décrits
dans la section géographique sous les numéros 195—212. La partie
topographique y occupant la place principale, ce caractère a décidé
le choix. En général on peut dire, que les autres sections contiennent
bon nombre de traités, qui sous le point de vue ethnographique sont
du plus grand intérêt, ce qui s'applique surtout à la catégorie des
Mei-siyo ou chorographies historiques (voir les nos 233—251), et aux
descriptions de villes, décrites sous les nos 293—303 du présent
catalogue.

---

797. 月 令 博 物 筌

Gwats'-rei hak'-butsu zen.

„Nasse des choses remarquables pour chaque mois de l'année", ou
calendrier perpétuel, indiquant tout ce qui regarde les fêtes périodiques,
la floraison des plantes, la gestation des animaux, les saisons, etc.
À la suite des 3ième, 6ième, 9ième et 12ième mois se trouve un volume
consacré à la saison qui commence, spécialement à l'usage des poètes.
Caractères chinois peu cursifs et hiragana. Par Kaibara Tok'-sin.
14 vols. en 16° obl. Ohosaka 1804—1808. — Un autre tirage de la
même année est en 16 vols.

798. 清 俗 紀 聞

Sei-zoku ki-bun.

„Description des moeurs et des coutumes des Chinois". Caractères
chinois peu cursifs et hiragana. Par Nakai Sô-kô. Planches en noir.
13 tomes en 6 vols. gr. in-8°. Tôkiyô 1799.

799. 群 書 類 從

Gun-siyo riu-siyou.

„Compilation de plusieurs livres". Le 170ième tome d'un ouvrage en
471 tomes, publié par Ken-giyô Homi-itsi. Le premier vol.
contient des indications sur l'art de servir le dîner, le deuxième sur
l'arrangement de la maison, l'art de poser les paravents, etc., le
troisième sur les différentes espèces d'étagères et autres articles du
mobilier, d'après des sources chinoises. Caractères chinois classiques.
Figures noires. 3 vols. gr. in-8°. s. l. 1683.

800. 制 度 通

Sei-do tsuu.

„Les institutions sociales du Japon"; espèce de statistique raisonnée d'importance pour l'ethnographie japonaise. M. S. Le contenu des chapitres est indiqué sur la couverture de chaque volume. Caractères chinois classiques et katakana. Par Itô Tsiyo-in. 6 vols. in-8°. 1792.

801. 小 笠 原 諸 禮 大 全

Okasawara siyo-rei dai-zen.

Traité sur les mœurs et coutumes japonaises par Sadamune Kiutake, prince appartenant à la famille d'Okasawara, avec approbation du Mikado Go-dai-ko. Les deux systèmes d'écriture. Publié par Hô-kiyô Oho-san. Planches noires par Seki-o Mine. 3 vols. in-8°. s. l. 1810.

802. 民 事 慣 例 類 集

Min-zi kuwan-rei rui-siu.

„Description des mœurs et coutumes au Japon". Caractères chinois classiques et katakana. Publié par le Ministère de la Justice. 1 vol. pet. in-8°. relié en demi-veau. Imprimé en types mobiles. Tôkiyô 1877.

803. 民 情 一 新

Min-ziyau issin.

„La modernisation de l'esprit japonais". Exposé des changements que les mœurs et coutumes des Japonais ont subis dans les derniers temps. En caractères chinois classiques et katakana. Par Fukusawa Iu-kitsi. Un volume relié en demi-veau in-8°. Imprimé en types mobiles. Tôkiyô 1879.

804. 開 化 問 答

Kai-kuwa mon-dau.

„Discussion entre les progressistes et les conservateurs". Caractères peu cursifs et hiragana. Par Ogawa Tameharu. Dessins burlesques de Kiyo-sai, artiste contemporain (Anderson, Catalogue p. 370). 4 vols. in-8°. Ohosaka 1875.

805. 文 明 論 之 概 畧

Bun-mei-ron no kai-riyaku.

„Étude sur la civilisation". En caractères chinois classiques et kata-kana. Par Fukusawa Iu-kitsi. 1 vol. pet. in-8°, relié en demi-veau. Imprimé en types mobiles. Tôkiyó 1877.

---

806. 裝 束 圖 式

Siyau-zok' dzu-siki.

„Modèles d'habits de cérémonie en usage à la cour". Notices explicatives en caractères chinois classiques. Planches en noir. 2 vols. in-8°. s. l. 1692.

807. 富 風 和 國 百 女

Tau-fuu Wa-kok' hiyaku-niyo.

„Les femmes japonaises vêtues à la mode actuelle". Mémoire sur le costume féminin. En sinico-japonais cursif. Dessins en noir par Hisigawa Moronobu de l'école Ukiyo-ye. 1 vol. in-8°, s. l. e. d.

808. カ サ 于 ノ イ ロ メ

Kasane no iro-me.

Coup d'oeil sur les couleurs, qui deux à deux sont prescrites par l'usage pour le vêtement. En couleurs. 1 feuille pliée. Yedo 1826.

809. 艶 廓 通 覽

Yen-kuwak' tsuu-ran.

„Exposé de l'augmentation du luxe (chez les femmes) en récits divers". En sinico-japonais cursif. Par Tòra San-zin. Planches noires. 5 vols. in-8°. Yedo, Miyako, Ohosaka. 1800.

810. 都 風 俗 化 粧 傳

Miyako fuu-zoku kuwa-sau den.

„La coiffure et la toilette suivant la mode de Kiyôto". En sinico-japonais cursif. Les premières pages de chaque volume sont imprimées sur fond fleuri. Par Sayama Hantsitsi. Illustrations en noir par Kiyo-sai. 3 vols. gr. in-8°. reliés en brocart. Kiyôto, Ohosaka 1851.

---

811. 婚 禮 罌 粟 袋

Kon-rei kesi-fukuro.

„Sac de pavots sur le rite du mariage". En sinico-japonais. Figures noires. 2 vols. in-12°. obl. Ohosaka 1795.

812. 新 板 後 篇 嫁 入 談 合 柱

Sin-ban go-ben yome-iri dan-kau' basira.

„Traité fondamental sur les rites du mariage". En sinico-japonais cursif. Par Kuwa-hô San-zin. Illustrations en noir. Réimpression du second volume d'un traité plus complet. 2 vols. in-8°. Ohosaka s. d.

813. 三 禮 口 訣

San-rei ku-kets'.

„Traité sur les trois politesses", c. à. d.: ce qui est à observer au diner, à la préparation du thé, et en écrivant. Caractères chinois peu cursifs et hiragana. Par Kaibara To k'-sin. 2 vols. in-12°. obl. s. l. 1688.

814. 茶 湯 之 圖

Tsiya no yu no dzu.

„Le rituel du thé en dessins". 4 planches en couleurs, collées dans un album in-folio s. l. e. d.

815. 京 大 坂 茶 屋 諸 分 調 方 記

Miyako Ohosaka tsiya-ya siyu-bun teu-hau-ki.

„Description des maisons de thé de Miyako et d'Ohosaka". Le livre est précédé d'une série de figures en noir représentant le mobilier et tous les objets en usage dans une maison de thé. En sinico-japonais cursif. 1 vol. in-16°. obl. s. l. e. d.

816. 繪 本 時 世 柱

Ye-hon ima-yau (I) sugata.

„Images de moeurs contemporaines". Sorte d'annuaire des maisons vertes. En caractères chinois peu cursifs et hiragana. Par Siki-tei. Planches en couleurs par Utagawa Toyokuni. Couverture gauffrée montrant les sceaux de l'auteur et du peintre. 2 vols. in-8°. Yedo 1802.

817. 古 今 鷹 之 事
Ko-kon takano koto.

„Le faucon (et la fauconnerie) suivant les livres anciens et modernes". En sinico-japonais cursif. Sur l'avant-dernière page une partie du texte a été couverte d'encre par le Gouverneur de Nagasaki pour faire disparaître quelques notices sur le Mikado et le Siyôgun. Planches en noir. 1 vol. gr. in-8°. s. l. e. d.

818. 繪 本 鷹 カ ガ ミ
E-hon taka-kagami.

„Monographie du faucon (et de la fauconnerie), avec illustrations". Série de planches en noir de Kiyo-sai, avec de courtes notices dans les deux systèmes d'écriture. Le premier vol. de la première série (les deux derniers vols. manquent) et la deuxième série. En tout 3 vols. in-8°. s. l. e. d. — Ce livre est mentionné par Anderson, Catalogue p. 371.

819. 鷹 狩 一 覽
Taka-gari itsi-ran.

„Coup d'oeil sur la chasse au faucon". Caractéres chinois peu cursifs et hiragana. Par Matsida Hisanari. 1 feuille pliée. Tôkiyô 1876.

---

820. 碁 經 衆 玅
Go-kiyau siu-meu.

„Les miracles du livre sur le jeu de dames". Les trois premiers vols. consistent presque entièrement en tableaux de positions des pièces et le dernier en tables d'arithmétique. Par Ran-ka-dô Motoyosi de Yedo. 4 vols. gr. in-8°. Yedo 1812.

821. 新 板 江 戶 道 中 名 所 圖 會
Sin-ban Yedo dau-taiu mei-siyo dzu-e.

„Dessins des lieux célèbres qui se trouvent sur le grand chemin de Yedo". Espèce de jeu d'oies représentant le voyage le long du Tôkaidô. Une feuille divisée en carrés se succédant en spirale, contenant chacun un dessin caractéristique. En noir. Explication en hiragana. 1 feuille pliée. s. l. e. d.

822. 萬 廓 笑 面 鑑

Yorodzu kuruva seu-men kagami.

„Jeu amusant des 10.000 enceintes". Une feuille divisée en plusieurs parties, avec texte en sinico-japonais cursif. Jeu de hasard. 1 feuille pliée. s. l. e. d.

823. 官 職 昇 進 雙 文

Kuwan-siyoku seu-sin sugoroku.

„Jeu aux dés pour jouer l'avancement dans les rangs civils et militaires". Une feuille divisée en carrés, correspondant chacun à un attribut des différentes positions sociales, illustrée en couleurs. Texte explicatif en caractères chinois classiques. Par Minamoto no Mitsiyosi. Avec un supplément. 2 feuilles pliées pet. in-4°. s. l. e. d. Deux jeux pareils, en usage parmi les moines bouddhiques ont été mentionnés sous les numéros 597 et 598.

824. 晝 夜 化 粧 青 樓 兩 面 鏡

Tsiu-ya yosovou iromatsi ni-men kagami.

„La toilette nuit et jour; miroir à deux faces du quartier Yosiwara". Jeu de hasard. Texte explicatif en sinico-japonais cursif. 1 feuille pliée. s. l. e. d.

---

825. 押 繪 早 稽 古

Osi-ye haya kei-ko.

„Méthode rapide pour faire des figures en relief", c. à. d.: des figurines d'hommes, d'animaux, de fleurs, faites en tissus de différentes couleurs et collées sur des étoffes ou sur un fond de papier; occupation de jeunes filles. Jolis frontispices en couleurs, figures noires. Texte explicatif en sinico-japonais cursif. Par Hori Sei-ken. 1 vol. in-8°. Miyako, Ohosaka 1825. La première édition de 1739 est mentionnée par l'éditeur.

826. 雅 曲 花 姻 玉 ノ ア ソ ビ

Ka-giyoku hana-musubi tama no asobi.

„L'art de faire des noeuds; passe-temps élégant". Explications en sinico-japonais cursif. Par Okavu Kiu-ho. Planches noires. 1 vol. in-8°. Ohosaka 1817.

827. 滑 稽 漫 画
Kokkei man-guwa.

„Dessins divers en style comique"; modèles de broderie. Publiés par Kiyó Siyo-sei. Illustrations en noir. 1 vol. in-8°. Yedo, Ohosaka, Nagoya 1823.

828. 裁 縫 教 授 書
Sai-hou kau siyuu-siyo.

„Manuel de la coûturière", livre d'instruction pour les écoles de filles. Texte explicatif en caractères chinois classiques et hiragana. Par Kubota Riyô-san. Dessins en noir, 2 vols. in-8°. Tôkiyô 1878.

---

829. 立 華 正 道 集
Rikkuwa (Tate-bana) sei-dau siu'.

„La vraie méthode de faire des bouquets". 1 vol. de texte en sinico-japonais cursif, avec table des matières arrangée suivant l'irova et 3 vols. de planches coloriées; en tout 4 vols. pet. in-4°. Miyako 1684.

830. 瓶 花 圖 彙
Ike-bana dzu-i.

„Galerie de bouquets". Planches richement coloriées. Par Yamanaka Tsiu-sayemon. 2 vols. in-folio. s. l. 1698.

831. 生 花 秘 傳 野 山 錦
Ike-bana hi-den no-yama no nisiki.

„La polychromie des montagnes et des plaines, ou l'art de faire des bouquets, d'après un secret de famille". 1 vol. de texte en sinico-japonais cursif. Par Kimura Siyu-toku. 1 vol. de planches en noir. Par Takaki Tei-mu. En tout 2 vols. in-8°. Ohosaka 1730.

832. 插 花 千 筋 之 麓
Ike-bana tai-sudzi no fumoto.

„Les mille fleurs vivantes au pied de la montagne"; mémoire sur l'art d'arranger des fleurs dans des vases. Explications en sinico-japonais cursif. Par Iriye Kiyoku-sen. Planches en noir. 3 vols. in-8°. Yedo 1768.

833. 甲 陽 生 花 百 瓶 圖

Kau-yau ike-bana haku-hei dzu.

„Cent espèces de bouquets, arrangés suivant la mode de Ka-i", capitale de la province de ce nom. Explications en sinico-japonais cursif. Par Si-sin-ken. Planches noires. 1 vol. gr. in-8°. relié en brocart. Yedo, Miyako, Ohosaka 1774.

834. 立 花 錦 木

Rikkuwa nisiki-gi.

„L'art de faire des bouquets de fleurs et de branches". Explications en sinico-japonais cursif. Par Kô Un-tei de Kawatsi. Planches coloriées. 1 vol. pet. in-folio. s. l. 1796.

835. 挿 花 衣 之 香

Iks-bana koromo no ka.

„Les fleurs vivantes pour parfumer le vêtement". Les anciens Japonais, suivant la tradition vivant dans des grottes, où ils avaient à souffrir des insectes, s'étaient habitués à mettre des fleurs de forte odeur dans les vêtements et à en parsemer le sol; ce qui se fait encore à certaines occasions en honneur de cette ancienne coutume. Album de bouquets modèles. Par Sadamatsu Sai-itsi-ba. Planches en noir. Deux séries, chacune en 4 vols. in-8°. Première série. Yedo, Ohosaka 1801. Deuxième série. Yedo 1812.

836. 挿 花 衣 香 口 傳 抄

Sasi-bana i-kau ku-den siyo.

„Leçons dans l'art de faire des bouquets (suivant la mode de Tootomi, une des provinces traversées par le Tôkaidô) avec des plantes dont on se sert pour parfumer les vêtements". Explication en sinico-japonais cursif. Par Sadamatsu. Planches en noir. 1 vol. in-8°. Yedo 1806.

837. 遠 刕 流 正 風 花 矩

Yen-siu riu sei-fuu kuwa-ki.

„La véritable méthode pour faire des bouquets suivant la mode de Tootomi". Par Kawagoye Arikuni. Planches en noir. 3 vols. in-8°. Kiyôto 1818.

838.   插 花 四 季 詠

Sasi-bana si-ki no nagame.

„Revue des bouquets selon les quatre saisons (suivant la mode
de Tootomi). Par Itosei Tei-mori Itsikun. Planches en noir.
2 vols. in-8°. Kiyôto 1818. — Édition de 1840 publiée par Gen-siyô
Sai-tei-itsu, augmentée de plusieurs planches.

839.   茶 席 插 花 集

Sasiki sasi-bana no atsume.

„Liste des fleurs ornamentales dont on compose des bouquets", avec
indication de l'époque de leur floraison. Explication en caractéres
chinois peu cursifs et hiragana. Par Hô-tei Ya-zin. Planches en
couleurs par Iwasaki Tokiwa. 1 vol. in-12°. obl. Yedo 1824.

840.   正 風 插 花 月 友

Sei-fuu sasi-bana tsuki no tomo.

„L'art de faire des bouquets selon les saisons". Album de planches
en noir. 2 vols. in-8°. reliés en brocart. Yedo 1826.

841.   插 花 松 之 翠

Sasi-bana matsu no midori.

„Le sempervirens de l'art du bouquetier". Par Gen-siyô Sai-
tei-itsu. Planches en noir. 4 vols. in-8°. Yedo 1827.

842.   三 十 六 花 撰 相 生 帖

San-ziu-roku kuwa-sen ai-oï deu.

Trente-six espèces de bouquets chinois. Explication dans les deux
système d'écriture. Par Sen-tsiku-an Fu-ziyô. Planches en noir.
1 vol. gr. in-8°. Ohosaka 1833.

843.   插 花 養 草

Sasi-bana yasinai-gusa.

Traité de l'arrangement des bouquets suivant la mode de Tootomi.
Explication en sinico-japonais cursif. Planches noires. 1 vol. in-8°.
Yedo, Ohosaka 1835, nouveau tirage. La première édition de 1818
est mentionnée par l'éditeur.

844. 插 花 宇 以 學

Sasi-bana u-i manabi.

Traité élémentaire de l'arrangement des bouquets suivant la mode de Tootomi. Par Sen-siyô-an. Planches noires. 3 vols. in-8°. Yedo 1835.

845. 插 花 月 榮

Seu-kuwa tsuki no sakaye.

L'arrangement des bouquets selon les saisons suivant la mode de Tootomi. Par San-etsu-sai. Planches en noir. 2 vols. in-8°. Yedo 1841.

846. 生 花 早 蒲 奈 飛

Ike-bana baya-manabi.

„Manuel pour apprendre rapidement l'art de composer des bouquets". Explications en caractères chinois classiques et hiragana. Par Itsí-hon-tei Giyo-rin. De nombreuses planches en noir, représentant des bouquets, des porte-bouquets, des outils, etc. Ce livre contient l'exposé le plus complet sur l'art élégant du bouquetier. 10 vols. pet. in-8°. Ohosaka 1851.

847. 插 花 錦 之 袋

Sasi-bana nisiki no fukuro.

„Reticule en brocart du bouquetier." Album de bouquets modèles. Par Sin-yei-sai Yamamoto Itsi-o. Planches en noir. 3 tomes en 2 vols. in-8°. Kiyóto 1863.

848. 遠 州 心 花 抄

Yen-siu sin-kuwa seu.

„L'arrangement de bouquets suivant la mode de Tootomi". Explications en caractères chinois peu cursifs et hiragana. Par Sei-getsu-an. Planches noires. 1 vol. in-8°. relié en brocart. Tôkiyô s. d.

849. 插 花

Sasi-bana.

Manuel pour l'arrangement des fleurs. Explication en caractères chinois peu cursifs et hiragana. Par Kiriya Teu-siu. Planches noires. 1 vol. gr. in-8°. s. l. e. d.

850. 瓶 花 圖 全

Ike-bana dzu-zen.

„Galerie complète de bouquets". Série de huit bouquets, dessinés en couleurs et collés sur une feuille pliée en album. Par Siyun-ô (Catalogue Anderson p. 363). 1 vol. pet. in-8°. obl. s. l. e. d.

---

851. 采 草 閑 筆

Sai-zau kan-bitsu.

„Croquis de plantes cueillies au hasard et jetées sur le papier d'un pinceau habile". M. S. Croquis à l'encre de Chine de paysages dans la province de Hiuga, dessinés dans un but archéologique, avec une vue sur le port de Kagosima. Par Ninomiya Kumaki. Avec notes en langue hollandaise. Le deuxième volume (le premier vol. manque) plié en forme de paravent. s. d.

852. 雅 遊 漫 錄

Ga-iu man-roku.

„Miscellanées sur les choses de bon goût". Description et représentation d'objets d'art, de différentes espèces de jeux, etc. d'après des sources chinoises. Les deux systèmes d'écriture. Par Ohoyeda Riu-hô. 5 vols. gr. in-8°. Ohosaka 1755.

853. 古 今 名 物 類 聚

Ko-kin mei-butsu rui-siyu.

„Objets célèbres des temps anciens et modernes". En sinico-japonais cursif. Planches noires et en couleurs. 18 vols. in-8°. Yedo 1789—1791.

854. 好 古 小 錄

Kau-ko siyau-roku.

„Courtes notices pour l'amateur d'antiquités (inscriptions sur métaux, sur pierre, livres anciens, antiquités diverses, etc.). Caractères chinois classiques et hiragana. Par Tatsibana. Figures noires. 2 vols. gr. in-8°. s. l. 1795.

855. 好 古 日 錄

Kau-ko nitsi-roku.

„Notices journalières pour l'amateur d'antiquités". Description et représentation d'objets (statuettes en pierre, sceaux, etc.) et d'inscriptions antiques. Caractères chinois classiques et katakana. Par Fudziwara Tei-kan. Figures noires. 2 vols. gr. in-8°. Miyako 1797.

856. 桂 林 漫 錄

Kei-rin man-roku.

„Notices de courses errantes dans un bois de muscadiers". Description et représentation d'objets et d'inscriptions de l'antiquité. Caractères chinois classiques et katakana. Figures noires. 2 vols. gr. in-8°. Ohosaka 1803.

857. 骨 董 集

Kot'-tou sin.

„Recueil de curiosités". Traité sur les moeurs et coutumes de l'antiquité, l'ancien costume, objets antiques, etc. Caractères chinois peu cursifs et hiragana. Par Sei-sai Rô-zin, auteur du roman décrit sous le n°. 634. Figures noires. 5 vols. gr. in-8°. s. l. 1815.

858. 梅 園 奇 賞

Bai-yen (Ume-zono) ki-siyau.

„Rares étrennes d'un verger de prunes". Collection d'excellents dessins d'antiquités, par Morikawa. Description dans les deux systèmes d'écriture. Figures noires et en couleurs. 1 vol. in-folio. Ohosaka 1828.

859. 小 山 林 堂 書 画 文 戻 圖 錄

Koyama Rin-dau siyo-guwa bun-bau dzu-roku.

„Description et représentation de belles et anciennes écritures, de dessins et d'objets d'art, qui se trouvent dans la collection de la maison Koyama Rindô". Caractères chinois classiques. Par Satô Issai. 10 vols. avec de nombreuses planches en noir. pet. in-folio. Yedo 1854.

860. 集 古 十 種

Siu'-ko siu-siyu.

„Les dix espèces d'antiquités". Collection d'albums archéologiques,
section des appareils de guerre, à savoir: 2 vols. de casques et d'ar-
mures, 5 vols. de drapeaux et d'étendards, 2 vols. de flèches, d'arcs
et de carquois, 3 vols. de harnais (selles, étriers, etc.) et 3 vols. de
sabres et de lances. Planches en noir. En tout 25 vols. in-folio. s. l. e. d.

860a.

Série d'empreintes de sceaux, avec dessins de fameux cachets et
de boîtes à sceller, publiée sous le même titre que la série précé-
dente, mais en plus petit format. 7 vols. pet. in-4°. s. l. e. d.

861. 觀 古 圖 說

Kuwan-ko dzu-setsu.

Notice historique et descriptive sur les arts et les industries japonaises. En caractères chinois classiques et katakana. Par Ninagawa
Noritane. 5 vols. sur les poteries avec dessins coloriés à la main
et descriptions manuscrites en français, et un vol. de vues photogra-
phiques de châteaux. En tout 6 vols. gr. in-8°. obl. Tôkiyô 1876—1878.

862. 鮫 皮 精 鑒 錄

Same-kava sei-kan roku.

„Étude sur l'art de préparer la peau de requin" (pour les gardes
d'épée). Caractères chinois peu cursifs et hiragana. Par Asao Yen-si.
Figures noires. 1 vol. in-8°. Ohosaka 1760.

863. 軍 用 記

Gun-you ki.

„Le livre de la guerre". Traité sur les armes d'attaque et de défense;
le livre se termine par un chapitre illustré sur la manière de faire des
offrandes d'aliments ou de têtes sanglantes aux Kami's. Texte explicatif en sinico-japonais cursif. Par Taira Hei-ziyô d'Ise. Planches
noires et en couleurs. 7 vols. gr. in-8°. Yedo 1761.

864. 裝 劍 奇 賞
Sau-ken ki-siyau.

„Éloges des armuriers" (et autres artisans, laqueurs, brodeurs, sculpteurs, etc.). Caractères chinois peu cursifs et hiragana. Par Inaba Mitsidatsu Sinsayemon. Figures noires. 7 vols. in-8°. Miyako, Yedo, Ohosaka 1781.

865. 甲 冑 著 用 辯
Kau-tsiu tsiyaku-you ben.

„Explication de la manière de revêtir le casque et la cuirasse". Par Ino-uye Okina. Vol. 2ième (le 1er vol. manque). pet. in-8°. s. l. 1808.

866. 武 林 法 量
Bu-rin hau'-riyau.

„L'ordre et la mesure dans la forêt de la guerre". Intitulé également :

弓 箭 圖 式
Yumi-ya dzu-siki.

„Monographiedes arcs et des flèches". Publié par ordre du Gouvernement par Kuribara Nobuyosi. Texte explicatif en caractères chinois classiques et katakana. Figures noires. 1 vol. in-16°. obl. Ohosaka, Yedo 1843.

867. 甲 冑 圖 式
Kau-tsiu dzu-siki.

Monographie des cuirasses et des casques. Publié par ordre du Gouvernement par Kuribara Nobuyosi. Texte explicatif en caractères chinois classiques et katakana. Figures noires. 1 vol. in-16°. obl. Ohosaka, Yedo 1843.

868. 武 器 袖 鏡
Bu-gi-siyuu kei.

„Aperçu des appareils de guerre". Les deux systèmes d'écriture. Par Kuribara Nobuyosi. Figures noires. 2 vols. in-16°. obl. s. l. 1843.

869. 新 刀 銘 盡
Sin-tau mei-zin.

„Mention complète des sabres modernes". Avec figures coloriées, montrant les différentes qualités de la trempe, et les fusées, qui s'introduisent dans le manche, et qui portent la marque de l'artiste. Descriptions en caractères chinois classiques et katakana. 1 vol. in-16°. obl. Yedo 1845.

870. 燧 袋 圖 考
Sui-tai dzu-kau.

„Étude illustrée sur les sacs pour la pierre à fusil". Caractères chinois classiques et katakana. Figures noires. 1 vol. in-16°. obl. Yedo 1846.

871. 劍 圖 考
Ken dzu-kau.

„Étude illustrée sur les sabres". Un volume sur les manches et les fourreaux, deux vols. sur les lames et les accessoires. Caractères chinois peu cursifs et hiragana. Par Kuribara Nobuyosi. Figures noires. 3 vols. in-16°. obl. vol. s. l. 1846.

872. 弓 箭 圖 解
Yumi-ya dzu-kai.

„Recueil de dessins d'arcs et de flèches". Caractères chinois classiques et katakana. Par Yoda Gen-mei. Figures en couleurs. 1 vol. in-16°. obl. s. l. 1854.

873. 掌 中 新 刀 銘 書
Siyau-tsiu sin-tau mei-siyo.

„Mémoire sur quelques sabres modernes, édition de poche". Les fusées qui s'introduisent dans le manche et où se trouve la signature de l'artiste, sont figurées en noir. Caractères chinois classiques et katakana. 1 vol. in-16°. obl. Tôkiyô 1868.

874. 古 軍 器 之 圖 解
Ko-gun-ki no dzu-kai.

„Description illustrée de quelques sabres antiques". M. S. Dessins exécutés à la main, en partie coloriés, sur une longue feuille pliée, avec un cahier contenant une description en langue hollandaise par un Japonais. s. d.

SEPTIÈME SECTION.

TECHNOLOGIE GÉNÉRALE. PRODUITS. INDUSTRIES PARTICULIÈRES. INDUSTRIE ARTISTIQUE. ARCHITECTURE. CONSTRUCTIONS. SCIENCES EXACTES. MATHÉMATIQUE, ARITHMÉTIQUE. MÉTÉOROLOGIE, SEISMOLOGIE, SCIENCE MARITIME. PHYSIQUE, CHIMIE. DAGUERRÉOTYPIE, PHOTOGRAPHIE. COMMERCE, VOCABULAIRES ET ÉPISTOLAIRES À L'USAGE DU COMMERCE.

Ce qui, au point de vue ethnologique caractérise la civilisation, ce n'est pas le système religieux, ni les manifestations artistiques, ni l'histoire, ni même l'écriture — on pourrait citer des exemples de peuples barbares et farouches qui possèdent l'un et l'autre — c'est la division du travail, l'industrie développée, régulière. La technologie du Japon et de la Chine nous fournit la preuve d'une civilisation, qui remonte à la plus haute antiquité. Les grandes et les petites industries du Japon sont loin de mériter notre attention à titre de curiosité seulement; l'expérience des siècles, enrégistrée dans la littérature serait d'un immense profit pour la technologie de l'Europe, qui aurait lieu d'applaudir à de bonnes traductions et compilations, telles que le livre de M. A. J. C. Geerts sur „les produits de la nature japonaise et chinoise", Yokohama 1878—1883.

Nulle part au monde les industries et les arts sont plus intimement liés ensemble qu'au Japon, où l'artiste est artisan, où l'artisan est artiste. La section présente renferme quelques albums de dessins qui nous expliquent le goût artistique de l'ornementation et de la forme des objets de la vie domestique.

L'architecture du Japon repose sur le calcul, sur la géométrie; les détails sont strictement observés; aussi les sciences exactes, bien loin d'avoir été introduites de l'Europe, possèdent une littérature indigène assez développée. La méthode, le „calcul au pinceau", ou plutôt à la plume est d'origine étrangère, la science est nationale.

Les premières notions de physique et de chimie sont arrivées au Japon grâce à l'infatigable travail des interprètes, des traducteurs de livres hollandais. Toute une série de reproductions, de traductions, de compilations fait preuve de leur étonnante activité, qui cependant porte un caractère à la fois dilettantique et pratique. Dilettantique, par l'absence de système, par l'admission de toutes sortes de données incohérentes, recueillies presque au hasard; pratique et politique, en tant que l'unique objet en est la ferme volonté du peuple japonais, ou plutôt des cercles gouvernementaux, de se ranger parmi les nations civilisées au point de vue européen.

La section se termine par quelques livres à l'usage du commerçant, où la connaissance des produits de l'industrie occupe une place prédominante.

---

875. 日 本 山 海 名 物 圖 會

Nippon san-kai mei-butsu dzu-e.

„Recueil illustré des choses remarquables de la terre et de la mer au Japon". Technologie japonaise. Le premier vol. s'occupe des travaux des mines et de la métallurgie, les trois suivants décrivent la fabrication de couleurs métalliques et autres produits de l'industrie et des cultures dans les différentes provinces du Japon, le cinquième vol. contient un traité sur la pêche. En sinico-japonais cursif. Par Hirase Tatsu-sai. Planches en noir d'après des dessins de Hase-Gawa Mitsunobu. 5 vols. gr. in-8°. Yedo, Ohosaka 1754.

876. 妙 術 博 物 筌

Meu-ziyuts' haku-butsu zen.

„Nasse des chefs-d'oeuvre". Technologie japonaise; le premier vol. contient l'index arrangé suivant l'iroya. 294 chapitres sur autant de matières différentes. En sinico-japonais cursif. Par Kaibara Tok'-sin. Planches noires. 7 vols. in-8°. s. l. 1762.

877. 物 類 品 騭

Butsu-rui hin-sitsu.

„Les produits de la nature, arrangés par classes"; technologie rurale. Caractères chinois classiques et katakana. Par Hatotani Hiraka. Figures noires 6 vols. gr. in-8°. Nouvelle édition, Ohosaka 1806. La première édition de 1763 est mentionnée par l'éditeur.

878. 天 工 開 物

Ten-kou kai-butsu (T'iēn kung k'ai wüh).

Technologie chinoise illustrée. Par l'auteur chinois So-wo-sei (prononciation japonaise). Édition japonaise par Nan-tô, d'après la deuxième édition chinoise de 1637. En sinico-japonais classique. Figures noires. 9 vols. gr. in-8°. Kiyôto 1771. — Voir A. J. C. Geerts, Les produits de la nature japonaise et chinoise. 1ère partie. Yokohama 1878. L'original chinois a été traduit en partie par Stanislas Julien dans ses „Industries chinoises anciennes et modernes".

879. 山 海 名 産 圖 會

San-kai mei-san dzu-e.

„Recueil illustré des produits remarquables de la terre et de la mer". Le premier vol. contient une description de la fabrication du Sake, le deuxième vol. s'occupe des produits de la terre (pierres, champignons, produits végétaux, miel et cire, reptiles) et de la chasse, dans le troisième et le quatrième vol. se trouvent énumérés les produits de la pêche, le cinquième volume décrit la pêche aux Méduses, les carrières de chaux, la fabrication de porcelaine, la confection de tissus, la chasse aux chiens de mer, le commerce avec la Chine et la Hollande et la description de l'établissement des Hollandais à Desima. Caractères chinois peu cursifs et hiragana. Par Kimura Kô-kiyô. Dessins en noir par Hô-kiyô Kuwan-getsu (Sitomi) de l'école Ukiyo-ye (Anderson, Catalogue p. 346). 5 vols. gr. in-8°. Ohosaka 1799. — Voir A. J. C. Geerts, op. cit.

880. 武 江 産 物 志

Bu-kou san-buts'-si.

„Description des produits de la province de Musasi". Caractères chinois peu cursifs et hiragana. Par Iwasaki Tokiva. 1 vol. in-12°, obl. s. l. 1824.

881. 廣 益 國 産 考
Kuwau-yeki koku-san kau.

„Examen des produits les plus utiles du pays". En caractères chinois peu cursifs et hiragana. Par Ohokura Nagatsune. Planches noires. 8 vols. in-8°. Ohosaka 1844.

882. 百 品 考
Hiyaku hin-kau.

„Description de cent produits de la nature". Caractères chinois classiques et katakana. Par Nisimura Kô-kiu et Haku-suu. Avec quelques planches noires. 3 tomes en 6 vols. gr. in-8°. Kiyôto 1853.

883. 大 日 本 物 産 圖 會
Dai Ni-hon butsu-san dzu-e.

„Les produits du Japon". Technologie japonaise en 90 tableaux en couleurs, chacun accompagné d'une courte explication. 3 vols. pliés en forme de paravent et imprimés des deux cotés de la feuille. pet. in-8°. Tôkiyô 1868.

884. 日 本 産 物 志
Ni-hon san-butsu'-si.

„Histoire des produits du Japon". Deux vols. sur les produits de Yamasiro, deux sur ceux d'Ômi, trois sur ceux de Mino, deux sur ceux de Sinano et deux sur ceux de Musasi. La matière est arrangée suivant l'irova. Caractères chinois classiques et katakana; synonymie latine. Par le célèbre botaniste Itô Kei-suke. Publié par Sakakibara Yosino par ordre du Ministre de l'Instruction Publique. Planches noires. 11 vols. gr. in-8°. Tôkiyô 1873—1879. — Voir A. J. C. Geerts op. cit.

885. 日 本 地 誌 略 物 産 辯
Ni-hon tsi-si-riyaku butsu-san ben.

„Revue des produits de la terre du Japon". Les produits sont décrits dans l'ordre des provinces. Caractères chinois classiques et katakana. Par Sakakibara Yosino, Tokoi Hirome et Saitô Tokiyasu Figures noires par Kano Yosinobu en tête de chaque page. 4 vols. in-8°. Tôkiyô 1875—1877.

886. 教 草

Osiye-gusa.

Trente monographies sur les différentes branches de l'industrie, publiées par le Musée National de Tôkiyô. Chaque monographie consiste en une feuille pliée, dont le titre se termine par le mot Itsiran, qui signifie „Abrégé", avec illustrations en couleurs; à savoir:

1. 稻米一覽 Tau-mai, ou Ine itsi-ran. La culture du riz.

2. 糖製一覽 Tau-sei itsi-ran. La culture et la fabrication du sucre.

3. 養蠶一覽 Kai-ko itsi-ran. L'élevage du ver à soie et la fabrication de la soie.

4. 生糸一覽 Ki-ito itsi-ran. La filature.

5. 樟蟲一覽 Gendziki-musi itsi-ran. Les produits du ver à soie, appelé Gendziki-musi, appartenant au genre Attacus.

6. 野蠶一覽 Yama-mai itsi-ran. Les produits du ver à soie sauvage, appelé Yama-mai ou Nô-gai-ko.

7. 葛布一覽 Kudzu-fu itsi-ran. Les tissus des fibres de la plante appelée Kudzu (Pueraria Thunbergiana, Pachyrrhizus Thunbergii).

8. 苧麻一覽 Kara-musi itsi-ran. Le tissu fabriqué de china-grass (Urtica nivea).

9. 草綿一覽 Ki-wata itsi-ran. La culture et la fabrication du coton (Gossypium indicum).

10. 織緯草木一覽 Ito-sudzi sau-moku itsi-ran. Les plantes et les arbres dont on fait des tissus.

11. 索麪一覽 Sou-men itsi-ran. Le vermicelli.

12. 葛粉一覽 Kudzu-ko itsi-ran. L'amidon de Pachyrrhizus Thunbergii.

13. 藍一覽 Ai itsi-ran. La culture et la fabrication de l'indigo. (Polygonum tinctorium).

14. 靑花紙一覽 Awo-bana-gami itsi-ran. La peinture bleue, extraite des fleurs de Tsuyu gusa (Commelina vulgaris).

15. 製茶一覽 Sei-tsiya itsi-ran. La culture et la fabrication du thé.

16. 烟草一覽 Tabako itsi-ran. La culture et la fabrication du tabac.

17. 漆一覧 Urusi itsi-ran. Le vernis de Rhus vernicifera.

18. 蒔繪一覧 Maki-ye itsi-ran. L'art de vernir avec la laque japonaise.

19. 蠟一覧 Rou itsi-ran. La préparation de la cire végétale. (de Rhus succedanea).

20. 白柿一覧 Tsurusi-gaki itsi-ran. Le Diospyros Kaki, dont on exprime les fruits verts, pour avoir le liquide appelé Sibu, qui sert entre-autres à la fabrication du vernis.

21. 疊表一覧 Tatami omote itsi-ran. La taie des nattes japonaises, fabriquée de jonc (Juncus communis).

22. 香草一覧 Si-tate itsi-ran. La culture des champignons et des cèpes.

23. 製紙一覧 Sei-si itsi-ran. Le papier, fabriqué des fibres de la plante appelée Kou-zu (Broussonetia papyrifera).

24. 蜂蜜一覧 Hatsi-mitsu itsi-ran. La cire animale et le miel.

25. 油一覧 Abura itsi-ran. L'huile de navets (Abura-na, ou Brassica sinensis).

26. 臙脂一覧 Beni itsi-ran. La carthamine (Carthamus tinctorius), dont les dames se servent à se peindre les joues et les lèvres.

27 et 28. 澱粉一覧 Kudzu-ko itsi-ran. Les plantes dont on fait de l'amidon.

29. 褐厨一覧 Konniyaku itsi-ran. La culture du Conophallus konjak, et la fabrication des gateaux, que l'on prépare avec la farine de ses bulbes.

30. 豆腐一覧 Tou-fu itsi-ran. La gelée blanche comestible préparée avec des fèves.

Caractères classiques et hiragana. Par Tanaka Yosio. Tôkiyô 1876.

887. 內國勸業博覽會出品解說

Nai-koku kuwau-geu haku-ran-kuwai ziyutsu-hin kai-setsu.]

Catalogue raisonné des objets exposés à l'Exposition d'industrie nationale d'Uyeno (à Tôkiyô) en 1877. Publié par le Ministère de l'Intérieur. Caractères classiques et katakana. Imprimé en types mobiles et orné de plusieurs gravures. 6 tomes (le tome 3ième manque) en 15 vols. et un atlas de dessins en noir, représentant des machines; en tout 16 vols. in-8°.

888. 日 本 製 品 圖 説

Ni-hon sei-hin dzu-setsu.

Série de traités illustrés sur les industries du Japon. Publié par le
Ministère de l'Intérieur. Planches en couleurs. Chaque volume publié
séparément. 8°. Trois vols. renferment des renseignements sur la
pêche et la préparation des algues marines (Kombu, Kanten, Asakusa-
nori, etc.). Un vol. s'occupe des dessins coloriés, un cinquième de
la fabrication du sel de mer. Caractères chinois classiques et katakana.
5 vols. in-8°. Tôkiyô 1877.

889. 有 用 木 村 捷 覧

Iu-you moku-zai sen-ran.

„Coup d'oeil rapide sur les espèces de bois utiles à l'industrie". Publié
par le Musée National de Tôkiyô. Des échantillons de coupes trans-
versales, longitudinales et obliques sont collées sur chaque page. Les
noms scientifiques des arbres y sont ajoutés en latin. 1 vol. pet.
in-8°. s. l. 1878.

890. 日 本 物 産 字 引

Ni-hon butsu-san zi-biki.

Dictionnaire des noms des produits et des manufactures des différentes provinces du Japon. Arrangé suivant l'irova. Caractères chinois
classiques et hiragana. Par Hasidzume Kuwan-zitsu. Vignettes
en noir. 1 vol. in-16°. obl. Tôkiyô 1875.

891. 飲 膳 摘 要

In-zen taku yeu.

„Abrégé des boissons et des mets". Arrangé suivant l'irova. Caractères chinois classiques et katakana. Par Ono Ran-zan. 1 vol. pet.
in-8°. Kiyôtô. Éditions de 1806 et de 1817.

892.

Trois petits traités technologiques M. S. en caractères chinois classiques et katakana, réunis en un vol. pet. in-8°. intitulés:

a. 早 稻 作 法
Wase tsukuru nori.

La manipulation du riz précoce.

b. 茶 製 法
Tsiya tsukuru nori.

La fabrication du thé.

c. 染 物 之 法
Some-mono no hau'.

La teinturerie. Le volume se termine par un chapitre sur la coiffure des dames. Caractères chinois classiques et katakana. 1 vol. pet. in-8°. s. d.

893. 造 鹽 法 圖
Sivo tsukuru hau'-dzu.

„La fabrication du sel". Série de dessins en couleurs exécutés à la main, sur une longue feuille pliée en forme de paravent. Sans texte explicatif. 1 vol. gr. in-folio s. d.

894. 製 油 錄
Sei-lu roku.

„La fabrication de l'huile". En sinico-japonais cursif. Par Ohokura Yei-siyo. Planches en noir par Matsugawa Han-zan, de l'école Ukiyo-ye. 2 vols. in-8°. Miyako, Yedo, Ohosaka, Nagoya 1836.

895. 塗 之 法
Nuri no hau'.

La fabrication de la laque japonaise. M. S. En sinico-japonais cursif. Avec traduction en hollandais écrite à la plume. 1 vol. pet. in-4°. s. d.

896. 紙 作 之 法
Kami tsukuru no hau'.

La fabrication du papier. M. S. Caractères chinois peu cursifs et katakana. Avec quelques croquis. 1 vol. gr. in-8°. s. d.

897. 酒 作 之 事

Sake tsukuru no koto.

La fabrication du Sake. M. S. En sinico-japonais cursif. Avec quelques croquis. 1 vol. gr. in-8°. s. d. — Copie de ce livre en caractères chinois classiques et katakana.

898. 張 公 捕 魚

Tsiyau-kou sunadori.

„La pêche de la baleine à la portée de tous". M. S. Série de dessins en couleurs. Sans texte explicatif. Une longue feuille pliée. gr. in-folio obl. s. d.

899. 硝 石 篇

Seu-seki hen.

„Le livre sur le salpètre". Description de la fabrication. Compilation de sources hollandaises non indiquées. En sinico-japonais classique. Par Itô Sei-min Tamasuke. 3 vols. gr. in-8°. Ohosaka 1854.

900. 山 相 秘 錄

San-sau hi-roku.

Traité de métallurgie. Caractères chinois classiques et katakana. Par Satô Gen-baku et Satô Kô-haku. Figures noires. 2 vols. in-8°. Tôkiyô 1876.

901. 大 鈞 鼓 銅 圖 錄

Dai-kin ko-tou dzu-rok'.

„Précis illustré de l'art de fondre les métaux". En sinico-japonais classique. Par Masida Ko. Planches en noir et en couleurs. 1 vol. pet. in-4°. Ohosaka s. d. — Voir le 9ième vol. du Chinese Repository.

902. 機 織 彙 編

Hata-ori i-hen.

„Description du tissage". Les deux premiers vols. s'occupent de la magnanerie et de la fabrication de la soie, de la culture du chanvre, du coton, du safran bâtard et autres matières colorantes et des industries qui s'y rattachent. Caractères chinois peu cursifs et hiragana. Planches noires représentant différents métiers de tisserand. 5 vols. in-8°. Miyako, Yedo, Ohosaka 1830.

903. 生 絲 製 方 指 南
Ki-ito sei-hau si-nan.

„Indications pour le dévidage et le filage". Caractères chinois classiques et hiragana. Par Tatsi Saburô. Figures noires dans le texte. 1 vol. in-8°. Tôkiyô 1874.

904. 早 引 絞 帳 大 全
Haya-biki mon-taiyau dai-zen.

„Régistre alphabétique, grand et complet des blasons", ou plutôt des motifs d'ornementation empruntés à l'art héraldique à l'usage des tisserands et des brodeurs. Figures noires. Explications en chinois cursif et hiragana. 1 vol. in-16°. obl. Yedo, Ohosaka 1848. Les éditions de 1824, 1826 et 1835 sont mentionnées par l'éditeur. — Voir le mémoire intitulé „Verzameling van japansche boekwerken", sous le n°. 59.

905. 繪 本 稽 古 帳
Ye-hon kei-ko tsiyau.

„Exposé de l'étude des albums de dessins" (modèles d'impression sur des tissus). Explication en caractères chinois cursifs et hiragana. Par Imura Katsukitsu. Planches en noir par Tatsibana. 3 vols. gr. in-8°. Yedo, Miyako, Ohosaka 1718.

906. 求 古 圖 譜
Kiu-ko dzu-hu.

„Galerie de l'antiquité". Titre d'une série de publications à l'usage des fabricants. Le présent ouvrage est une collection de dessins en couleurs pour des tissus. 1 vol. pet. in-folio. s. l. e. d.

907. 八 丘 椿
Hatsi-kiu tsin.

„Collection de modèles de tissus". Dessins antiques en noir et en couleurs. Sans texte. 1 vol. pet. in-folio. Yedo 1840.

908. 日 本 染 色 法

Nippon some-iro no hau'.

„Les règles de la teinture (des vêtements) au Japon". M. S. Caractères chinois classiques et katakana. 1 vol. in-4°. s. d.

909.

Album de reproductions en couleurs d'échantillons d'étoffes. Sans titre. Planches en couleurs. Explications en caractères chinois classiques. 1 vol. in-8°. s. l. 1828.

910.

Album d'échantillons de soie; cent pièces différentes collées par quatre sur les pages de l'album. Sans titre. Explications en caractères chinois cursifs. 1 vol. in-8°. s. l. e. d.

911. 畵 本 錦 之 囊

E-hon nisiki no fukuro.

Modèles de dessins pour les artisans (Siyoku-nin hina-gata), en teintes lavées. Par Kei-sai Yei-sen de l'école Ukiyo-ye. 1 vol. in-8°. s. l. 1828. — Ce livre est mentionné par Anderson, Catalogue p. 365.

912. 大 和 繪 樣 集

Yamato ye-yau siu'.

„Dessins de l'ornement japonais". Détails techniques pour l'artisan, en noir. Par Tatsukawa Ko-hei. Album plié en forme de paravent. 4 vols. gr. in-8°. Yedo 1763.

913. 萬 物 雛 形 画 譜

Ban-buts' hinagata guwa-fu.

„Recueil de toutes sortes de modèles" (pour graveurs, laqueurs, etc.). Figures noires; explications en caractères chinois classiques et katakana. Par Sen-sai Yei-taku, artiste contemporain. (Voir Anderson, Catalogue, p. 371). 5 vols. in-8°. Tôkiyô 1879—1882.

914. 大 工 雛 形
Dai-ku hinagata.

„Dessins de constructions" ou livre sur l'architecture:

Vol. 1. 宮雛形 Miya hinagata. Plans de palais et de temples.

Vol. 2. 武家雛形 Bu-ke hinagata. Plans de fortifications.

Vol. 3 et 4. 棚雛形 Tana hinagata. Modèles d'étagères.

Vol. 5. 數寄屋雛形 Suki-ya hinagata. Modèles de pavillons pour la cérémonie du thé.

Vol. 6. 小坪規矩 Seu-hei nori. La construction de meubles.

Dessins en noir. Explications en caractères chinois cursifs et hiragana. 6 vols. pet. in-8°. obl. s. l. 1717. — Une édition en 5 vols. gr. in-8°. Yedo 1759.

915. 匠 家 極 秘 傳
Siyau-ka goku hi-den.

„Le secret de l'art du charpentier". Plans de constructions en noir; explications en caractères chinois cursifs et hiragana. Par H i r o n i S i n - b u. 2 vols. gr. in-8°. Yedo 1727.

916. 匠 家 矩 術 新 書
Siyau-ka ku-ziyutsu sin-siyo.

„Nouveau traité sur la construction des charpentes". Caractères chinois classiques et hiragana. La plupart des termes techniques sont en chinois avec contexte japonais. Par H i r a - u t s i O h o s u m i. Dessins en noir. 1 vol. in-folio. s. l. 1848.

917. 匠 家 雛 形
Siyau-ka hinagata.

„Traité des constructions en bois". Dessins de détails techniques en noir. Par M o t o b a y a s i T s u n e m a s a. 2 vols. in-8°. Tôkiyô 1853.

918. 隄 防 溝 洫 誌
Tei-bau kou geki-si.

„Traité des ponts et des chaussées". Illustrations en noir. Par S a t ô S i n - i u. 4 vols. in-8°. Tôkiyô 1876.

919. 隄 防 橋 梁 積 方

Tei-bau kiyo-riyau seki-bau.

„Traité sur la construction des ponts et chaussées". Illustrations en noir sur plusieurs feuilles, collées par un des bouts sur la page du livre, de manière à montrer les formes extérieures ainsi que les parties cachées des constructions. (Voir le n°. 339). Publié par le Ministre des Travaux Publics. Explications en caractères chinois peu cursifs et hiragana. 1 vol. de texte et 1 vol. de planches gr. in-8°. Tôkiyô 1875.

920. 道 具 字 引 圖 解

Dau-gu zi-biki dzu-kai.

„Vocabulaire illustré des outils" (et des objets de la vie sociale en général). Les objets sont représentés par des vignettes en noir, accompagnés de leurs noms en chinois peu cursif et en japonais hiragana. Par Mata Gen-sai. Opuscule important pour le lexicographe. 2 tomes en 1 vol. pet. in-8°. Yedo 1864.

---

921. 筭 法 古 今 通 覽

San-bau ko-kon tsuu-ran.

„Coup d'oeil sur l'état ancien et moderne de l'arithmétique". Exposé et critique de thèses et de problèmes mathématiques. Dessins géométriques, explications en sinico-japonais classique. Par un savant de l'école de Mogami, astronome impérial. L'auteur passe en revue les principaux des 220 livres d'arithmétique, qui ont été publiés au Japon de 1624 à 1789. 6 tomes en 5 vols. gr. in-8°. Yedo, Miyako, Ohosaka 1795.

922. 筭 法 點 竄 指 南 錄

San-bau ten-zan si-nan roku.

Cours méthodique des sciences exactes. Caractères chinois classiques, hiragana et katakana. Figures géométriques. Par Baba Sei-roku. 5 tomes en 15 vols. in-8°. Yedo 1814.

923.

Série de tables astronomiques et chronométriques. Sans titre. En caractères chinois peu cursifs et hiragana. Figures géométriques. 1 feuille pliée. s. l. 1817.

924. 規 矩 術 圖 解

Ki-ku ziyutsu dzu-kai.

„Traité de mathématique". En caractères chinois peu cursifs et hiragana. Figures géométriques. Par Murata Dziyo-setsu. 3 vols. in-8°. Tôkiyô 1820.

925. 籌 法 新 書

San-bau sin-siyo.

„Nouveau traité de mathématique". Caractères chinois classiques et hiragana. Figures géométriques. Par Hasegawa Yen-zayemon. 1 vol. gr. in-8°. Tôkiyô 1873.

926. 洋 籌 用 法

Yau-san you-hau.

„Règles pour l'usage de l'arithmétique d'outre-mer", ou principes généraux de l'arithmétique européenne, écrit à l'usage du peuple japonais et des écoles. Premier vol. sur les chiffres arabes, le système décimal, les quatre règles principales de l'arithmétique et la règle de trois. Par Yanagawa Ziyun-san. 1 vol. in-8°. Yedo 1857.

927. 西 籌 速 知

Sei-san soku-tai.

„L'art d'apprendre rapidement l'arithmétique occidentale", d'après les communications verbales de Ri-ken sen-sei. En sinico-japonais cursif. Par Hanai sen-sei. Cet ouvrage tend à apprendre aux Japonais les règles de notre arithmétique, appelée par l'auteur „arithmétique au pinceau", ou „écrite", pour la distinguer de la méthode indigène qui se sert de l'abaque. En sinico-japonais cursif. 2 vols. gr. in-8°. Miyako, Yedo, Ohosaka 1857.

928. 筆 籌 提 要

Fude san-tei yeu.

„Dissertation sur l'arithmétique au pinceau". Caractères chinois classiques, hiragana et katakana. Par Itô Sin-zô et Heriba Go-rô. 1 vol. in-8°. s. l. 1867.

929. 珠 筭 捷 徑
Siyu-san seu-kei

龜 井 筭 獨 學
Kame-i san toku-gaku.

„Cours pratique d'arithmétique japonaise, suivant la méthode de
Kame-i". Caractères chinois classiques et katakana. Par Murata
Tadanori. 2 vols. in-8°. Tôkiyô 1879.

980. 筭 術 之 品 目
San-ziyutsu no hin-moku.

„Problèmes arithmétiques et géométriques". M. S. Caractères chinois
classiques et katakana. 1 vol. gr. in-8°. s. d.

----

931. 天 變 地 異
Ten-ben tsi-i.

„Les phénomènes aériens et terrestres"; c. à d.: la théorie du para-
tonnerre, l'arc en ciel, etc. Caractères chinois classiques et hiragana.
Par Obata Toku-zirô. Figures noires. 1 vol. pet. in-8°. Tôkiyô 1869.

932.

Observations météorologiques à Yedo, trois fois par jour. M. S. Sans
titre japonais. Caractères chinois classiques. 1 vol. pet. in-4°. s. d.

933. 江 戶 大 地 震 末 代 噺 ノ 種
Yedo oho-dzi-sin matsu-dai hanasi no tane.

Aperçu des tremblements de terre qui ont tourmenté la ville de
Yedo dans les derniers temps. Le phénomène y est symbolisé par
les mouvements d'un poisson, qui porte le Japon sur le dos. En
sinico-japonais cursif. Figures noires. Couverture en couleurs. 1 vol.
pet. in-8°. Yedo 1855.

934. 地 震 預 防 說
Dzi-sin yo-hau setsu.

„Traité sur les préservatifs contre les effets des tremblements de
terre". Traduction d'un article hollandais inséré dans le „Nederlandsch

Magazijn 1844" (Magasin Neerlandais). Publié par ordre du Gouvernement japonais par Utagawa Kŏ-sei. L'article hollandais se borne à exposer la théorie du phénomène, et à en décrire les effets; le traducteur japonais cependant a introduit le mot „préservatifs" dans son titre, partant du principe, que pour se garantir d'une influence nuisible, il faut commencer par la connaitre. Caractères chinois classiques et hiragana. Figures noires. 1 vol. pet. in-4°. Yedo 1856.

935. 安 政 見 聞 錄
An-sei ken-bun roku.

„Chronique de ce qu'on a vu et entendu dans la période An-sei", c. à. d.: à l'occasion du tremblement de terre dans la deuxième année de cette période (1855). En sinico-japonais cursif. Planches en couleurs par Yosiharu. 3 vols. gr. in-8°. s. l. 1856.

936. 安 政 風 聞 集
An-sei fuu-bun siu'.

Le tremblement de terre de l'an 1856, décrit par un vieillard qui y a perdu sa fortune. Caractères chinois peu cursifs et hiragana. Planches en couleurs, quelques unes en forme de triptique. 3 vols. gr. in-8°. s. l. e. d.

937. 航 海 金 針
Kau-kai kin-sin. (Hâng hài kín tschin).

„L'aiguille d'or du navigateur". Ouvrage chinois portant le titre anglais de „the laws of storms" in Chinese by D. J. Macgowan, M. D. Ningpo 1853. Réimpression japonaise, exécutée par ordre du prince de Satsuma, à l'exception de la préface anglaise, et de la fin de l'ouvrage, contenant une louange du Seigneur, que l'éditeur japonais passe sous silence. Caractères chinois classiques. Planches en noir. 1 vol. gr. in-8°. s. l. 1853. — Voir le mémoire intitulé „Verzameling van japansche boekwerken", sous le n°. 36 c.

938. 海 上 衝 突 豫 防 規 則 問 答
Kai-ziyau siyou-tou yo-bau ki-soku mon-tau'.

„Les régles qu'il faut observer pour éviter le choc des navires en pleine mer, expliquées en questions et réponses". Caractères chinois classiques et hiragana. Par Motoyama Yen. Figures noires. 1 vol. in-8°. Tôkiyô 1876.

939. 颶 風 ノ 新 話

Gu-fuu sin-wa, ou Mavi-mavi-kaze no sin-wa.

„Nouvelles sur les cyclones". Traduction d'un livre anglais de Henry
Piddington, exécutée sur la traduction hollandaise de ce livre, intitulée „Gesprekken over orkanen" (Dialogues sur les tempêtes) par
S. van Delden, Amsterdam, C. F. Stemler, 1853. Caractères chinois
classiques et hiragana. Les termes de marine sont en hollandais,
transcrits en katakana; le texte chinois est accompagné d'une traduction juxtalinéaire japonaise. Par Itô Sin-kun, rédigé par Ogata
Siyô-ku. Planches noires. 2 vols. gr. in-8°. Yedo 1857. — Voir le
mémoire intitulé „Verzameling van japansche boekwerken" sous le
n°. 36 *d*.

940. 氣 海 觀 瀾 廣 義

Ki-kai kuwan-ran kuwau-gi.

„Examen des ondes de l'air et de la mer". Traité de physique
d'après des sources hollandaises. Caractères chinois classiques et katakana. Par Kawamoto Tatsu. À la fin de chaque volume se trouvent des figures en noir d'instruments de laboratoire. 5 vols. gr. in-8°.
Nouvelle édition de 1851. s. l.

941. 理 化 新 說

Ri-kuwa sin-setsu

舍 密 局 開 講 之 說

Semi kiyoku kai-kau no setsu.

„Nouveau traité de physique, révélations du laboratoire de chimie".
Traductions japonaises du cours du docteur hollandais Gratama à
l'école de médecine d'Ohosaka en 1869. Caractères chinois classiques
et hiragana, figures noires. 3 vols. in-8°. s. l. e. d.

942. 理 學 訓 蒙

Ri-gaku kun-mou.

„Leçons de physique". Reproduction xylographique d'une copie
en italiques du livre hollandais de Joh. Buys, intitulé: Volksnatuur-
kunde of onderwijs in de natuurkunde voor mingeoefenden, tot wering
van wanbegrippen, vooroordeel en bijgeloof. Tweede druk. Uitgegeven

door de Maatschappĳ tot Nut van 't Algemeen. Te Amsterdam, bĳ
Hendrik van Munster en zoon en Johannes van der Hey en zoon 1811
(Physique populaire ou leçons de physique pour les commençants,
servant à combattre les idées fausses et superstitieuses). Mauvaise
copie criblée de fautes d'orthographe. Premier volume contenant les
quatre premières leçons. 1 vol. gr. in-8°. s. l. 1859.

943. 舍密開宗

Semi kai-sou.

„La doctrine de la chimie dévoilée". Traduction d'un ouvrage
hollandais, intitulé: M. Henry, Chemie voor eerstbeginnende lief-
hebbers, uit het engelsch vertaald met aanmerkingen van J. B.
Trommsdorff. Uitgegeven door Adolphus Ypey, 2e druk. Amsterdam, ten Brink en de Vries, 1806. (La chimie pour les amateurs commençants, traduit de l'anglais avec notes de J. B. Trommsdorff). En
sinico-japonais classique. Par Utagawa Yô-an. Planches noires. Le
traducteur japonais a enrichi son travail de données scientifiques
extraites des livres suivants: P. J. Kastelĳn, Chemische oefeningen
voor de beminnaars der scheikunst in het algemeen en de apothekers
in 't bijzonder. 5 st. Amsterdam 1783. (Exercices de chimie pour les
amateurs de la chimie en général et pour les apothicaires en particulier). J. F. Blumenbach. Grondbeginselen der Natuurkunde van
den mensch. Uit het latĳn vertaald door G. Wolff, Amsterdam 1791.
(Principes de la physiologie de l'homme. Traduit du latin). J. J. Plenck,
Grondbeginselen der scheikunde. Uit het latĳn vertaald door J. S.
Swaan, Amsterdam 1803. (Principes de chimie. Traduit du latin).
A. S. Lavoisier. Grondbeginselen der scheikunde. Uit het fransch
vertaald door N. C. de Fremery en P. van Werkhoven. (Principes
de chimie. Traduit du français). A. Ypey. Systematisch handboek
der beschouwende en werkdadige scheikunde. 5 deelen. Amsterdam
1804—7. (Manuel systématique de chimie philosophique et pratique).
Vragen en antwoorden over artsenĳmenging. (Questions et réponses
sur la pharmacie) sans nom d'auteur, ni date de publication. W. van
Barneveld. Over de geneeskundige electriciteit. Amsterdam 1789.
(L'électricité médicale). K. G. Hagen. Onderwĳs in de grondbeginselen der apotheek. Uit het hoogduitsch vertaald door F. Breuker.
Amsterdam 1780. (Instruction des principes de la pharmacie. Traduit
de l'allemand). Leerboek der apothekerkunst, Amsterdam 1793—99.
(Manuel de la science de l'apothicaire). L. B. Guiton Morveau.
Verhandeling over de middelen om de lucht te zuiveren. Leiden 1802.

(Traité sur les méthodes de purifier l'atmosphère). J. B. Trommsdorff. Leerboek der artsenijmengkundige, proefondervindelijke scheikunde. Amsterdam 1815. (Manuel de chimie pharmacologique et expérimentelle). O. Segur. Brieven over de grondbeginselen der scheikunde. Rotterdam 1811. (Lettres sur les principes de la chimie). H. J. van Houte. Handleiding tot de materies medica of leer der geneesmiddelen. Amsterdam 1817. (Manuel de matière medicale ou de la doctrine des médicaments). Isfording. Natuurkundig handboek voor leerlingen in de heel- en geneeskunde. Amsterdam 1826. (Manuel de physique pour les élèves de chirurgie et de médecine). Hijmans. Ontwerp van eene algemeene scheikunde. Dordrecht 1820. (Projet d'une traité de chimie générale). Ez. Stratingh. Scheikundige verhandeling over de chinchonine en quinine, bevattende eene opgaaf van derzelver verschillende bereidingen, eigenschappen, verbindingen en geneeskundig vermogen. Groningen 1822. (Traité de chimie sur la chinconine et la chinine, contenant un exposé des différentes méthodes de préparation, de ses qualités, combinaisons et force médicale). C. G. C. Reinwardt. Voorlezing over de hoogte en verdere natuurlijke gesteldheid van eenige bergen in de Preanger Regentschappen 1823, in Verhandelingen van het Bataviaasch Genootschap IXe deel. (Conférence sur la hauteur et l'histoire naturelle de quelques montagnes dans la province de l'île de Java, appelée Preanger Regentschappen, extraite des actes de la Société des Arts et des Sciences de Batavia, tome IXème). Nieuwenhuis, Woordenboek. (Encyclopédie). Nederlandsche apotheek, 's Gravenhage 1826. (Pharmacie neerlandaise). A. Richerand. Nieuwe grondbeginselen der natuurkunde van den mensch. Uit het fransch vertaald door Van Erpecum, 2 deelen. Amsterdam 1826. (Nouveaux principes de la physiologie de l'homme. Traduit du français). F. van Cats Smallenburg. Leerboek der scheikunde. Leiden 1827. (Manuel de chimie). Van de Water. Beknopt, doch volledig handboek voor de leer der geneesmiddelen. Amsterdam 1829. (Manuel abrégé, mais complet, de la doctrine des médicaments). W. van Rees. Verzameling van stukken als bijdragen tot het galvanismus, zoo in opzicht tot deszelfs genees- als natuurkundige werkingen. 2 deelen. Arnhem 1802—5. (Recueil de traités sur le galvanisme, démontrant son action médicale et physique). Le traducteur, en se servant de la terminologie scientifique moderne déjà acceptée dans le monde savant du Japon, l'a augmentée de plusieurs termes nouveaux en traduisant les mots hollandais; plusieurs autres ont été adoptés sans traduction, en les transcribant syllabe par syllabe en caractères chinois ou katakana. 21 vols. gr. in-8°. Yedo

1837. — Voir le mémoire intitulé „Verzameling van japansche boek-werken" sous le n°. 101.

944.

Chemical and mineralogical dictionary. (Dictionnaire de chimie et de minéralogie). Sans titre japonais. Par Miyazato Masayasu. 1 vol. pet. in-8°. Tôkiyô 1874.

945. 遠 西 奇 器 述

Yen-si ki-ki ziyutsu'.

„Sur les instruments miraculeux de l'Extrême Occident"; d'après les communications verbales de Yuu-ken Kavamoto, par Tanaka Kô-ki. Caractères chinois classiques et katakana. Figures noires. L'ouvrage s'occupe de la daguerréotypie, de la télégraphie et des engins à vapeur. La source principale de cette compilation est le livre hollandais intitulé: P. van der Burg. Eerste grondbeginselen der natuur-kunde. Gouda 2e druk 1847, 3e druk 1854, 4e druk 1861. (Premiers éléments de physique). L'auteur y a joint bon nombre d'informations recueillies ailleurs et paraît avoir profité du cours de physique donné par le docteur hollandais J. K. van den Broek à Nagasaki. 1 vol. gr. in-8°. s. l. 1854. — Voir le mémoire intitulé „Verzameling van japansche boekwerken", sous le n°. 100.

946. 寫 眞 鏡 圖 說

Siya-sin-kiyau dzu-setsu.

„Traité illustré de photographie". Caractères chinois classiques et katakana. Figures noires. D'après des sources européennes par Yana-gawa Gakuzin. 1 vol. et 1 vol. supplémentaire, en tout 2 vols. pet. in-8°. s. l. 1866.

947. 商 賣 往 來

Siyau-bai wau-rai.

„Traité sur le commerce". En chinois cursif avec traduction juxta-linéaire et hiragana. Par Hayasi Zen-siyo. 1 vol. gr. in-8°. Yedo 1854. — Autre édition sans date, avec frontispice.

948. 商 賣 往 來 講 釋
Siyau-bai wau-rai kau-siyaku.

„Commentaire du Siyô-bai ô-rai", voir le numéro précédent. La première partie contient le texte en chinois cursif avec la transcription en caractères chinois classiques, la prononciation en katakana et la traduction japonaise en hiragana. La seconde partie contient le commentaire en sinico-japonais cursif. 1 vol. in-8°. s. l. e. d.

949. 商 人 日 用 書 狀 箱
Akindo nitsi-you siyo-ziyau bako.

„La boîte aux lettres, vademecum du commerçant". Épistolaire pour le commerce. Caractères chinois cursifs avec traduction et prononciation japonaise en hiragana. Par Nisigawa Riu-siyô-dô. 1 vol. in-8°. Ohosaka s. d.

950. 商 賣 往 來 繪 字 引
Siyau-bai wau-rai ye zi-biki.

„Vocabulaire illustré de la correspondance commerciale". Les produits sont représentés par des vignettes en couleurs, accompagnés de leurs noms en chinois peu cursif et en japonais (hiragana). Par Mata Gen-sai. Opuscule important pour le lexicographe. 2 vols. en une reliure, pet. in-8°. Yedo 1864.

951. 商 業 入 門
Siyau-geu' niu'-mon.

„L'élève-commerçant". Petit traité de commerce en caractères chinois classiques et katakana. Par Kai Oriye et Mihara Kuni-itsirô. 1 vol. in-8°. Tôkiyô 1879.

952. 物 品 識 名
Buts'-bin siki-mel.

„Aperçu des principales marchandises". Arrangé suivant l'irova. Les pages sont collées sur les feuilles d'un régistre. Caractères chinois classiques et katakana. 1 vol. in-folio. s. l. e. d.

953. 日 本 持 丸 長 者 集
Nippon motsi-maru teu-ziya siu.

„Liste des principaux marchands du Japon". Caractères chinois peu cursifs et hiragana. 1 feuille pliée. pet. in-8°. s. l. e. d.

HUITIÈME SECTION.

HISTOIRE NATURELLE. HERBIERS, PLANTES
UTILES ET NUISIBLES, DESSINS ET REPRODUCTIONS
DE PLANTES, NOMENCLATURE. FLORES LOCALES.
VOCABULAIRES D'HISTOIRE NATURELLE.
FLORE DE LIEOU-KIEOU ET DE YEZO.

ZOÖLOGIE GÉNÉRALE ET SPÉCIALE. QUADRUPÈDES,
OISEAUX, ANIMAUX AQUATIQUES, CRUSTACÉES,
MOLLUSQUES, INSECTES.

CURIOSITÉS ET MONSTRUOSITÉS
DES TROIS RÈGNES DE LA NATURE. PALAEONTOLOGIE,
GÉOLOGIE, MINÉRALOGIE.

AGRICULTURE, HORTICULTURE ET ARBORICULTURE.
MONOGRAPHIES DE PLANTES CULTIVÉES,
ORNEMENTALES ET UTILES. SÉRICICULTURE,
APICULTURE.

Depuis les temps les plus reculés l'histoire naturelle a été cultivée
en Chine, et des ouvrages descriptifs de matières végétales et ani-
males, considérées surtout sous le point de vue pharmacologique, se
trouvent mentionnés dès l'aube de l'histoire. M. A. J. C. Geerts, dans
son excellent travail sur les produits de la nature japonaise et chinoise (voir p. 196) cite un ouvrage, dont seulement le souvenir
s'est conservé, publié par ordre de l'empereur légendaire Hoang-ti;
mais le premier ouvrage, sur lequel existent des notions certaines,
date de 300 ans environ avant notre ère. Plus tard plusieurs ouvrages
d'histoire naturelle ont parus en Chine, et on les appelle du nom
générique de Pèn-ts'aò, 本草 „origines des plantes", ou herbiers,

parce que la botanique y occupe la place principale. En effet, pendant
l'enfance de la science l'homme parait étudier plutôt les plantes que
les animaux. Quant aux minéraux, dont l'étude sérieuse est impos-
sible sans les ressources de la science moderne, ils y occupent une
place tout à fait insignifiante; les produits du règne inorganique étant
classifiés d'après des idées absurdes et fantastiques. Tous ces herbiers
chinois dont Du Halde (Description géographique, etc. de la Chine,
Paris 1735) nous a cité les titres au nombre de 40, antérieurs au
17ième siècle, ont été éclipsés par le livre classique mentionné sous
le n°. 954 du présent catalogue.

L'histoire naturelle et surtout la botanique a toujours été en faveur
au Japon, cultivée de préférence par les médecins, dont la curiosité
s'étendait jusqu'aux produits de la science européenne, qui leur étaient
accessibles, grâce à leur connaissance de la langue hollandaise. Le
n°. 1071 nous apprend l'existence en 1797 d'un jardin des plantes à
Miyako sous la direction du fameux savant Utagawa Yô-an; nous
voyons mentionnée à plusieurs reprises une Société d'histoire naturelle
à Owari, fondée par Itô Keîske, qui pendant sa longue carrière
a produit d'excellents travaux. Les noms de Kaibara Tok'-sin,
d'Ono Ran-zan, appelé par le dr. Savatier „le Linné du Japon",
des membres de la famille Katsuragawa sont devenus célèbres.

La terminologie est un des mérites des sciences chinoise et japonaise. Depuis les temps les plus reculés les botanistes indigènes ont
eu l'habitude de nommer les plantes au moins par deux caractéres
chinois, le premier pour indiquer le genre, le second pour désigner
l'espèce. Le critérium cependant était mauvais, extérieur, accidental,
d'où il resulte que plusieurs plantes, connues en Europe comme appartenant à des genres tout à fait différents, se trouvent parfois réunis
sous une seule dénomination chinoise et japonaise, et vice-versâ; l'introduction du système de Linné a mené le Japon dans la voie rati-
onelle. À la suite de ce manque de système dans les publications
antérieures aux savants de l'école hollandaise, les herbiers du Japon
auraient peu d'utilité pour les recherches modernes, si ce n'était que
les descriptions sont presque toujours accompagnées d'excellents dessins et de croquis des détails d'une parfaite accuratesse; l'art du
dessinateur a rendu un véritable service à la science.

En matière d'agriculture le Japon n'a peut-être rien à apprendre
de l'Europe. L'excellent système d'irrigation, à la fois simple et
ingénieux, l'absence de toute culture épuisante, sans bétail appré-
ciable, les soins minutieux, prodigués à la récolte, en font à peu
près de l'horticulture.

Les phénomènes de jardinage japonais sont trop généralement connus pour dispenser l'auteur du présent catalogue d'en faire une mention expresse. En écrivant ces lignes, il s'inspire d'une idée sympathique, d'un sentiment de vive reconnaissance pour rendre hommage à un tout petit coin de terre, devenu historique, le jardin de feu M. De Siebold aux environs de Leyde. Véritable pépinière, toutes les plantes japonaises qui embellissent nos jardins proviennent d'une poignée de graines, de quelques plantes et boutures, rapportées du Japon par l'éminent savant allemand, et cultivées par les soins de M. J. Mater, le doyen des fleuristes hollandais.

---

954. 校 正 本 草 綱 目

Kau-sei hon-sau kau-moku (Pèn-ts'aò kang-mü).

Histoire naturelle et matière médicale, écrite au commencement du 16ième siècle par le docteur chinois Li Schi-tsching, publié par son fils avec une préface du savant Wang Schi-tschin en 1596. Quatre éditions japonaises ont successivement parues, la dernière en 1826. Ouvrage devenu classique, compilé de 800 livres chinois sur la médecine et l'histoire naturelle. Édition japonaise d'après la seconde édition chinoise (de 1603), en sinico-japonais classique. Par Kaibara Tok'-sin. 52 tomes en 34 vols., 2 vols. de supplément et 3 vols. de planches contenant 1110 figures noires. En tout 39 vols. in-8°. s. l. 1672. — Nouvelle édition (le titre est précédé du mot 新 Sin, „nouvelle (édition)" publiée par Ine Ziyaku-Sui, avec une préface du célèbre naturaliste japonais Itó Tsiyô-in. En 37 vols., un atlas d'histoire naturelle en 2 vols., une dissertation sur le pouls en 1 vol., et 2 vols. de supplément et atlas supplémentaire en 2 vols. En tout 44 vols. Miyako, Yedo 1714. — Une description détaillée de cette histoire naturelle se trouve dans le Catalogue de Klaproth (Verzeichniss der Chinesischen und Mandschuischen Bücher und Handschriften der K. Bibliothek zu Berlin), dans les „Produits de la nature japonaise et chinoise de M. A. J. C. Geerts et dans le Catalogue de la bibliothèque Nordenskiöld de M. De Rosny". Voir également Hanbury, Notes on Chinese materia medica et Du Halde, Description géographique etc. de la Chine, Paris 1735. tome III.

955. 本 草 彙 言

Hon-zau i-gen (Pên-ts'aò wei-yen).

„Compilation botanique", sur la nature et les qualités des substances organiques, d'après les principaux auteurs chinois, par Ni tschü mu, qui vécût sous la dynastie chinoise des Ming, publiée en 1624. Copie M. S. japonaise en caractères chinois classiques. Par Matsuoka Tsiu-an de Yedo. Figures noires. 20 tomes en 6 vols. gr. in-8°.

956. 食 物 本 草

Siyoku-motsu hon-zau (Schi-wŭ pên-ts'aò).

„Histoire naturelle des substances alimentaires". Par Tung yen Lì kaò, qui a vécu sous la dynastie mongole. Publié par Ts'ièn yùn tschì, qui a vécu sous la dynastie des Ming. Édition japonaise, en sinico-japonais classique. Par Taui Tsiu-kìyo. 2 vols. gr. in-8°. Miyako 1651. — Voir A. J. C. Geerts op. cit.

957. 花 鏡

Kuwa-kei (Hoâ-king).

„Le miroir des fleurs", histoire naturelle de la Chine par Ts'ing fû yaô. Copie M. S. en caractères chinois classiques, avec dessins en noir. 6 vols. in-8°. s. l. 1688. — Édition japonaise; le titre est précédé des mots 秘傳 (Hi-den) c. à. d.: „tradition de famille". Publié par Hiraga en sinico-japonais classique. 6 vols. gr. in-8°. s. l. e. d. et copie M. S. de cette édition, in-8°. — Voir A. J. C. Geerts, op. cit.

958. 本 草 原 始

Hon-zau gen-si (Pên-ts'aò yuên-schi).

„Éléments d'histoire naturelle". Par le savant chinois Lui kung pao. Édition japonaise en sinico-japonais classique. Figures noires. 5 vols. pet. in-8°. obl. s. l. 1698.

959. 新 校 正 大 和 本 草

Sin-kau-sei Yamato hon-zau.

„Histoire naturelle du Japon. Édition revue et corrigée". Traité sur les produits de la nature, surtout du règne végétal, d'origine pure-

ment japonaise. Caractères chinois classiques et katakana. Par K a i -
b a r a Y e k i - k a n, également appelé K. T o k u ' - s i n, de Tsiku-zen,
étudiant. 16 tomes en 8 vols., 1 vol. de supplément et un atlas de
planches noires. En tout 10 vols. in-8°. Miyako 1709. — Autre tirage
de la même année en 21 vols. in-8°. — Nouvelle édition publiée à
Miyako 1759. Par N a o m i R i u en caractères chinois classiques et
katakana; intitulé 廣穡本草 Kuwau Yamato hon-zau c. à. d.:
Histoire naturelle du Japon, édition augmentée, en 10 tomes et 2 tomes
supplémentaires, en tout 12 vols. in-8°. — Voir un tableau synoptique
du contenu de cet ouvrage chez A. J. C. Geerts op. cit. et une description
détaillée chez De Rosny, Catalogue Nordenskiöld.

960. 本 草 和 解
Hon-zau Wa-kai.

„Explication japonaise de l'histoire naturelle". En caractères chinois
classiques et katakana. Par D ô - s a n, médecin célèbre de l'académie
de Miyako; publié et annoté par O h o y e H e n - s e n. Figures noires.
2 vols. in-12°. obl. Ohosaka 1712.

961. 救 荒 野 譜
Kiu-kuwau ya-fu.

„Traité des plantes qui peuvent servir de nourriture pendant une
famine". Par les auteurs chinois W a u - s e i - r o et T s i y o - k a - s e (prononciation japonaise) sous la dynastie des Ming. Édition japonaise en
sinico-japonais classique par Itô T s i y ô - i n. Avec 460 figures en noir.
7 vols. pet. in-4°. Miyako 1715. — Voir J. A. C. Geerts op. cit.

962. 花 壇 綱 目
Kuwa-dan kau-moku.

„La flore des remparts". En caractères chinois peu cursifs et hiragana. Par M a t s u i T a n o m o. 3 vols. in-8°. Ohosaka 1716.

963. 南 方 草 木 狀
Nan-bau sau-moku ziyau (Nân-fang ts'aò-mǎ tschoáng).

„Herbes et arbres des pays méridionaux", c. à. d.: de la province
de Kuang-tung et de la Cochinchine. Par H i - h ǎ n, général sous l'empereur chinois Wu-ti en 274 de notre ère. Édition japonaise en sinico-
japonais classique, publiée par H i r a z u m i S e n - a n. 2 vols. pet.
in-4°. s. l. 1726.

964. 繪 本 野 山 草

Ye-hon no-yama gusa.

„Flore des plaines et des montagnes". Texte et illustrations par Go-so-ken Tatsibana Ho-koku, ou Yasukuni fils de T. Morikuni de l'école Ukiyo-ye (Anderson, Catalogue p. 339) en sinico-japonais cursif. 5 vols. in-8°. Deuxième édition de 1806, s. l. La première édition de 1755 est mentionnée par l'éditeur.

965. 花 彙

Kuwa-i.

„Choix de fleurs". Description et représentation de cent espèces de plantes herbacées et de cent arbres différents, appartenant à la flore du Japon. En caractères chinois classiques et katakana. Figures noires. Texte et dessins par Yo-nan Den-siu et son disciple le fameux botaniste Ono Ran-zan. Revu et corrigé par Bô-yô Yamamoto. Quatre vols. sont consacrés aux plantes herbacées et quatre vols. aux arbres. En tout 8 vols. gr. in-8°. Miyako. Éditions de 1759, de 1765, de 1843 et de 1858 et copie M. S. — Voir A. J. C. Geerts op. cit. Le Kuwa-i a été traduit en français par le dr. L. Savatier en collaboration avec le Japonais Saba, sous le titre de „Botanique japonaise", Paris 1873.

966. 大 觀 譜 類 本 草

Tai-kuwan siyou-rui hon-sau (Tá-kuon tsching-luï pèn-ts'aô).

„Histoire naturelle, édition de la période Tá-kuon (1107—1110) par l'auteur chinois T'ang Schin Wi. Édition japonaise en caractères chinois classiques, publiée par la faculté de médecine à Yedo. Croquis de plantes en noir. 31 tomes en 25 vols. gr. in-8°. Yedo 1775. — Voir la description de cet ouvrage dans le catalogue de Klaproth.

967. 通 志 昆 蟲 艸 木 略

Tou-si kon-tsiu sau-moku riyaku (T'ûng-tschï kuĕn-tsch'ông ts'aô-mŭ liô).

„Aperçu de la faune et de la flore du territoire de l'empire chinois" par l'auteur chinois Tsching kiä tsï, qui a vécu sous la dynastie des Song. Édition japonaise en sinico-japonais classique par Ono Ran-zan. 2 vols. gr. in-8°. Miyako 1785.

968. 本 草 和 名

Hon-zau wa-meu.

„Explication de noms japonais d'objets d'histoire naturelle". Les noms japonais ont été transcrits phonétiquement en caractères chinois dans le sommaire qui précède le texte. Caractères chinois classiques. Par Fukaye Ho-ziu. 2 vols. gr. in-8°. Yedo 1797.

969. 救 荒 本 草

Kiu-kuwau hon-zau (Kieú-hoáng pèn-ts'aò).

„Herbier de plantes qui peuvent servir de nourriture en temps de famine", par l'auteur chinois Tscheú fän Hién wang, qui vivait sous la dynastie des Ming, annoté par Yaò K'ò tsching en 1642. Édition japonaise par Ono Ran-zan. En sinico-japonais classique; figures noires. 9 vols. gr. in-8°. Miyako 1799. — Voir A. J. C. Geerts, op. cit.

970. 本 草 寫 真

Hon-zau siya-sin.

„Objets d'histoire naturelle, dessinés d'après nature". Dessins en couleurs d'herbes avec leurs fleurs, feuilles et racines. Par Midzutani Sugeroku (environ 1810) 1 vol. in-8°. s. l. e. d. — Série d'aquarelles du même botaniste et portant le même titre, avec explications en caractères chinois classiques et katakana. M. S. Réunis en deux portefeuilles in-folio. s. d.

971. 本 草 啓 蒙 名 疏

Hon-zau kei-mou mei-siyo.

„Leçons d'histoire naturelle". En caractères chinois classiques et katakana. Par Ono Ran-zan, publié par son petit-fils Ono Tsunenori. 7 tomes en 8 vols. gr. in-8°. Nouvelle édition de 1809; la première édition de 1804 est mentionnée par l'éditeur. — Voir A. J. C. Geerts op. cit.

972. 本 草 綱 目 啓 蒙

Hon-zau kau-moku kei-mou.

„Leçons tirées de la grande histoire naturelle appelée Hon-zô kô-moku". Caractères chinois classiques et katakana. Par Ono Ran-

zan. Publié par son petit-fils Ono Tsunenori. 9 tomes en 5 vols.
gr. in-8°. s. l. 1811. — Une édition publiée par Tei-ken Si-yeki.
35 tomes en 36 vols. gr. in-8°. Le titre est précédé des mots
重修 Tsiyou-siyuu, „édition corrigée". Yedo, Miyako, Ohôsaka
1844. — Voir A. J. C. Geerts op. cit.

973. 生 植 全 書

Sei-siyoku zen-siyo.

„Le livre des plantes vivantes". Dessins de plantes rares. M. S.
Dessins en couleurs; explication en katakana. Par Utagawa Yô-an
(environ 1820). 1 vol. gr. in-8°. s. d.

974. 寫 眞 隨 集

Siya-sin sui-siu.

„Recueil de dessins d'après nature" (d'objets d'histoire naturelle et
d'un cas tératologique). M. S. Dessins en couleurs, explication en
caractères chinois classiques et katakana. Par Utagawa Yô-an
(environ 1820). 1 vol. gr. in-8°. s. d.

975. 本 草 寫 眞

Hon-zau siya-sin.

„Les produits du règne végétal dessinés d'après nature". M. S. Deux
séries d'aquarelles; explication en caractères chinois classiques et katakana, chaque série réunie dans un portefeuille in-folio (environ 1820).
    a. l'une dessinée par Utagawa Yô-an. s. d.
    b. l'autre dessinée par Katsuragawa Hô-ken. s. d.

976. 日 本 草 木

Nippon sau-moku.

„La flore du Japon". M. S. Album d'aquarelles, avec explication
en caractères chinois classiques et katakana. Par Katsuragawa
Hôken (environ 1820). La synonymie latine a été ajoutée à la plume.
1 album in-folio, avec dessins sur papier et 1 album gr. in-8°. obl.
avec dessins sur soie. s. d.

977. 草 木 性 譜

Sau-mok' sei-fu.

„Traité de la nature des plantes et des arbres". Excellent herbier publié sous les auspices de la Société de naturalistes de la province d'Owari, fondée par Itô Kei-suké; par Kiyovara Tsiu-kiyo. Caractères chinois classiques et hiragana. Belles planches en noir et en couleurs, copiées de différents artistes, dont les sceaux ont été réunis en tableau à la suite de la liste des auteurs consultés. 3 vols. pet. in-4°. Yedo, Owari 1823—1827. — Voir A. J. C. Geerts op. cit.

978. 有 毒 本 草 圖 說

Iu-doku bon-zau dzu-setsu.

„Traité illustré des plantes et des arbres vénéneux" (du Japon). Ce livre est un supplément de l'ouvrage porté sous le numéro précédent. Publié sous les auspices de la même Société d'Owari et par le même auteur Kiyovara Tsiu-kiyo. Caractères chinois classiques et hiragana. Les sceaux des artistes se trouvent à la suite de la liste des auteurs consultés. 2 vols. pet. in-4°. s. l. 1827. — Voir A. J. C. Geerts op. cit.

979. 本 草 拔 萃

Hon-zau bassui.

„Choix de dessins d'objets d'histoire naturelle". Titre de trois albums différents, contenant des dessins en couleurs de plantes:

a. Un en 3 vols. in-folio et 2 vols. pet. in-8°. Dessins de Midzutani Sugeroku. M. S. Les dessins sont collés sur les feuilles des albums; un des dessins est daté de 1825. Explications en caractères chinois classiques et katakana. La synonymie latine est ajoutée au crayon.

b. Un en 5 vols. gr. in-8°. (dont 4 vols. font défaut). Dessins de Ohokubo Dai-hei-ye. M. S. Explications en caractères chinois classiques et katakana. La synonymie latine est ajoutée au crayon. s. d.

c. Un en 1 vol. pet. in-4°. Dessins de Utagawa Yô-an. M. S. Avec notes en langue hollandaise. s. d.

980. 生 生 堂 本 草 會 目 錄

Sei-sei-dau hon-zau-kuwai moku-roku.

Procès-verbal de la Société d'histoire naturelle d'Owari à Nagoya, réunie au palais Sei-sei-dô. M. S. Caractères chinois classiques et

katakana. Publié par le président Itô Kei-suke et (le secrétaire?)
Ohoka-utsi. Planches en noir et en couleurs. 1 vol. pet. in-4°. s. d. —
Procès-verbal de la séance au palais 修養堂 (Siyu-yô-dô) à Nagoya.
M.S. Publié par le président Itô Kei-suke en 1827. — Procès-verbal
d'une autre séance, sans indication de lieu. M. S. Publié par Yunoki.
Planches en noir. s. d.

981. 日 光 山 草 木 寫 眞
Nikkwau-san sau-mok' siya-sin.

„La flore de Nikkô, dessinée d'après nature". M. S. Caractères chinois classiques et katakana. Planches en couleurs. Par Itô Kei-suke.
2 vols. gr. in-8°. s. d.

982. 泰 西 本 草 名 疏
Dai-sei hon-zau mei-su.

„Nomenclature des plantes d'origine européenne". Aperçu des plantes
déterminées par le docteur C. P. Thunberg d'après l'ouvrage, intitulé: Naamlijst van gewassen, door den beroemden natuuronderzoeker
C. P. Thunberg M. D. op Japan gevonden. Herzien en met japansche en chineesche namen verrijkt door Itoo Keiske te Nagoya,
boenzi XI, 1828 (Liste de noms de plantes trouvées au Japon par
le célèbre naturaliste C. P. Thunberg, Revue et enrichie de synonymes
japonais et chinois par Itô Keiske). Les noms latins se trouvent en
tête de chaque article, puis viennent les synonymes japonais en
katakana et les synonymes chinois en caractères classiques. Le premier volume contient une gravure sur cuivre, représentant le naturaliste Thunberg, d'après un portret européen. Publié par Midzutani
Hô-bun. 3 vols. gr. in-8°. s. l. 1828.

983. 備 荒 草 木 圖
Bi-kuu sau-moku dzu.

„Description et représentation de quelques arbres et plantes indigènes". Caractères chinois peu cursifs et hiragana. Planches noires.
Par Sugita Haku-gen. 2 vols. pet. in-4°. Yedo 1833.

984. 救 荒 食 物 便 覽
Kiu-kuwau siyoku-motsu ben-ran.

„Coup d'oeil sur les plantes sauvages qui peuvent servir de nourriture pendant une famine". Caractères chinois peu cursifs et hiragana.
Par Itô Kei-suke. 1 feuille pliée s. l. 1837.

985. 本 艸 一 家 言
Hon-zau ikka-gen.

„Conférence d'histoire naturelle". M. S. Caractères chinois peu cursifs et katakana. Par Matsuoka Dziyo-an. 4 vols. in-8°. s. d.

986.

Liste de plantes. M. S. Sans titre. Accompagnée d'une lettre écrite par un Japonais en langue hollandaise (environ 1850). 2 feuilles pliées. s. d.

987. 草 木 圖 說
Sau-moku dzu-setsu.

„Description et représentation de plantes et d'arbres", suivant le système de Linné. Les plantes indigènes et étrangères du Japon, appartenant aux 23 premières classes de ce système y sont étudiées par l'auteur d'après les exemplaires qu'il a recueillis lui-même et réunis dans son herbier. La terminologie scientifique est rendue en chinois. Les noms des plantes sont écrits en chinois et en japonais (caractères classiques et katakana); l'auteur y a ajouté les synonymes latins et hollandais, écrits en katakana, c. à. d. d'une manière peu intelligible. Par Iinuma Yoku-sai. L'ouvrage entier consiste en 20 vols., tandis qu'une suite en 10 vols. est promise, destinée à l'étude des arbres. Figures en noir et en couleurs. Seulement 15 vols. gr. in-8°. (le reste fait défaut). Miyako 1855. — Voir A. J. C. Geerts op. cit.

988. 草 木 圖 說 目 錄
Sau-moku dzu-setsu moku-roku.

Titre anglais: „Index to the second edition of Iinuma Yokusai's Sô moku dzu-sets". Régistre des noms de plantes herbacées décrites dans le Sau-moku dzu-setsu (N°. 987); par Tanaka Yosiwo et Ono Motoyosi. Caractères chinois classiques et katakana; les noms latins en caractères romains. Un volume relié en demi-veau. pet. in-8°. Tôkiyô 1874.

989. 日 本 植 物 圖 說
Nihon siyoku-butsu dzu-setsu.

„Description et représentation de plantes japonaises". Caractères chinois classiques et katakana. Arrangé suivant l'irova. Par Itô Kei-

suke, le doyen des naturalistes japonais contemporains, élève de
Midzutani Sugeroku (voir le n°. 998) et son fils Itô Yudzuru,
avec préface française xylographiée du docteur Savatier. Planches
noires. Première livraison, lettre I. 1 vol. pet. in-4°. Kiyôto 1874. —
Voir A. J. C. Geerts, op. cit.

990. 印 葉 雜 纂

In-yeu zau'-zan.

„Collection de diverses espèces de feuilles imprimées" (au moyen
d'un procédé, qui permet de reproduire la forme d'une plante en noir
directement sur le papier) par Itô Kei-suke, avec une dédicace à
M. Geerts. L'auteur a ajouté à la main les noms des plantes. 1 vol.
pet. in-4°. Tôkiyô 1876.

991. 腊 葉 揚

Osi-ba suri.

Empreintes de feuilles naturelles sur papier, exécutées à la main.
Sans titre. Par Katsura Rei-an. 1 feuille pliée. s. d.

992.

Album d'empreintes de feuilles naturelles; les noms sont ajoutés
au crayon en chinois ou en japonais. Sans titre. 1 vol. gr. in-8°. s. d.

993. 毒 品 便 覽

Doku-hin ben-ran.

„Aperçu des plantes vénéneuses", avec titre imprimé en anglais:
„Poisonous plants collection"; synonymie latine et japonaise en romains. Texte en caractères chinois classiques et katakana. Planches
en couleurs. 1ère série. 1 feuille pliée en forme de paravent pet. in-8°.
Tôkiyô 1878.

994. 日 本 樹 木 誌 略

Nihon ziyu-boku si-riyaku.

„Aperçu des arbres du Japon". En caractères chinois classiques et
katakana; la synonymie latine en romains. Planches noires. Publié
par le Ministère de l'Intérieur. Imprimé en types mobiles. 1 vol.
en reliure moderne, pet. in-4°. Tôkiyô 1878.

995. 植 物 綱 目 撮 要
Siyoku-butsu bau-moku satsu-yeu.

Abrégé du système naturel des plantes phanérogames. Titre latin:
Plantarum systemata brevi in conspectu posita a S. Matsubara.
Caractères chinois classiques et katakana, la synonymie en romains.
Par Matsubara Sinnosuke. 3 vols. pet. in-8°. Tôkiyô 1879.

996.

Aquarelles de fleurs avec leurs noms en katakana. Sans titre. Excellents dessins sur papier de Hollande. Artiste inconnu. 5 vols. pet. in-4°.
reliure moderne. s. d.

997.

Deux grands rouleaux sans titre, contenant des aquarelles de plantes
japonaises; avec index des noms. L'un des rouleaux contient 247
espèces, l'autre 182 espèces. s. d.

---

998. 物 品 識 名
Buts'-hin siki-mei.

„Nomenclature des objets d'histoire naturelle" (et de matière médicale); vocabulaire arrangé suivant l'irova. Les noms des objets
sont écrits en katakana et expliqués en chinois. Plusieurs articles
contiennent la synonymie latine ajoutée au crayon. Par Midzutani
Ho-bun, ou M. Sugeroku, disciple d'Ono Ran-zan. 4 vols.
pet. in-8°. Nagoya 1825. — Voir A. J. C. Geerts op. cit.

999. 本 草 和 名 集
Hon-zau Wa-miyau siu.

„Recueil de noms japonais des produits de la nature". M. S. Vocabulaire de produits des trois règnes de la nature, arrangé suivant
l'irova; explications en caractères chinois classiques et katakana. Copie
d'un livre imprimé. 2 vols. in-8°. s. d.

1000. 植 物 名 稱 一 斑

Siyoku-motsu mei-siyou itsu-han.

Aperçu des termes techniques en usage dans la botanique avec leurs synonymes latins en romains. Caractères chinois classiques et katakana. Figures noires. Par Matsubara Sinnosuke. 1 vol. pet. in-8°. Tôkiyô 1878.

1001. 琉 球 本 草 之 圖

Riu-kiu hon-zau no dzu.

„Histoire naturelle de l'archipel Lieou-kieou". M. S. Planches en couleurs; explications en caractères chinois classiques et katakana. Par Katsuragawa Hô-ken. 2 vols. in-folio obl. 1821.

1002. 琉 球 草 木 寫 眞 素 稿

Riu-kiu sau-moku siya-sin so-kau.

„Croquis d'après nature de la flore de l'archipel Lieou-kieou". M.S. Planches en noir; explication en caractères chinois classiques et katakana. 1 vol. pet. in-folio obl. s. d.

1003. 蝦 夷 本 草 之 圖

Yezo hon-zau no dzu.

„Histoire naturelle de l'île de Yezo". M. S. Planches en couleurs, collées sur les pages de deux albums, l'un in-folio (dessins sur papier), l'autre pet. in-fol. obl. (dessins sur soie). Par Katsuragawa Hô-ken. 2 vols. s. d.

1004.

Cinq dessins en couleurs d'animaux. Sans titre. M. S. Les noms en caractères chinois classiques et katakana. Réunis en un portefeuille in-folio obl. s. d.

1005. 寫　生　獸　圖　画

Siya-sei kedamono no dzu-e.

„Album de quadrupèdes, dessinés d'après nature". Planches en noir.
2 vols. gr. in-8°. Miyako 1803. La première édition de 1719 est mentionnée par l'éditeur.

1006. 獸　禽　蟲　寫　真

Siyu-kin-tsiu siya-sin.

„Quadrupèdes, oiseaux et insectes dessinés d'après nature". M.S.
Album de dessins en couleurs sur soie; les noms en katakana. Vols.
1 et 3. pet. in-folio obl. s. d.

1007. 禽　獸　魚　寫　真

Kin-ziyu-giyo siya-sin.

„Oiseaux, quadrupèdes, poissons dessinés d'après nature". M. S.
Album de dessins en couleurs; les noms en caractères chinois classiques et katakana. 1 vol. in-folio obl. s. d.

1008. 獸　魚　縮　寫

Siyu-giyo siyuku-siya.

„Croquis de quadrupèdes et de poissons". M. S. En noir. Les noms
en katakana. 1 vol. gr. in-8°. obl.

1009. 鳥　品　類　小　記

Teu bin-rui seu-ki.

„Le livret des espèces d'oiseaux"; liste M. S. en caractères chinois
classiques et katakana. 1 vol. pet. in-8°. obl. s. d.

1010. 日　本　諸　禽　真　寫

Nippon siyo-kin sin-siya.

„Les oiseaux du Japon dessinés d'après nature". M. S. Avec nomenclature japonaise en caractères chinois classiques et katakana, et la
synonymie latine ajoutée au crayon. Planches en couleurs. 2 vols.,
l'un in-folio obl., l'autre pet. in-folio obl. s. d.

1011. 鷸 十 八 品 眞 寫

Sigi siu-hatsi bin sin-siya.

„Dix huit espèces de bécasses, dessinées d'après nature". M.S. Dessins en couleurs, les noms en katakana; la synonymie latine ajoutée au crayon. Par Midzutani Sugeroku. 1 vol. in-8°. 1828.

1012. 海 魚 寫 眞

Kai-giyo siya-sin.

„Les poissons de mer dessinés d'après nature". M. S. Dessins en couleurs, les noms en caractères chinois cursifs et katakana. Par Utagawa Yô-an (± 1830—1840). 1 vol. gr. in-8°. s. d.

1013. 魚 類 寫 眞

Giyo-rui siya-sin.

„Diverses espèces de poissons dessinées d'après nature". M. S. Planches en couleurs, les noms en caractères chinois classiques et katakana. Par Katsuragawa Kurimoto Sui-gen. 3 vols. in-folio obl. s. d.

1014. 海 魚 考 圖 繪

Kai-giyo kau-dzu-e.

„Collection de dessins où les poissons de mer sont passés en revue". M.S. Planches en couleurs; les noms en caractères chinois classiques et katakana. La synonymie latine est ajoutée à la plume. Par Mutsi Kon-sai. 2 vols. gr. in-8°. s. d.

1015. 海 鰌

Kai-siu.

„Le dragon marin"; notices sur la baleine, extraites de plusieurs livres par un compilateur anonyme. M. S. En sinico-japonais classique. 1 feuille pliée s. d.

1016. 寫 眞 長 鯨 圖

Siya-sin naga-kuzira no dzu.

„Dessins de baleines exécutés d'après nature". M. S. Sans texte. 1 vol. gr. in-8°. s. d.

1017. 鯨 志

Kai-si.

„Monographie des baleines". Figures noires; texte en sinico-japonais classique. Deuxième édition. 1 vol. gr. in-8°. Ohosaka 1794. La première édition de 1760 est mentionnée par l'éditeur.

1018. 蟹 蝦 類 寫 眞

Kai-ka rui siya-sin.

„Diverses espèces de crustacées, dessinées d'après nature". M. S. Planches en couleurs; les noms en caractères chinois classiques et katakana; la synonymie latine est ajoutée à la plume. Par Katsuragawa Kurimoto Sui-ken. Réunis en 2 portefeuilles in-folio. s. d.

1019. 怡 顔 齋 介 品

I-gan-sai kai-bin.

„Description des plus jolies espèces de crustacées et de mollusques". Caractères chinois classiques et katakana. Figures noires. Par Matsuoka Dziyô-an. 1 vol. in-8°. Miyako 1758.

1020. 介 品 目 錄

Kai-bin moku-roku.

„Liste des mollusques bivalves du Japon". M. S. En caractères chinois cursifs et hiragana. Par Ohodzuki Gen-daku. (environ 1780). 1 feuille pliée. s. d.

1021. 仙 臺 キ ン コ ノ 記

Sen-dai kin-ko no ki.

„Mémoire sur l'holothuries, ou le tripang que l'on pêche le long de la côte de Sendai", appelée pour cette raison Sendai-kin-ko. Caractères chinois cursifs et hiragana. Par Ohodzuki Gen-daku (environ 1780). 1 vol. pet. in-8°. s. d.

1022. 蟲 鏡

Musi no kagami.

„Le miroir des insectes", ou observations concernant les vers intestinaux et quelques insectes. En sinico-japonais classique; figures noires,

Par Kô Gen-riu, médecin dans la province de Kawatsi. 1 vol.
in-8°. Miyako 1809.

1023. 夏 草 冬 蟲 圖
Ka-sau tou-tsiu no dzu.

„Dessins des insectes de l'hiver et des plantes de l'été", examen
des Fungi clavati, que l'on croit provenir d'insectes morts. Série de
planches en couleurs avec quelques notes en caractères chinois classiques et katakana. Par Yunoki Tokiva. 1 longue feuille pliée. pet.
in-8°. obl. s. l. 1801.

1024. 蟲 類 寫 集
Tsiu-rui siya-siu.

„Collection de dessins d'insectes". M. S. Planches en noir; les noms
en caractères chinois classiques et katakana. Par Ohoka-utsi
Son-sin. 1 vol. in-8°. s. d.

1025. 蝶 二 十 寫 眞
Teu ni-ziu siya-sin.

„Vingt papillons dessinés d'après nature". M. S. 3 feuilles de dessins en couleurs réunis dans 1 portefeuille in-4°. s. d.

1026. 赭 鞭 餘 錄
Siya-ben yo-roku.

Catalogue descriptif de la collection de curiosités de Toyoda
Yokei, médecin de Suwô. En caractères chinois classiques et katakana.
Planches noires. 1 vol. in-8°. Miyako 1761.

1027. 和 漢 古 今 角 偉 談
Wa-Kan ko-kon kaku-i-dan.

„Sur les choses gigantesques observées et décrites au Japon et en
Chine dans les temps anciens et modernes". En caractères chinois peu
cursifs et hiragana. Par Kikuoka Kuwa-san-zin. Compilation
de tout ce qui est mentionné dans l'histoire en fait de formes gigantesques, d'hommes, d'animaux, d'arbres, etc. Dessins en noir de Simokawabe de l'école Ukiyo-ye (Anderson p. 342). 5 vols. in-8°. Ohosaka,
Miyako 1784.

1028. 六 物 新 志
Riku-butsu sin-si.

„Notions nouvelles sur une sizaine de choses différentes" et hétérogènes, telles que l'unicorne, le safran, la noix muscade, les momies égyptiennes, la sirène. Traduit du hollandais par l'interprète O h o - dzuki Gendaku. Revu par Sugita, médecin dans la province de Wakasa. En sinico-japonais classique. Figures noires. 2 vols. gr. in-8°. Miyako 1786.

1029. 蘭 畹 摘 芳
Ran-yen teki-hau.

„Choix de curiosités de la Hollande"; compilation d'après des sources hollandaises, traitant des plantes, des arbres, des animaux exotiques et des drogues importés au Japon. En sinico-japonais classique. Par O h o d z u k i G e n - d a k u. Figures noires. 3 vols. gr. in-8°. Ohosaka 1819.

1030. 一 角 纂 考
Ikkaku san-kau.

„Compilation sur l'unicorne", ou plutôt sur les animaux qui présentent une seule corne ou appendice osseux sur la ligne médiane du crâne. Traduit du hollandais. Par O h o d z u k i G e n - d a k u. En sinico-japonais classique. Figures noires. 1 vol. gr. in-8°. Ohosaka 1786.

1031. 石 二 化 魚 之 圖
Isi ni naru uwo no dzu.

„Dessin d'un poisson pétrifié". En couleurs; explication en chinois cursif. 1 feuille pliée. s. l. e. d.

1032. 天 狗 爪 石 雜 考
Ten-gu no tsume-isi zakkau.

Dissertation sur les pierres appelées „ongles du chien céleste", c. à. d.: des dents pétrifiés du porc marin. M. S. Texte et dessins de Kiutsi Tsiu-kiyô. En caractères chinois peu cursifs et katakana. Figures en couleurs. 1 vol. pet. in-4°. 1787.

1033.　蛇　骨　寫　真

Siya-kotsu no siya-sin.

„Squelette d'un serpent, dessiné d'après nature". M. S. L'original a été déterré l'an 1814 près du village de Tsuye, situé dans la province de Bungo. Dessin en noir, lavé. 1 feuille in-8°. obl. s. d.

1034.　打　越　溝　中　出　異　獸　角　骨　圖

Ta-yetsu kou-tsiu siyutsu-i siu-kak'-kotsu dzu.

„Dessin de cornes et d'ossements d'un quadrupède (Cervus fossilis) qu'on a trouvés en creusant un fossé", en 1797 dans le district de Kanra, province de Kôdzuke. M. S. Dessins exacts de grandeur naturelle et en couleurs, explications en caractères chinois classiques et katakana. 1 vol. gr. in-folio. s. d.

1035.　雲　根　志

Un-kon-si.

„Idées sur les origines mystérieuses", traité minéralogique, palaeontologique et archéologique. En sinico-japonais cursif. Par Kino-udzi Seu-ban, habitant du village de Yamada-ura, situé dans la province d'Ômi. Épilogue de Fudzi-i Gen-siyuku de Naniwa (Ohosaka). Figures noires. 15 vols. in-8°. s. l. 1772—1801. — Voir A. J. C. Geerts, op. cit.

1036.　土　性　辨

Do-sei ben.

Traité de géologie. En caractères chinois classiques et katakana. Par Satô Nobukage. 3 vols. in-8°. Tôkiyô 1873.

1037.　金　石　學

Kin-seki gaku.

„Leçons de minéralogie". En caractères chinois classiques et katakana, imprimés en types mobiles. Figures de cristaux et d'opérations de laboratoire. Par Wada Itsirô et Tanaka Yosio. 1 vol. in-8°. Tôkiyô 1876.

1038. 金 石 識 別 表
Kin-seki siki-betsu hiyo.

„Traité de minéralogie avec tableaux comparatifs", d'après des écrits allemands. Caractères chinois classiques et katakana. Imprimé en types mobiles. Figures de cristaux et d'opérations de laboratoire. Par Wada Itsirô. 1 vol. pet. in-8°. Tôkiyô 1877.

1039. 地 文 學 初 步
Tsi-bun-gaku siyo-bo.

„Premier pas dans le domaine de la géognosie". Traduit de l'anglais. Caractères chinois classiques et katakana. Figures noires. Par Katayama et Nagamine. 4 vols. in-8°. s. l. 1882.

1040. 農 業 全 書
Nou-geu zen-siyo.

„Traité complet des occupations rurales". En sinico-japonais cursif. Par Miyasaki Yasusada et Kaibara Raku-keu. Planches en noir. En 10 vols. in-8°. (les deux derniers vols. manquent). Miyako 1696. — Nouvelle édition de 1815 avec un vol. supplémentaire; en tout 11 vols. L'éditeur fait mention d'une édition de 1787. — Voir A. J. C. Geerts, op cit.

1041. 佩 文 耕 織 圖
Hai bun-kau siyoku no dzu (Pei wên kêng tschi t'û).

L'agriculture et le tissage illustrés. Publié par ordre de l'empereur K'ang-hi en 1696, et orné d'épigrammes par son successeur, l'empereur Schi-tsung. Édition japonaise en caractères chinois classiques et cursifs. Planches noires. Par Sakura-i Sessen. 2 vols. in-folio. s. l. 1807.

1042. 成 形 圖 說
Nari-katatsi (Sei-kei) no dzu setsu.

„Traité illustré des procédés de la récolte". Manuel complet d'agriculture et d'horticulture japonaise. Les deux systèmes d'écriture. Par plusieurs savants, et publié par ordre du prince de Satsuma. Préface de F u d z i w a r a K u n i h a s i r a. Grands dessins en couleurs. 30 vols. gr. in-8°. réunis dans une caisse en bois. s. l. 1804. — Voir A. J. C. Geerts, op. cit.

1043. 農 嫁 業 事
Nou-ka geu'-zi.

„Les occupations du laboureur". En caractères chinois peu cursifs et hiragana. Par K o s i m a Z i y o - s u i. Planches noires. 5 vols. in-8°. Ohosaka 1818.

1044. 農 暇 必 讀
Nou-ka hit'-toku.

„Délassements agricoles", ou petites industries du laboureur. Caractères chinois peu cursifs et hiragana. Par Y a m a s a k i Y o s i n a r i et M a t s i t a M a s a f u s a. 3 vols. gr. in-8°. Yedo 1859.

1045. 草 木 六 部 耕 種 法
Sau-moku roku-bu kau-siyu hau.

La manière de semer, de cultiver et de recueillir les plantes alimentaires. Caractères chinois classiques et katakana. Par S a t ô S i n - y e n. Illustrations en couleurs. 20 tomes en 16 vols. in-8°. Tôkiyô 1874. — Voir A. J. C. Geerts, op. cit.

1046. 農 事 圖 解
Nou-zi dzu-kai.

Collection de dessins, représentant les différentes branches de l'agriculture et de l'horticulture; publiée par le Ministère de l'Intérieur au Japon. Reproduction de clichés européens (français) avec texte japonais en couleurs; texte en caractères chinois classiques et hiragana. Trente feuilles, et une feuille supplémentaire, pliées pet. in-8°. Tôkiyô 1875.

1047. 紅 茶 說
Kou-tsiya setsu.

„Traité sur le thé pourpre", c. à. d.: le thé noir, par un Anglais, dont le nom est transcrit d'une façon inintelligible, en collaboration avec le

Japonais **Ohoda Gen-kitsi**. En caractères chinois classiques et katakana, imprimés en types mobiles. Publié par le bureau d'agriculture du Ministère de l'Intérieur. On y trouve des renseignements sur le thé des colonies anglaises. 4 vols. in-8°. Tôkiyô 1878.

1048. 山 林 新 說
San-rin sin-setsu.

„Traité sur les forêts", manuel d'économie forestière. Caractères chinois classiques et katakana. Par **Tanaka Yosio** et **Katayama Naobito**. 4 vols. in-8°. Tôkiyô 1877.

1049. 勸 農 局 農 事 月 報
Kuwan-nou-kiyoku nou-zi geppau.

Bulletins mensuels du bureau d'agriculture du Ministère de l'Intérieur; les six premiers numéros avec supplément au sixième numéro, illustré d'une carte du Japon. Caractères chinois classiques et katakana, les six derniers volumes imprimés en types mobiles. 7 vols., le premier vol. xylographié et pet. in-8°., les autres in-8°. Tôkiyô 1878—1879.

1050. 明 治 六 年 政 表
Mei-dzi roku-nen sei-heu.

Rapport à l'Empereur sur les productions des districts et des villes impériales par le Directeur de l'Industrie nationale, ressortant sous le Ministère de l'Intérieur. Texte en caractères chinois classiques et katakana. 1 vol. in-8°. Tôkiyô 1874.

1051. 府 縣 物 產 表
Fu-ken bussan hen.

Mémoire sur les produits des préfectures et des districts du Japon pendant l'an 1874. Caractères chinois classiques et katakana. Publié par le Ministère de l'Intérieur. 1 vol. in-8°. reliure moderne. Yedo 1875.

1052. 地 錦 抄

Dzi-kin seu.

„Aperçu de la parure du globe terrestre"; traité sur les fleurs des jardins. En caractères chinois peu cursifs et hiragana. Dessins de détails techniques en noir. Par Itô I - hei de Yedo. Édition revue et augmentée. Trois séries, l'une dont le titre est précédé des mots 增補 Zou-ho, „revu et augmenté", publiée en 1710; la deuxième, dont le titre est précédé des mots 廣益 Kuwau-yeki, „d'utilité publique", publiée en 1719, et une dont le titre est suivi des mots 附錄 Fu-roku, „supplément", publiée en 1740. Les deux premières chacune en 8 vols., la dernière série en 4 vols.; en tout 20 vols. pet. in-8°.

1053. 花 壇 大 全

Kuwa-dan dai-zen.

„Le jardin fleuriste", traité complet sur les plantes d'ornement, en particulier sur les pivoines, les cerises et les variétés de Camellia Japonica. Instructions pour la greffe, le marcotage, etc. En sinico-japonais cursif. Dessins de détails techniques en noir. 4 tomes en 1 vol. pet. in-8°. Ohosaka, Miyako 1789.

1054. 草 木 育 種

Sau-moku sodate-gusa, ou iku-siyu.

„La culture des plantes et des arbres"; manuel du jardinier. Traité sur la greffe, le marcotage, la construction de serres froides, etc. Caractères chinois peu cursifs et hiragana. Par Iwasaki Siyô-rei. Figures noires. 2 vols. et 2 vols. supplémentaires; en tout 4 vols. gr. in-8°. Yedo 1818. — Voir A. J. C. Geerts, op. cit.

1055.

Traité sur la greffe, le marcotage et la culture des arbres fruitiers; 1er numéro d'une série populaire, publiée par le Ministère de l'Intérieur. Sans titre japonais. Au centre de la feuille des figures en couleurs, copiées de quelque traité européen; la marge est occupée par le texte explicatif en caractères chinois classiques et hiragana. 1 feuille pliée. s. l. 1875.

1056. 怡 顏 齋 蘭 品

I-gan-sai ran-bin.

Les plantes d'ornement dont le nom se compose du caractère 蘭 Ran. En sinico-japonais classique. Par Matsuoka Gen-datsu. Planches en noir. 2 vols. pet. in-4°. Miyako. Nouvelle édition de 1772. Les éditions antérieures de 1728 et de 1746 sont mentionnées par l'éditeur.

1057. 草 花 之 圖

Sau-kuwa no dzu.

„Dessins de plantes d'ornement". M. S. 10 dessins en couleurs (les 4 premiers font défaut) signés „W. B. (Willem Botanicus) Katsuragawa de 6e (Hô-ken)" c. à. d.: le sixième savant de père en fils du nom de Katsuragawa, ayant reçu de Hendrik Doeff le nom de Guillaume le Botaniste. Sur le titre se trouve le nom de Siyun-kei. s. d. (environ 1820).

1058. 花 壇 養 菊 集

Kuwa-dan yau-kiku siu.

„Les variétés de chrysanthèmes que l'on cultive dans les jardins". Dessins (détails techniques) en noir, le frontispice représente une exposition de chrysanthèmes. Explications en sinico-japonais cursif. Par Simidzu Kanzi. 2 vols. pet. in-8°. obl. s.l. 1715.

1059. 百 菊 譜

Hiyaku kiku no fu.

„Galerie de cent variétés de chrysanthèmes". Recueil de dessins avec descriptions et poésies. En noir. Les deux systèmes d'écriture. Par Zi-so-zen. 2 vols. gr. in-8°. Miyako 1735.

1060. 梅 品

Bai-bin.

„Monographie des variétés du prunier". Dessins (détails techniques) en noir; caractères chinois classiques et katakana. Par Matsuoka Gen-datsu. 2 vols. pet. in-8°. Ohosaka, Miyako. Nouvelle édition de 1805. La première édition de 1760 est mentionnée par l'éditeur.

1061. 梅 櫻 類 花 寫 眞

Mume-sakura no rui-kuwa siya-sin.

„La floraison multiple du prunier et du cérisier dessinée d'après nature"; collection d'aquarelles collées sur les feuilles d'un album plié en forme de paravent. Les noms des variétés sont écrits en caractères chinois cursifs sur des bandes de papier rouge. 1 vol. pet. in-folio obl. s. d.

1062. 怡 顔 齋 櫻 品

I-gan-sai au-bin.

„Monographie des variétés cultivées du cérisier". Dessins (détails techniques) en noir; explications en sinico-japonais cursif. Par Matsuoka Gen-datsu. 1 vol. pet. in-8°. Ohosaka 1758.

1063. 物 產 說 山 櫻 說

Bussan setsu yama-sakura no setsu.

„Traité sur les produits de la nature, ou monographie du cérisier sauvage et cultivé". M. S. Série d'aquarelles collées sur les pages d'un album. L'auteur y a ajouté quelques dessins de serins et du Kavatarô ou Sui-ko, espèce de singe fabuleux. Explications en caractères chinois classiques et katakana. 1 vol. gr. in-folio. s. d.

1064. 花 壇 朝 顔 通

Kwa-dan asagavo no tsuu.

„Monographie complète des variétés d'Asagao (Pharbitis Nil, Ipomoea triloba) que l'on cultive dans les jardins". En sinico-japonais cursif. Par Kotendono Siyu-zin. Dessins en couleurs de Mori Siyun-kei de l'école Ukiyo ye (Catalogue Anderson p. 364). 2 vols. pet. in-8°. Yedo, Ohosaka 1815.

1065. 薛 花 叢

Siyun-kuwa-sou, ou Asagavo-sou.

„Collection de dessins de différentes espèces d'Asagao". Explications en sinico-japonais cursif par Si-zi-an. Jolies planches en couleurs de Roku-roku Kin-rin. 1 vol. in-8°. relié en brocart. Ohosaka 1817.

1066. 朝 顔 譜

Asagavo no fu.

„Monographie des variétés d'Asagao". Explication en sinico-japonais cursif par **Akamidzu Tsiya-reu**. Jolis dessins en noir par **Nô Tan-sai**. 1 vol. pet. in-8°. Yedo 1818.

1067. 牽 牛 品

Ken-go bin.

„Monographie des variétés d'Asagao". Texte en sinico-japonais cursif et dessins artistiques en noir et en couleurs par **Minegisi Riyô-ho**. 2 vols. pet. in-8°. Ohosaka 1819.

1068. 松 葉 蘭 普

Matsu-ba ran fu.

„Monographie des Orchidées à feuilles aciculaires". Dessins en bleu et en vert; explications en caractères chinois peu cursifs et hiragana. 1 vol. in-8°. Yedo 1836.

1069. 人 參 寫 眞

Nin-zin siya-sin.

„Le Panais à cinq feuilles", appelé également Ginseng. M. S. Série d'aquarelles; explications en caractères chinois classiques et katakana. Par **Katsuragawa Hô-ken** (environ 1820). 1 vol. in-folio s. d.

1070. 長 生 花 林 抄

Tsiyau-sei-kuwa rin seu.

„La forêt d'azaléa's". Monographie des variétés de l'Azalea Indica. Dessins (détails techniques) en noir; explications en sinico-japonais cursif. Par **Somei Itô Ihei**. 5 vols. in-12°. obl. Yedo 1733.

1071. 橘 品

Kitsu-bin.

„Monographie des oranges". Figures noires; explications en caractères chinois peu cursifs et hiragana. Par **Utagawa Yô-an**, directeur du Jardin des plantes à Miyako. 1 vol. pet. in-8°. s. l. 1797.

1072. 橘 品 類 考

Tatsibana bin-rui kau.

„Monographie des espèces d'oranges". Figures noires; explications en caractères chinois peu cursifs et hiragana. Par Kei-an Kimura Siyun-toku. 2 vols. in-8°. Miyako, Ohosaka 1798.

1073. 菌 譜

Kin-bu.

„Traité sur les champignons". M. S. Croquis à l'encre de Chine, explications en caractères chinois classiques et katakana. Par Sakai Riu-sei. 1 vol. pet. in-4°. 1814.

1074. 農 家 益 後 篇

Nou-ka yeki go-ben.

„Le profit du laboureur". La culture du Rhus succedanea. Caractères chinois peu cursifs et hiragana. Figures noires. Par Ohokura Nagatsune, en 22 vols. gr. in-8°. 3 vols. de l'édition de 1820 publiée à Ohosaka. La première série en 3 vols. de 1802; la deuxième série en 2 vols. de 1803 (le titre est suivi des mots 後篇 Go-ben, „Suite"), et la deuxième édition de cette série de 1818; la troisième série en 2 vols. de 1854.

1075. 草 木 奇 品 家 雅 見

Sau-moku ki-bin kagami.

„Miroir d'espèces curieuses de plantes et d'arbres", recueil sur les plantes aux feuilles variées (dorées ou argentées), d'après les dessins et les descriptions de plusieurs artistes et auteurs. Planches en noir; les deux systèmes d'écriture. Publiée par Kinda. 3 vols. gr. in-8°. Yedo 1827.

1076. 草 木 錦 葉 集

Sau-moku kin-yeu siu.

„Les feuilles variées des plantes et des arbres". Traité complet sur la branche de l'horticulture qui s'occupe de changer le coloris du feuillage en exposant les plantes à l'influence du froid. Texte en sinico-japonais cursif. Par Midzuno Gin-tsiu-kiyò; orné de 209 planches en noir. Par Oho-oka. L'ouvrage est resté inachevé. 6 vols. et un vol. supplémentaire; en tout 7 vols. gr. in-8°. Yedo 1829. — Voir A. J. C. Geerts, op. cit.

1077. 金 生 樹 譜
Kin-sei ziyu-fu.

„Monographie des arbres à feuilles dorées". Le premier vol. enseigne
la culture des plantes d'ornement en jardinières et dans les serres
froides; le second vol. contient la description de quelques arbres
fameux; le troisième vol. s'occupe de la réproduction artificielle des
végétaux. En sinico-japonais cursif. 3 vols. in-8°. Planches noires. s. l. e. d.

1078. 石 組 園 生 八 重 垣 傳
Isi-gumi sono-ike ya-ye gaki-deu.

„Avis pour la construction de roches artificielles et de haies vivantes".
Vademecum du jardinier, en particulier pour l'arrangement de jardins
miniatures. Sinico-japonais cursif. Planches noires. 2 vols. in-8°. Yedo,
Miyako, Ohosaka 1827.

1079. 械 品 便 覽
Siyuku-hin ben-ran.

Catalogue des espèces d'érables en vente chez les fleuristes Sei-
goro Oka, Isaburô Itô et Gosaburô Itô à Tôkiyô; les noms
des variétés d'érables sont imprimés en romains, avec description en
langue japonaise (caractères chinois classiques et hiragana). Une feuille
en enveloppe élégante. s. l. 1882.

1080. 養 蠶 祕 錄
Yau-san hi-roku.

„Aperçu des secrets de l'art d'élever des vers à soie". En sinico-
japonais cursif. Planches noires. Par Uyekaki Morikuni. 3 vols.
gr. in-8°. Miyako 1802. — Une traduction de cet ouvrage par feu
le Dr. J. J. Hoffmann a été annotée et publiée par M. Bonafous,
Paris 1848.

1081. 日 州 養 蜂 圖
Hi-siu yau-hou no dzu.

„L'élevage des abeilles à Hiuga". Série de gravures en cuivre sur
une longue feuille, pliée en forme de paravent, et un album de dessins grossiers exécutés à la main. Explications en langue hollandaise.
Par Mogami Tok'-nai. 2 vols. pet. in-folio et pet. in-folio obl. s. d.

NEUVIÈME SECTION.

SCIENCES MÉDICALES. THÉRAPIE. PHYSIOLOGIE. MALADIES SPÉCIALES. ACUPONCTURE ET CAUTÉRISATION. THÉRAPIE ÉLECTRO-MAGNÉTIQUE. CHIRURGIE. OBSTÉTRIE. PHARMACOLOGIE ET PHARMACODYNAMIE. VOCABULAIRES DE MÉDECINE ET DE PHARMACIE. ANATOMIE. MÉDECINE VÉTÉRINAIRE. ANTHROPOLOGIE. HYGIÈNE.

Il est tout naturel que les propriétés salutaires d'une quantité de plantes japonaises aient été connues dès la plus haute antiquité; nous sommes forcés de croire que l'homme préhistorique du Japon ait eu recours à des cures sympathiques, c. à. d.: fondées sur la prétendue corrélation d'une forme avec une qualité — la doctrine séculaire du phallisme, existant au Japon, repose en partie sur ce principe; quelques pratiques d'obstétrie peuvent avoir une origine nationale; mais la science médicale proprement dite paraît avoir été introduite de la Chine.

L'école chinoise, singulier mélange de spéculation et d'empirie, a régné au Japon pendant une longue série de siècles, et compte peut-être encore des adeptes dans les coins reculés du pays. L'étude du pouls, basée sur l'absurde théorie des „quatre pouls", y occupe une place prédominante; le corps humain y est considéré comme le produit des éléments, qui se tiennent en échec, l'empiétement de l'un au détriment des autres causant des maladies; les cinq éléments (le bois, le feu, la terre, le métal et l'eau) et leurs rapports mystiques avec les cinq organes principaux du corps humain, sous l'influence des deux principes de la nature (Yin et Yang) présentent des combinaisons théoriques, servant de guide à la diagnose du médecin. La cure sympathique existe également dans la thérapie chinoise: le

Ginseng (Panax quinquefolium), en vertu de ses racines simulant la forme humaine, remplit le rôle, qui dans nos pharmacies anciennes était attribué au salep. La névrose étant considérée comme une espèce d'obsession démoniaque, l'exorcisme au moyen de charmes bouddhiques vient à la place du traitement médical. L'anatomie humaine est négligée absolûment. Quoique les anciennes chroniques fassent mention de dissection de corps de singes, il paraît que la médecine sinico-japonaise s'est toujours contentée de dessins anatomiques, purement théoriques, ridicules, façonnés aux besoins d'une spéculation quasi-philosophique.

Mais à coté de toutes ces notions et pratiques absurdes, la science chinoise dispose d'un fond immense d'expérience utile. Les qualités des produits de la nature ont été étudiées pendant des siècles. Les eaux thermales et minérales, les bains froids, les frictions et le massage ont une fréquente application; l'acuponcture et la cautérisation un moyen de la poudre d'Artemisia vulgaris (Moxa), bien que reposant sur des principes spéculatifs, sont d'une valeur réelle. En un mot, le coté empirique est le meilleur coté de la thérapie sinico-japonaise.

La médecine du Japon, emprisonnée dans les brouillards de la superstition et du mysticisme, se voyait tout d'un coup éclairée de la lumière du raisonnement logique et de l'observation méthodique par l'arrivée des R. R. P. P. Jésuites, qui non-seulement traitaient les malades, mais qui fondèrent une école de médecine, dont les élèves se répandaient sur toute l'étendue du pays. Il est vrai, que les persécutions des chrétiens ont fait tarir cette source de développement scientifique; mais elle explique l'acharnement des médecins japonais à étudier les traités médicaux de la Hollande, malgré les entraves qui leur étaient mises au début par le Gouvernement Siyogunal.

Ce véritable acharnement, cette persévérance opiniâtre à vaincre tous les obstacles que leur présentait une langue étrangère, d'un génie tout à fait différent de celui des langues orientales, et dont les expressions les plus simples étaient parfois une cause de malentendus continuels, tous ces efforts incroyables ont été décrits d'une façon simple et touchante, par l'illustre médecin Sugita Gen-baku dans son livre posthume intitulé: Ran-gaku koto hazime, ou „Commencement de l'étude du hollandais". Un aperçu de ce livre a été communiqué par M. K. Mitsukuri à la Société Asiatique du Japon, et inséré dans le 5ième vol. des „Transactions of the Asiatic Society of Japan". Le livre de Gen-baku se trouve discuté une fois de plus dans le 12ième vol. du même périodique par M. Whitney, dans son travail intéressant intitulé: „Notes on the history of medical progress in Japan". (Notices sur l'histoire du progrès médical au Japon), enrichi d'une liste de 1594 titres de traités médicaux en langue japonaise.

1082. 廣 惠 濟 急 方

Kuwau-kei sai-kiu hau.

„Instructions pour le traitement des cas urgents de maladie ou d'accident morbide". Traité de médecine, de chirurgie et de pharmacologie japonaises, compilé par un médecin de la cour. En sinico-japonais cursif. Planches en noir et en couleurs. 3 vols. gr. in-8°. Yedo 1790.

1083. 內 科 撰 要

Nai-kuwa sen-yeu.

„L'essentiel de la médecine". Compilation japonaise d'après des sources hollandaises. L'auteur a principalement consulté l'ouvrage intitulé: Johan de Gorter, Heelkonst (médecine), Amsterdam 1774, 2ᵉ uitgave, 3ᵉ druk 1762, vermeerderde en verbeterde uitgave 1773. Publié en japonais par le médecin Utagawa Ken-sui-sin, également appelé par abréviation U-sin, et publié à Yedo en 1792. Une nouvelle traduction a été faite par Fudzi-i Hô-tei, à l'aide de laquelle le fils du premier traducteur U-sin, appelé Utagawa Ken-tsiyoku, médecin à Tsuyama, dans la province de Mimasaka, a revu et corrigé le travail de son père, et publié le livre, décrit sous le présent numéro. L'auteur, en transcrivant en japonais les noms latins et hollandais, a introduit une nouvelle terminologie qui longtemps, et peut-être encore de nos jours a servi la littérature médicale indigène. En caractères chinois classiques et katakana. 6 vols. gr. in-8°. s. l. 1822. — Voir le mémoire intitulé „Verzameling van japansche boekwerken", sous le n°. 107.

1084. 泰 西 方 鑑

Tai-sei hau-kan.

„Aperçu des drogues de l'Europe". Titre trop restreint pour cet ouvrage, qui embrasse toute la science médicale. Compilation de 96 livres hollandais, qui ont été tous préalablement traduits en japonais. L'auteur fait mention de 130 médicaments étrangers, qui peuvent être remplacés par des drogues japonaises. L'auteur a classé les maladies, qu'il décrit d'après les principes européens en suivant les sources hollandaises. Une dissertation assez longue sur la thérapie et ses rapports avec la pharmacologie est la traduction du livre de G. W. Consbruch, Geneeskundig handboek voor practiseerende artsen, naar het hoogduitsch door N. C. Meppen 1824 (Manuel médical pour les praticiens). En sinico-japonais classique. Par Momo-une Kobayasi. 5 vols. in-12°. obl. Yedo, Ohosaka, Miyako. 1828—1833.

1085. 幼 幼 精 義

Yeu-yeu sei-gi.

„Explication de la nature de l'enfance". Traduit du livre hollandais intitulé: C. W. Hufeland, Waarneemingen over de natuurlijke en ingeënte kinderpokjes, over verscheidene ziekten der kinderen, enz., uit het hoogduitsch vertaald door J. A. Saxe. Utrecht 1802. (Observations sur la petite vérole, naturelle et inoculée, les maladies des enfants, etc.; traduit de l'allemand). Les termes médicaux sont rendus phonétiquement. En sinico-japonais classique. Par Horino-utsi Kuwan-tsiu. 7 vols. gr. in-8°. Yedo 1839. — Voir le mémoire intitulé „Verzameling van japansche boekwerken", sous le n°. 111.

1086. 蘭 學 實 驗

Ran-gaku zitsu-gen.

„L'étude hollandaise vérifiée". Traité de pharmacologie, de pharmacodynamie et de thérapie. Exposé de la doctrine européenne justifiée par l'expérience personelle de l'auteur, enrichi de données expérimentelles de l'école chinoise. Les caractères chinois de la terminologie s'y trouvent employés tantôt dans un sens phonétique, tantôt dans un sens idéographique. En caractères chinois classiques et katakana. Par Kanda Saneyosi, médecin de village dans la province de Mino. L'auteur et son préfacier Ko-seki Riu, médecin à Miyako, élevé dans l'école chinoise, sont d'accord au sujet de l'importance de la médecine occidentale; la préface de l'auteur contient une véritable apologie de la science étrangère, qui de son temps inspirait de la défiance à bon nombre de ses collègues. Publié avec autorisation du Gouvernement. 3 vols. gr. in-8°. Yedo, Miyako 1848. — Voir le mémoire intitulé „Verzameling van japansche boekwerken", sous le n°. 108 a.

1087. 利 攝 蘭 度 人 身 窮 理 書

Ri-se'-ran do zin-sin kiu-ri siyo.

„Physiologie de l'homme d'après Richerand". Traduction japonaise
d'un livre hollandais, intitulé: A. Richerand, Nieuwe grondbeginselen der natuurkunde van den mensch, uit het fransch vertaald door
A. van Erpecum, Amsterdam 1821. (Nouveaux principes de la physiologie de l'homme, traduit du français). En caractères chinois classiques et katakana. Par Hirose Gen-kiyô. Seulement les 3 premiers
vols d'une série de 30 vols. gr. in-8°. s. l. 1855.

1088. 扶 氏 經 驗 遺 訓

Fu-si kei-ken i-kun.

„Legs d'expérience de Fu (Hufeland)". Traduction japonaise du livre
hollandais intitulé: Enchiridion medicum. Handleiding tot de geneeskundige praktijk. Erfmaking van eene vijftigjarige ondervinding door
C. W. Hufeland. Naar de tweede hoogduitsche uitgaaf van 1836
vertaald door H. H. Hageman Jr. Amsterdam 1837—38 (Manuel de
la pratique médicale. Legs d'un demi-siècle d'expérience. Traduit de
l'allemand). Par Ogata Kô-an. 3 vols. gr. in-8°. s. l. 1857. — Voir
le mémoire intitulé „Verzameling van japansche boekwerken", sous
le n°. 108 b.

1089. 民 間 內 外 科 要 法

Min-ken nai-guwai kuwa-yeu hau'.

„Les préceptes médicaux et chirurgicaux nécessaires pour le peuple".
Traduction japonaise d'un livre français, intitulé: Médecine et chirurgie
populaire du dr. M. Mayor, traduit successivement en allemand et
en hollandais (publié à Utrecht 1846); les notes des deux traducteurs
allemand et hollandais ont servis à l'auteur du présent travail, qui
lui-même a annoté le texte. En caractères chinois classiques et hiragana. Par Sugida Kuwô-gen-dan, médecin dans la province de
Wakasa. 2 vols. pet. in-8°. s. l. 1857.

1090. 西 醫 脈 鑑

Sei-I bak'-ken.

„Aperçu du pouls, d'après les médecins de l'Occident". Traduction
japonaise du livre hollandais, intitulé: A. Moll, Handboek tot de

leer der teekenen van gezondheid en ziekte, 2° druk, Amsterdam 1826 (Manuel pour la théorie des signes de santé et de maladie). En caractères chinois classiques et katakana. Par Hirose Gen-kiyô. 3 vols. pet. in-8°. Yedo, Miyako, Ohosaka. s. l. 1857.

1091. 日 講 記 聞
Nikkau ki-bun.

„Compte-rendu d'un cours scientifique". Cours de médecine de feu le docteur hollandais Bauduin à l'école de médecine d'Ohosaka en 1869. En caractères chinois classiques et katakana. Figurés noires. 3 vols. in-8°. s. l. 1869.

1092. 知 要 一 言
Tsi-yeu itsi-gen.

„Court exposé de notions essentielles". M. S. Traité médical par Isi-saka Sô-tets', médecin à Yedo. En sinico-japonais cursif. 1 vol. pet. in-folio. s. d.

1093. 容 體 記
You-dai ki.

„Histoire de maladie". M. S. En sinico-japonais cursif. Par Isi-saka Sô-tets'. 1 vol. pet. in-folio. s. d.

1094. 病 書
Biyau-siyo.

„Traité pathologique". M. S. En caractères chinois classiques et katakana. Par Isi-saka Sô-tets'. 1 vol. pet. in-folio. s. d.

1095. 婦 人 思 病 書
Fu-nin kuwan biyau-siyo.

„Histoire d'une maladie de femme". M. S. En caractères chinois classiques et hiragana. 1 vol. pet. in-folio. s. d.

1096. 壬 午 天 所 病 說
Midzunoye-muma Ten-dsiku biyau-setsu.

„Discours de l'an 1822 sur la maladie de l'Inde" (le choléra). M. S. En caractères chinois classiques et hiragana. 1 vol. in-8°. — La traduction en hollandais M. S. par un interprète japonais.

1097. 脚 氣 發 明 論
Kakke hatsu-mei ron.

„Discours scientifique sur le Beri-beri". Par Yema Siyun-ki. En caractères chinois classiques et katakana. 1 vol. pet. in-8°. Imprimé en types mobiles. Tôkiyô 1878.

1098. 脚 氣 發 明 論 治 方 篇
Kakke hatsu-mei ron dzi-hau ben.

„Suite de l'ouvrage précédent; exposé du traitement de la maladie Beri-beri". En caractères chinois classiques et katakana. 1 vol. pet. in-8°. Imprimé en types mobiles. Tôkiyô 1879.

1099. 針 灸 扳 翠 大 成
Sin-kiu bassui dai-sei.

„Traité complet sur la quintessence de l'acuponcture et de l'application du moxa". Texte en caractères chinois classiques et katakana. Dessins anatomiques en noir. Par Okamoto Ippôsi. 7 vols. gr. in-8°. Miyako 1699.

1100. 鍼 灸 説 約
Sin-kiu setsu-yaku.

„Courte explication de l'acuponcture et de l'application du moxa". Texte en sinico-japonais classique. Par Isi-saka Sô-tets', premier médecin de l'Empereur. 1 vol. pet. in-8°. Yedo 1812.

1101. 針 灸 廣 狹 神 俱 集
Sin-kiu kuwau-kau' sin-gu siu'.

„Recueil de tout ce qui concerne les deux (inventions) divines de l'acuponcture et de l'application du moxa". En caractères chinois peu cursifs; traduction japonaise juxtalinéaire en hiragana. Par Un-ro-si. 1 vol. gr. in-8°. Yedo 1819.

1102. 鍼 灸 圖 解
Sin-kiu dzu-kai.

Deux planches anatomiques relatives à l'acuponcture et à l'application du moxa. 1 feuille pliée. s. l. e. d.

1103. 九 鍼 之 說

Ku-sin no setsu.

„Discours sur les manipulations de l'acuponcture". M. S. En sinico-japonais cursif. Par Isi-saka Sô-tets'. 1 vol. pet. in-4°. s. d.

1104. 磁 石 靈 震 氣 療 說

Si-seki rei-sin ki-reu setsu.

Conférence sur la thérapie électro-magnétique, appliquée surtout à l'orthopédie. En caractères chinois classiques et katakana. Par Itô Sin-zô. Figures noires collées dans le texte. 1 vol. in-8°. s. l. 1867.

1105. 瘍 科 新 選

Yau-kuwa sin-sen.

„Nouveaux analectes sur l'art de guérir des blessures". Traduction japonaise d'un livre hollandais intitulé: J. J. Plenck en D. van Gesscher, Proeven over langdurige gezwellen 2e druk 1800. (Essai sur les tumeurs chroniques). En sinico-japonais classique. Par Sugida Yorikkô de Yedo. 5 vols. gr. in-8°. Miyako, Yedo, Ohosaka 1832.

1106. 整 骨 新 書

Sei-kotsu sin-siyo.

„Nouveau livre sur l'art de guérir des fractures", etc. Manuel d'ostéologie et de chirurgie, d'après des sources hollandaises; essai d'une nouvelle terminologie chinoise; description et représentation d'instruments de chirurgie, etc. Avec deux planches jointes séparément à l'ouvrage, montrant la concordance des parties molles du corps humain avec les os du squelette, une planche prise par devant et une par derrière. En caractères chinois classiques et katakana. Par Kakubu Monken. 4 vols. gr. in-8°. dont le dernier est un atlas ostéologique en noir. Ohosaka 1809.

1107. 眼 科 新 書

Gan-kuwa sin-siyo.

„Le nouveau livre de l'oculiste". Traduction japonaise du livre hollandais intitulé: J. J. Plenck, Verhandeling over de oogziekten, uit het latijn vertaald door M. Pruys, Rotterdam 1787. (Dissertation sur les maladies de l'oeil, traduit du latin). En sinico-japonais classique. Par Sugida Rikkó. Figures noires. 6 vols. gr. in-8°. Ohosaka 1815.

1108. 瘍 科 秘 錄

Yau-kuwa hitsu-roku.

„Les secrets de l'art du chirurgien". L'auteur est un disciple du fameux docteur Hana-oka surnommé le seigneur de Tsing-tscheu (青州), dont le livre contient les travaux scientifiques. Quoique l'auteur fasse preuve de connaître la littérature médicale de la Hollande, et qu'il l'ait consulté à plusieurs reprises, il reste dans le cadre de la science médicale sinico-japonaise. Le 1er vol. traite des haemorrhoïdes, de la scrofule et du cancer; le 2ième vol. des maladies vénériènes, le 3ième vol. de la lèpre, le 4ième vol. des instruments et des opérations chirurgicales et orthopédiques, le 6ième vol. de la gale, de la dartre et des brûlures, les 6—12ième vols. des maladies de la peau et des morsures, spécialement par les chiens enragés. En caractères chinois classiques et katakana. Par Hon-ma Ken-deu, médecin dans la province de Hidatsi. Planches en noir et en couleurs. 12 vols. gr. in-8°. Yedo, Ohosaka, Miyako 1847. — Voir le mémoire intitulé „Verzameling van japansche boekwerken" sous le n°. 113.

1109. 產 育 全 書

San-iku zen-siyo.

„Le livre de la procréation". Cours complet d'obstétrie, suivant les méthodes chinoise et japonaise. En sinico-japonais classique; les noms étrangers sont rendus en katakana. Par Midzuhara Gi-baku Sei-ko. 11 vols. de texte et un atlas de planches en noir; en tout 12 vols. gr. in-8°. L'atlas contient une préface xylographiée en langue hollandaise de la main du docteur hollandais Textor, qui rend hommage à l'esprit et à la bonne observation de l'auteur, ainsi qu'à ses instruments, à la fois simples et ingénieux. Miyako 1850. — Voir le mémoire intitulé „Verzameling van japansche boekwerken" sous le n°. 115.

1110.　本　草　匯

Hon-zau kuwai (Pèn ts'aò huí).

Traité sur l'usage des médicaments, par l'auteur chinois Nién Ngò li siën-seng, publié par Kuŏ Fu-lan en 1666. Édition en sinico-japonais classique. Le premier vol. contient un aperçu du corps humain, les vols. 2—8 s'occupent des maladies et des médicaments. Les vols. 9—16 des plantes médicinales, le 17ième vol. des substances médicales, appartenant au règne animal, le dernier vol. des médicaments empruntés au corps humain, et aux éléments de la nature. 18 vols. in-8°. s. l. e. d.

1111.　一　本　堂　藥　選

Ippondau yaku-sen.

„Matière médicale et thérapeutique du docteur Ippondô". En sinico-japonais classique. Par Kagawa Siyun-toku. 3 vols. et un appendice; en tout 4 vols. pet. in-4°. Miyako 1731. La première édition de 1619 est mentionnée par l'éditeur.

1112.　物　類　品　騭

Butsu-rui hin-sitsu.

„Manuel des drogues et des substances alimentaires". En caractères chinois classiques et katakana. Par Hiraga Kin-kei. Planches noires. 6 vols. gr. in-8°. Ohosaka 1806. Une édition de 1763 est mentionnée par l'éditeur.

1113.　九　散　手　引

Guwan-san te-biki.

„Traité de pharmacie", l'art de formuler et de préparer les ordonnances médicales. En caractères chinois classiques et katakana. Par Usu Hiromitsu. 1 vol. in-12°. obl. Miyako 1769.

1114.　本　草　藥　名　備　考　和　訓　鈔

Hon-zau yaku-mei bo-kau Wa-gun seu.

Traité et nomenclature japonaise des drogues végétales, arrangées suivant l'irova avec la synonymie chinoise. En caractères chinois classiques et katakana. Par Tanba Yorisudzi. 7 vols. in-8°. Miyako 1807. — M. de Rosny fait mention d'une édition de cet ouvrage datant de 1678.

1115. 廣 參 諗

„Traité sur la racine du Panais à cinq feuilles, importée de la Chine"
(province de Kuwan-tung). En sinico-japonais classique (les caractères
chinois un peu cursifs). Par Siyok-kô. 1 vol. gr. in-8°. s. l. 1810.

1116. 遠 西 醫 方 名 物 考

Yen-sai i-hau mei-butsu kau.

„Examen des principaux médicaments de l'Extrême Occident".
Compilation japonaise de plusieurs livres hollandais, à savoir: J. Buys,
Natuurkundig schoolboek, uitgegeven door de Maatschappij tot Nut
van 't Algemeen (Livre d'école de physique, publié par la Société du
Salut Public); de Geneeskundige Kweekschool (L'école normale de
médecine). T. White, Verhandeling over de ziekte en ontaarding
der watervaten en klieren, naar het engelsch. Leiden 1787 (Traité
sur les maladies et la dégénération des vaisseaux et des glandes,
traduit de l'anglais). L. Heister, Heelkundige onderwijzingen; uit
het hoogduitsch met aanmerkingen door H. Ulhoorn (Instructions
chirurgicales; traduit de l'allemand). G. van Swieten, Verklaring
der korte stellingen van H. Boerhaave, enz. uit het latijn vertaald, Amsterdam 1793 (Explication des aphorismes de Boerhaave,
etc., traduit du latin). J. C. A. Theden, Genees- en heelkundig
handboek voor land- en zeechirurgijns; uit het hoogduitsch vertaald
door A. Schrage, nieuwe uitg. Amsterdam 1817 (Manuel de médecine et de chirurgie, traduit de l'allemand). D. van Gesscher,
Proeven over langdurige gezwellen, 1808 (Expériments sur les tumeurs
chroniques). J. J. Plenck, Heelkundige artsenijwinkel 1798 (la pharmacie chirurgicale). A. Ypey, Handboek der materies medica 1818
(Manuel de matière médicale). H. J. van Houte, Handleiding tot
de materies medica of leer der geneesmiddelen, 1817 (Manuel de
matière médicale ou la théorie des médicaments). J. Arneman,
Materies medica voor heelkundigen; uit het hoogduitsch door N. G.
Meppen, 1816 (Matière médicale pour les chirurgiens, traduit
de l'allemand). La pharmacopée Neerlandaise, celle de Leyde et
d'Amsterdam. Les travaux botaniques de Dodonaeus, de Clu-
sius, de Munting et de Blankaart. La matière est arrangée
suivant l'irova. En caractères chinois classiques et katakana. La terminologie latine et hollandaise est en partie traduite, en partie
transcrite en sinico-japonais; les noms des poids médicinaux sont en

hollandais, transcrit en katakana. Le frontispice est copié du livre intitulé: S. Blancardi Anatomia Reformata, Lugd. Batav. 1687 avec le portret de Blancard gravé sur cuivre. Par Sin-sei Uta-gawa. Publié par son fils Utagawa Yô-an. 36 vols. et 9 vols. de supplément dont le titre se termine par les mots 補遺 (Ho-i) „supplément"; en tout 45 vols. gr. in-8°. Le dernier vol. contient des planches en noir d'histoire naturelle. s. l. 1822. — Voir le mémoire intitulé „Verzameling van japansche boekwerken" sous le n°. 119.

1117. 藥 名 稱 呼
Yaku-mei siyou-ko.

„Nomenclature des médicaments". Les noms des drogues en caractères chinois classiques avec la prononciation et la traduction japonaise en katakana, se suivent sans aucun ordre apparent et portent des numéros, qui peut-être se rapportent à quelque traité sur la pharmacopée du Japon. Par Kivara Sô-tei. 1 vol. in-12°. obl. Miyako 1823.

1118. 藥 品 應 手 錄
Ya-bin-ou siu-roku.

„Autographes de prescriptions médicales" de M. de Siebold, publié d'après ses indications et à ses frais par Kô Riyô-sai, étudiant en médecine de la province d'Awa. Les noms européens sont écrits en katakana et expliqués en chinois. 1 vol. pet. in-8° Ohosaka 1826. — Copie manuscrite de ce livre pet. in-folio.

1119. 大 同 類 聚 方
Dai-dou rui-ziyu hau.

Recueil de prescriptions médicales d'après des sources chinoises. En caractères chinois classiques. Par Ino-uye Yori kuni d'Idzumo en 808. Un des plus anciens ouvrages de médecine qui existent au Japon et fort estimé des médecins de l'école chinoise. Publié par Abé Masasada. 100 tomes en 10 vols. gr. in-8°. s. l. 1827.

1120. 新 訂 增 補 和 蘭 藥 鏡
Sin-tei sou-ho Holan yak'-kei.

„Aperçu des médicaments hollandais, édition augmentée et améliorée". Compilation de plusieurs ouvrages hollandais; d'abord de ceux

458

qui ont été mentionnés dans le n°. 1115, et ensuite des livres suivants: J. T. M a r t i n e t, Verhandelingen en waarnemingen over de natuurlijke historie met plaaten, 1796 (Traités et observations illustrés d'histoire naturelle). K. G. H a g e n, Onderwijs in de beginselen der apotheek, 1801 (Enseignement des principes de la pharmacie). K. G. H a g e n, Leerboek der apothekerskunst, 1807 (Manuel de pharmacie). C. W. H u f e l a n d, Waarnemingen omtrent de zenuwkoortsen, uit het hoogduitsch vertaald door A. N u m a n, 1809 (Observations sur les fièvres neuralgiques, traduit de l'allemand). P. H e n d r i k s z, Oordeelkundige beschrijving van de voornaamste heelkundige operatiën in het Nosocomium Academicum te Groningen, 1816, 1823 (Description raisonnée des principales opérations chirurgicales à l'hôpital de l'Université de Groningue). F. H o m e, Geneeskundige proeven en waarnemingen van onderscheidene ziekten, 1801 (Expériments médicaux et observations de plusieurs maladies). R i c o r d, Lessen over de chanker, verzameld door A l p h. F o u r n i e r, 1859 (Leçons sur le chancre). J. Q u a r i n, Oefenkundige aanteekeningen over verscheidene ziekten, 1790 (Notes d'exercice sur plusieurs maladies). H u b n e r, Kort begrip der oude en nieuwe geographie, 1707 (Abrégé de géographie ancienne et moderne). V a l m o n t d e B o m a r e, Algemeen en beredenerent woordenboek der natuurlijke historie, 1767 (Dictionnaire général et raisonné d'histoire naturelle). En caractères chinois classiques et katakana. Par U t a g a w a S i n - s e i, revu, augmenté de plusieurs données scientifiques et abrégé quant à la rédaction par son fils U t a g a w a Y ô - a n, un des meilleurs disciples de M. le dr. d e S i e b o l d. Le docteur S i n - s e i a bien mérité de sa patrie, en combinant sa science de la pharmacie chinoise et japonaise avec ses études profondes de la pharmacologie européenne; 18 vols. gr. in-8°. s. l. 1828. — Voir le mémoire intitulé: „Verzameling van japansche boekwerken", sous le n°. 116.

1121. 窊 篤 兒 藥 性 論

Wator' yaku-sei-ron.

„J. A. v a n d e W a t e r, Les qualités des médicaments"; traduction japonaise d'un livre hollandais de cet auteur, intitulé: Beknopt doch volledig handboek voor de leer der geneesmiddelen, Amsterdam 1829 (Manuel abrégé mais complet de la théorie des médicaments). En caractères chinois classiques et katakana. Par H a y a s i D ô - k a i. 18 vols. in-8°. Yedo 1856.

1122. 古 方 藥 品 考

Ko-hau yaku-hin kau.

„Les anciens médicaments" (sinico-japonais). En sinico-japonais
classique. Illustré de nombreuses figures d'objets d'histoire naturelle
et d'antiquités, en noir. Par Nai-tô Siyô-yen. 5 vols. in-8°.
Miyako, Yedo, Ohosaka 1841. — Voir A. J. C. Geerts, op. cit.

1123. 增 補 懷 中 食 性

Zou-ho kuwai-tsiu siyoku-sei.

„Vocabulaire des substances alimentaires et pharmaceutiques, édition
de poche, augmentée"; précédé d'un index arrangé suivant l'irova.
En caractères chinois peu cursifs et hiragana. Par Yamamoto
Sei-yu Nagayosi. 1 vol. in-16°. obl. Miyako 1848.

1124. 藥 品 名 彙

Yaku-bin mei-i.

„Les drogues célèbres". Titre anglais: A medical vocabulary in latin,
english and japanese (Vocabulaire médical en latin, anglais et japonais). Imprimé en types mobiles. La synonymie en caractères chinois
classiques. Par Itô Yudzuru. 1 vol. pet. in-8°. Tôkiyô 1874.

1125. 醫 語 類 聚

I-go rui-siyu.

„La terminologie médicale". Titre anglais: A medical vocabulary
in english and japanese (Vocabulaire médical en anglais et en japonais). La synonymie japonaise en caractères chinois classiques et
katakana. Par T. B. Okuyama. 1 vol. pet. in-8°. Tôkiyô 1877.

1126. 氣 附 早 引 妙 藥 集

Ki-fu no hayabiki miyau-yaku siu.

„Dictionnaire d'hygiène, Les drogues efficaces". Liste de médicaments arrangés suivant l'irova en hiragana. Mauvais tirage; avec
portrait. 1 vol. in-12°. obl. s. l. e. d.

1127. 例 人 明 堂 之 圖
Rei-zin mei-dou no dzu.

Dessin anatomique du corps humain, avec indication de la frame osseuse, des parties molles et des nerfs. Texte explicatif en caractères chinois classiques. L'exemplaire provient de la bibliothèque de Isaac Vossius. 1 feuille pliée. s. l. e. d.

1128. 和 蘭 全 軀 內 外 分 圖
Holan zen-ku nai-guwai bun no dzu.

„Dessins anatomiques de toutes les parties du corps humain", ouvrage traduit du hollandais. Le premier vol. est plutôt un catalogue des différents organes du corps humain; le deuxième volume est un atlas de planches anatomiques en couleurs, dont la plupart consiste en plusieurs dessins superposés et collés à la page par un des bouts, arrangés d'une manière ingénieuse à montrer les parties intérieures dans leur ordre successif (voir le n°. 339). Explications en caractères chinois classiques et katakana. Par Motoki Sii, interprète de Nagasaki. Publié par Suzuki Sò-un, médecin de la province de Suwo. 2 vols. pet. in-8°. obl. s. l. 1772.

1129. 解 體 發 蒙
Kai-dai hatsu-mou.

„Principes d'anatomie". Compilation de sources hollandaises, surtout de Joh. Adam Kulmus, Tabulae anatomicae in quibus corporis humani, cet. Amsterdam Wäsbergen 1731; ouvrage traduit en japonais par le médecin Genbaku de Wakasa. L'auteur du présent ouvrage, Siyô-su, médecin à Yedo, y a ajouté une étude comparative des principes européens et de la théorie chinoise sur l'anatomie. Édition très-soignée sous le point de vue grammatical. En caractères chinois classiques et katakana. Planches en couleur. 5 vols. gr. in-8°. Ohosaka 1813.

1130. 人 面 瘡 圖 說
Nin-men-zau dzu-setsu.

„Traité illustré sur la tumeur du genou, présentant quelque ressemblance avec une tête humaine". Planche coloriée. Explications en caractères chinois classique. Par Katsuragawa Hô-ken. 1 feuille pliée. s. l. 1819.

1131. 解 臓 圖 賦
Kai-zau dzu-fu.

„Epître illustrée sur l'anatomie". Dessins anatomiques d'origine européenne; en noir et en couleurs. Explications en sinico-japonais classique. Par Ikeda Yosiyuki Tô-zô. 1 vol. gr. in-8°. Miyako 1822.

1132. 榮 衞 中 經 圖
Yei-yei tsiu-kei no dzu.

Dessins (anatomiques) d'angiologie (c. à. d.: de la connaissance des veines et des artères). En couleur rouge. Explication en sinico-japonais classique. Par Isisaka Sô-tets'. 2 feuilles pliées in-folio. 1825.

1133. 重 訂 解 體 新 書 銅 版 全 圖
Tsiyau-tei kai-dai sin-siyo dou-ban zen-dzu.

„Le nouveau livre de l'anatomie perfectionnée". En sinico-japonais classique. Par Sugida Gen-baku et Ohodzuki Gen-daku. 13 vols. et un album de gravures sur cuivre, copiées d'après des dessins européens; en noir. En tout 14 vols. gr. in-8°. Miyako, Yedo, Ohosaka 1826.

1134.

Dessin pathologique en couleurs. Sans titre. 1 feuille pliée. pet. in-8°.

1135. 解 剖 篇 圖
Kai-hou hen-dzu.

Dessins anatomiques, gravés sur cuivre d'après des modèles européens. 1 feuille pliée. s. l. e. d.

1136.

Dessins anatomiques coloriés à la main. Sans titre. Par Toori Komori à Miyako. 1 vol. pet. in-4°. s. l. e. d.

1137. 解 馬 新 書
Kai-ba sin-siyo.

„Nouveau livre sur l'anatomie du cheval". Compilé de 15 ouvrages chinois et japonais. L'auteur tout en ayant consulté des ouvrages

vétérinaires de la Hollande, a cependant suivi la méthode indigène,
qui, au lieu de se baser sur la description du squelette, s'attache aux
formes extérieures et souvent accidentelles. Par Kiku-ike Tô-sui
de Yedo. En sinico-japonais classique. Planches en noir et en couleurs.
2 vols. gr. in-8°. s. l. 1852. — Voir le mémoire intitulé „Verzameling
van japansche boekwerken", sous le n°. 106.

1138. 人 相 九 面 之 吉 凶
Nin-sau kiu-men no kikkiyau.

Neuf types humains représentant les diverses émotions. 1 feuille
pliée. s. l. e. d.

1139.

Album de dessins pathologiques et anthropologiques (Kakké et oeil
bridé des Mongols). En noir et en couleurs. 1 vol. in-folio. s. l. e. d.

1140. 東 京 人 類 學 會 雜 誌
Tou-kiyau nin-riu gak'-kuwai zassi.

Titre anglais: Bulletin of Tôkiyô Anthrôpological Society (Bulletins
de la Société anthropologique de Tôkiyô). En caractères chinois classiques et katakana. Figures noires. Vol. VIII 1893.

1141. 理 學 入 門
Ri-gaku niu'-mon.

„Introduction dans la physique". Reproduction xylographique de
la copie en italiques d'un livre hollandais intitulé: Natuurkundig
handboek voor leerlingen in de heel- en geneeskunde van J. N. Isfording, naar het hoogduitsch door G. J. van Epen. Amsterdam
1826 (Manuel de physique à l'usage des étudiants en médecine). L'écriture de l'éditeur — peu habitué à se servir du syllabaire européen —
et l'orthographe sont assez défectueuses, les lettres *l* et *r*, *r* et *s*,
m et *w* sont constamment confondues. 1 vol. in-8°. s. l. 1857.

1142. 養 生 辨
Yau-ziyau ben.

„Traité sur l'entretien du corps". Conseils hygiéniques. En sinico-
japonais cursif. Par Midzuno Yosinao. 3 vols. in-8°. Miyako,
Yedo, Ohosaka 1841.

1143. 飮 食 養 生 鑑

In-siyoku yau-ziyau kau.

„Traité des boissons et des aliments" au point de vue de l'hygiène.
En caractères chinois classiques et hiragana. Par Sinoda Sadayosi.
Imprimé en types mobiles. 1 vol. pet. in-8°. Tôkiyô 1879.

1144. 內 務 省 衛 生 局 雜 誌

Nai-mu-siyau yei-sei-kiyoku zassi.

Rapports du bureau d'hygiène du Ministère de l'Intérieur. En
caractères chinois classiques et katakana. Nos 1—22. 1 vol. pet. in-8°.
Tôkiyô 1876—79.

DIXIÈME SECTION.

LA PEINTURE ET LE DESSIN.

L'auteur du présent catalogue a cru devoir faire précéder la section
de la peinture d'un aperçu des différentes écoles d'artistes japonais,
dont les travaux se trouvent dans les collections de l'Université de
Leyde. Tout en rendant hommage à l'éminent travail de M. L. Gonse,
l'Art Japonais, Paris 1883, réédité en 1886 dans un format à la portée
de tout le monde, la classification de M. W. Anderson lui a paru
légèrement préférable. C'est donc cette classification qu'il a suivie. Le
livre de M. Anderson, la plus complète monographie des artistes
japonais qui existe, cité à plusieurs reprises dans le cours de ce travail
est intitulé: „Descriptive and historical catalogue of a collection of
japanese and chinese paintings in the British Museum. London, 1886.

Les premières notions certaines sur l'art du dessin au Japon remon-
tent jusqu'au 9ième siècle. Kose no Kanaoka, qu'on pourrait appeler
le père de la peinture japonaise, élevé au milieu d'une cour, où les arts
et les sciences étaient en faveur, commençait sa carrière sous le règne du
Mikado Sei-wa (850—859). Suivant la tradition il s'était inspiré des
peintures de Wu Tao Tsè', le meilleur artiste de la dynastie chinoise de T'ang. Les travaux, attribués à Kanaoka sont en partie
apocryphes; de la plupart le souvenir seulement s'est conservé, orné
d'anecdotes à la façon de celles qui existent à l'égard du peintre
grec Apelle. Quelques peintures bouddhiques, réfugiées dans les mo-
nastères et les temples, à l'abri des guerres civiles qui ont ravagé
le Japon, sont tout ce qui nous reste des travaux du maître.

Les disciples de Kanaoka se sont voués presque exclusivement
à l'imagerie bouddhique, aux formes chastes et douces, aux attitudes
pleines de réserve, au jeu éblouissant, harmonieux des couleurs écla-

tantes, baignées de dorure. L'école bouddhique a surtout produit des kakémono's; les albums de dessins, les livres enluminés sont rares.

L'école de Tosa représente pour ainsi dire le type national de la peinture japonaise. Le soin minutieux, apporté aux détails, la profusion de dorure, le brillant coloris, l'intervention de nuages théoriques, pour cacher la toiture et les parties gênantes du paysage, un conventionalisme excessif dans le groupement et dans les traits de la figure humaine, sont les caractères marquants de cette école, qui lui assurent une place tout à fait isolée dans l'histoire de la peinture. M. Gonse, dans son livre sur „l'Art Japonais", insiste sur quelques traits frappants de ressemblance avec les miniatures de la Perse. M. Anderson au contraire, nie toute influence directe de l'art persan sur la peinture japonaise; si influence il y a, c'est le Japon qui a été le maître. En effet, une telle influence, tout en étant possible, demande des preuves, qui cependant font absolûment défaut. Pour moi, le fait, généralement accepté, que l'école de Tosa a pris son origine avec Kasuga Motomitsu (11ième siècle), parmi les peintres de l'école bouddhique, explique suffisamment l'amour du coloris, l'emploi de l'or, la finesse des détails, les formes conventionnelles. L'école de Tosa, suivie des nobles de la cour de Miyako, représentant surtout des scènes appartenant à l'histoire et à la fable, existe encore, crystallisée, sans aucune tendance au réalisme, qui lui serait fatal, conservant son charme de simplicité naïve, son caractère de moyen-âge à travers les révolutions sociales qui ont produit le Japon de nos jours.

L'école chinoise retrace son origine en ligne directe de Kose no Kanaoka; sa force consiste dans les dessins de paysages fantastiques, lugubres, accidentés, ou bien d'une tranquilité mélancholique et douce; des sujets empruntés à l'histoire de la Chine rendent souvent difficiles de distinguer les produits de cette école de la peinture chinoise; les animaux fabuleux, les personages mythologiques, la flore et la faune emblématiques s'y trouvent représentés avec une technique admirable. L'influence chinoise s'est fait sentir surtout à Nagasaki, où à la fin du siècle dernier le Chinois Tsin Nan-pin a fondé une école, ce qui fait que les kakémono's du Musée d'Ethnographie à Leyde, collectionnés à Desima, sont en majeure partie exécutés dans le style de cette école.

L'école de Kano (fondée par Kano Masanobu, né en 1424) est une branche de l'école chinoise, dont elle se distingue par une plus grande vigueur, une hardiesse du pinceau, qui rappelle les chefs-d'œuvre de la calligraphie. Bien que les maîtres de cette école, „l'école des Siyo-gun" comme l'appelle M. Gonse, aient produit des peintures aux couleurs vives, aux formes assouplies, parfois réhaussées par l'éclat de la dorure, ce sont surtout des pièces monochromes, des croquis lavés à l'encre de Chine, de rapides esquisses jetées sur le papier d'un coup de pinceau dégagé, résolu, qui nous restent et qui de nos jours caractérisent les travaux des artistes de l'école de Kano. Suivant M. Anderson les sujets sont pour la plupart les mêmes que ceux de l'école chinoise, tandis que le conventionalisme chinois persiste en opposition constante, comme s'exprime M. Gonse, avec le naturalisme indépendant et franchement japonais de l'école vulgaire.

L'école vulgaire ou Ukiyo-ye Riu débute avec Hisigawa Moronobu, environ 1680. Elle embrasse tous les sujets et presque tous les genres de la peinture japonaise. Ce qui la distingue des autres écoles, c'est une certaine tendance au naturalisme, et notamment le soin, apporté à l'expression des traits de la figure humaine; mais surtout son caractère démocratique, se manifestant à peindre des scènes de la vie journalière, des acteurs, etc. et à les reproduire ensuite à l'aide de la xylographie. Tandis que les écoles mentionnées jusqu'ici ont produit en premier lieu des kakémono's, à la portée seulement des nobles et des riches, l'école vulgaire s'est appliquée en général à illustrer des livres, à publier des albums de dessins à l'usage des artisans, etc. C'est la raison pourquoi ce genre de peinture japonaise est le mieux représenté dans le présent catalogue et dans les bibliothèques de livres japonais en général.

Le conventionalisme à l'excès est représenté par la petite école de Kô-rin, formée par Hô-itsu († 1828) et ses disciples, reprenant le style d'un artiste isolé du nom de Kô-rin († 1716). Les travaux de Kô-rin et de ses successeurs sont d'une hardiesse incroyable, d'une bizarrerie capricieuse; les hommes et les bêtes sont des poupées sans vie, mais d'une force peu commune et d'un riche coloris. C'est l'art du décorateur, véritable antipode des miniatures de l'école de Tosa.

L'école de Si-ziyô est l'école naturaliste par excellence; c'est l'imitation de la nature, l'étude du mouvement, avec toute la maîtrise du pinceau, l'observation intense et minutieuse dont l'artiste japonais est capable. Le fondateur de cette école est Maruyama Ôkio, né en 1733.

L'école de Gan-ku peut être considérée comme une modification
de la peinture chinoise. Elle a produit de charmants paysages d'une
délicatesse extrême, peinture du vague et de la rêverie poétique, des
dessins d'animaux, surtout de tigres et de dragons d'un mérite incontestable. Gan-ku est le nom de pinceau de l'artiste appelé Kisi
Dô-kô, décédé en 1838.

1145. 畫 史 會 要

Guwa-si kuwai-yeu.

„Abrégé de l'histoire de la peinture". Recueil de chefs-d'oeuvre
de maitres, appartenant à différentes écoles. Par Siyun-boku
Itsu-o de l'école Ukiyo-ye. Planches en noir; sujets divers. 6 vols.
gr. in-8°. s. l. 1751. — La première édition de 1707 a été mentionnée
par Anderson, Catalogue p. 341.

1146. 和 漢 名 畫 苑

Wa-kan mei-guwa yen.

„Recueil de fameuses peintures du Japon et de la Chine". Les
différentes écoles ont été traitées séparément. 1er vol. Kan-riu (école
chinoise); 2ième vol. Tosa-riu (école de Tosa); 3ième vol. Sessiu-ke (école
formée par les membres de la famille Sessiu); 4ième vol. Ko-hô-gen-riu
(école des anciens maitres?); 5ième vol. Tan-yu-riu (école de Kano);
6ième vol. Zassiyo-riu (école mixte). Texte (poèmes) dans les deux
systèmes d'écriture. Par Hô-gen Siyun-boku Itsu-o. Planches
en noir. 6 vols. gr. in-8°. Yedo 1750—1797. La première édition de
1739 est mentionnée par l'éditeur. — Ce livre est cité par Anderson,
Catalogue p. 341 et attribué à un disciple de Siyun-boku.

Un troisième recueil de dessins des différentes écoles a été décrit
parmi les poésies au n°. 708 du présent Catalogue.

Kose no Kanaoka (9ième siècle).

1147. 巨 勢 金 岡 名 技 傳

Kose no Kanaoka mei-ki tsutaé.

Les peintures célèbres de Kose no Kanaoka. Des scènes de la vie
de Sayeda, représentées dans ce livre, sont expliquées en caractères

chinois peu cursifs et hiragana. Planches noires. 2 vols. in-8°. s. l.
1808. — Voir l'encyclopédie Wa-Kan san-sai dzu-e, vol. 15 p. 93.

ÉCOLE BOUDDHIQUE.

Seulement représentée par le livre porté sous le n°. 592 dans le présent catalogue.

ÉCOLE DE TOSA.

1148. 十 二 月 ア ソ ビ
Ziu-ni guwatsu asobi.

„Les amusements des douze mois de l'année". M. S. Planches en couleurs sur fond doré. Texte en hiragana. 2 vols. in-8°. s. d. Couverture en brocart. Les deux volumes réunis dans une boite en bois.

Deux M. S. en forme de rouleaux, illustrés à la manier de l'école de Tosa ont été décrits dans la cinquième section sous les n⁰ˢ 681 et 728.

ÉCOLE CHINOISE.

Yamasita Seki-tsiu, artiste non mentionné par Anderson.

1149. 画 圖 百 花 鳥
Guwa-to hiyaku kwa-tsu.

„Galerie de fleurs et d'oiseaux". Différentes espèces d'oiseaux, et des plantes qui dans la conception sinico-japonaise les accompagnent. Texte en sinico-japonais cursif. Dessins en noir de Yamasita Seki-tsiu. 4 vols. gr. in-8°. Yedo 1728.

1150. 元 明 華 鳥
Gen Mei kwa-tsu.

Dessins de fleurs et d'oiseaux par des peintres, qui ont vécu sous les dynasties chinoises de Yuën et de Ming. Recueil publié par Hei-ziyô Mei-toku. Explication en sinico-japonais cursif. Planches noires. 2 vols. pet. in-folio. s. l. 1764.

Sô Si-seki (1691—1777).

1151. 宋 紫 石 畫 譜

Sou Si-seki guwa-fu.

Album de Sô Si-seki, peintre de Yedo, surnommé Sekkei
et Kun. Dessins à la manière chinoise, et copies de tableaux chinois,
recueillies par l'artiste à Nagasaki, où il avait commerce avec le
Chinois Tsin Nan-pin. Planches en noir et en couleurs. 13 vols.
gr. in-8°. Yedo 1771—1779. — Voir Anderson, Catalogue p. 187.

1152. 宋 紫 石 花 鳥 畫 譜

Sou Si-seki kuwa-teu guwa-fu.

Dessins de fleurs et d'oiseaux du peintre Sô Si-seki. Planches
en noir et en couleurs. (Plantes, animaux et paysages). 3 vols. gr.
in-8°. Yedo 1765.

Tatebe Riyô-tai (environ 1770).

1153. 建 氏 画 苑

Ken-si guwa-yen.

„Jardin de l'art du peintre Ken"; ou collection de tableaux de
Ken-riyô-tai, également connu sous les noms de Kan-yô-sai,
de Mòkiyô et de Tatebe Riyô-tai (Anderson, Catalogue p. 187).
1 vol. de texte en caractères chinois cursifs et 2 vols. de planches
en noir (animaux et paysages). En tout 3 vols. pet. in-4°. Miyako
1771.

1153a. 建 氏 画 苑 海 錯 圖

Ken-si guwa-yen kai-śak' dzu.

Supplément du livre décrit sous le numéro précédent et voué aux
poissons de mer. 1 vol. pet. in-4°. Miyako 1775.

1154. 漢 畫 指 南

Kan-guwa si-nan.

„L'art de dessiner à la manière chinoise". Par Ken-riyô-tai.
Croquis de paysages et de plantes. Texte en caractères chinois classiques et katakana. 2 vols. gr. in-8°. Yedo, Miyako 1802.

1155. 繪 本 拾 葉

Ye-hon ziu'-yeu.

Recueil complet de dessins. Dessins anciens de l'école chinoise, rassemblés par Sessiyô-sai. En noir. 2 séries, chacune en 3 vols. En tout 6 vols. gr. in-8°. Yedo, Ohosaka 1784.

Kun-zan Kiu-kei, artiste non mentionné par Anderson.

1156. 漢 畵 獨 稽 古

Kan-guwa hitori kei-ko.

Méthode pour apprendre le dessin chinois sans maître. Figures noires, illustrant la technique de l'art. Texte en sinico-japonais cursif. 2 vols. gr. in-8°. Wakayama (Ki-siu) 1807.

Tani Bun-teu (1763—1840) appelé plus tard Siya-san-rô, artiste issu de l'école de Kano, mais suivant le style chinois.

Deux albums de vues pittoresques du Japon de ce maître ont été décrits dans la section géographique sous les nos 365 et 366.

Kameda Bô-sai (19ième siècle).

1157. 花 鳥 画 帖

Kuwa-teu guwa-teu'.

Dessins de fleurs et d'oiseaux par Kameda Bô-sai. (Anderson, Catalogue p. 190). En couleurs. 1 vol. gr. in-8°. Yedo 1819.

Un livre illustré par Bô-sai a été décrit dans la section des contes et romans sous le n°. 641.

Tsiyô Gessiyô (19ième siècle).

1158. 不 形 畫 藪

Fu-kei guwa-fu.

„Album de croquis" (litt.: de figures sans forme). Recueil de dessins très originaux, en partie en couleurs, suivant la manière chinoise par Gessiyô. 1 vol. pet. in-folio. s. l. 1817. — Voir Anderson, Catalogue p. 194.

Seppô (19ième siècle).

1159. 山 王 眞 形
San-wau sin-kei.

„Portraits de la reine des montagnes" (Fuziyama). Trente-six vues de la montagne sous différents aspects, dessins en noir. Par Seppô (Anderson, Catalogue p. 225). 1 longue feuille pliée en forme de paravent. pet. in-8°. obl. s. l. 1822.

Kai-sen (19ième siècle).

1160. 分 類 廿 四 孝 圖
Bun-rui ni-ziu'-si kau-dzu.

Tableaux de vingt-quatre exemples de piété filiale. Recueil de dessins à la manière chinoise, portant également le titre de:

海 僊 畵 譜
Kai-sen guwa-fu.

Recueil du peintre Kai-sen (Anderson, Catalogue p. 191) appelé également Ota Hiyaku-koku, Ei et Kiyò-kai. Planches en noir, style de la dynastie de Yuén. Explications en caractères chinois peu cursifs. 2 vols. gr. in-8°. Yedo, Ohosaka, Miyako 1843.

Un-go-rô, artiste non mentionné par Anderson.

1161. 風 雅 墨 中 之 花
Fuu-ga boku-tsiu no hana.

„La fleur du dessin élegant". M. S. Album de dessins à l'encre de Chine, du peintre Un-go-rô. 1 vol. pet. in-folio. plié en forme de paravent, couverture en brocart. 1838. Avec piqures.

ÉCOLE DE KANO.

1162. 畵 筌
Guwa-zen.

„La nasse du dessin". Album recueilli par Hayasi Moriatsu, avec table généalogique des artistes de l'école de Kano. Dessins de plantes et d'oiseaux avec détails techniques. En noir. Texte en sinico-japonais cursif. 5 vols. gr. in-8°. Tôkiyò, Ohosaka 1721.

Oho-oka Mitsinobu, peut-être l'artiste mentionné par Anderson, Catalogue p. 283.

1163. 押 畫 手 鑑

Osi-ye no te-kagami.

„Miroir de main de la gravure", ou manuel de la xylographie, par Oho-oka Mitsinobu. En noir. Explications en sinico-japonais cursif. 3 vols. gr. in-8°. Ohosaka 1736.

Kano Tanyu († 1674).

1164. 聚 珍 畫 帖

Siu-tsin guwa-teu.

„Album des chefs-d'œuvre du dessin". Recueil de dessins de l'école de Kano, surtout de Kano Tanyu, ou Tanyuu-sai, également appelé Morinobu (Anderson, Catalogue p. 280). Oiseaux, sages chinois, imagerie bouddhique. En noir et en couleurs. 3 vols. pet. in-folio. Miyako, Yedo, Ohosaka 1802.

Takata Kei-bo (1674—1755).

1165. 高 田 敬 甫 画 譜

Takata Kei-bo guwa-fu.

Album du peintre Takata Kei-bo (Anderson, Catalogue p. 282), dessins en noir de sujets mythologiques, de bonzes, d'anciens sages, etc. avec une curieuse représentation de l'enfer bouddhique. Texte explicatif en caractères chinois cursifs. 3 vols. et 1 vol. supplémentaire; en tout 4 vols. gr. in-8°. s. l. 1804.

Itsi-giyoku-sai Yei-siyun (19ième siècle).

1166. 武 者 鑑

Mu-siya kagami.

„Miroir militaire", légendes illustrées, dessins en couleurs de Yei-siyun (Anderson, Catalogue p. 304). Texte en caractères chinois classiques et hiragana par Yeki-tei. 2 vols. in-8°. s. l. e. d.

Tan-sai Tô-sui (19ième siècle).

1167. 霞　帒

Kasumino bukuro.

„Sac de ténèbres". Dessins en noir de Tô-sui (Anderson, Catalogue p. 307), et d'autres artistes de l'école de Kano, chacun accompagné d'une poésie en sinico-japonais cursif. 1 vol. in-8°. s. l. 1823.

ÉCOLE UKIYO-YE.

Hisigawa Moronobu (1680, † 1711 ou 1717).

1168.

Album de dessins en noir sans titre, signé Hisigawa Moronobu. Peut-être l'ouvrage, mentionné par Anderson, Catalogue p. 334, sous le titre de Kakemono édzukuwai. Les feuilles paraissent avoir été postérieurement collées sur les pages d'un album. 1 vol. pet. in-fol. s. l. 1701.

Un livre illustré par le même artiste a été décrit sous le n°. 807 dans la section ethnographique.

Tatsibana Morikuni (1670—1784).

1169. 画　本　寫　寶　袋

Ye-hon siya-hau bukuro.

„Reticule de perles du dessin d'après nature". Illustrations d'anecdotes biographiques. Par Tatsibana Yu-etsu, appelé également T. Morikuni issu de l'école de Kano. Planches en noir; texte en sinico-japonais cursif. Tomes 1—9, le dernier en 2 vols.; en tout 10 vols. in-8°. s. l. 1720. — Ce livre a été mentionné par Anderson p. 339.

Deux livres illustrés par le même artiste ont été décrits sous les nos 3 et 115 du présent catalogue.

1170. 繪　本　直　指　寶

Ye-hon dziki-si bau.

„Le trésor de la vraie méthode de l'illustration". Modèles de dessins par Tatsibana Morikuni. Planches en noir. Texte en sinico-japonais cursif. Les tomes 1—3, 5, 6 (en deux vols.) 7, 9; en tout 9 vols. in-8°. Ce livre a été mentionné par Anderson, p. 339.

Tatsibana Yasukuni (fils du précédent).

1171.　繪　本　詠　物　選

Ye-hon yei-buts' sen.

„Choix de sujets de chansonnettes". Texte et dessins de Hôken Tatsibana Yasukuni, appelé également Hô-koku. Planches en noir, texte en sinico-japonais cursif. 5 vols. in-8°. s. l. 1779.

Un herbier illustré par le même artiste a été mentionné sous le n°. 964 du présent catalogue. Un exemplaire du tirage de 1755 a été trouvé postérieurement dans la collection.

Tatsibana Kuni-ô Kotensai (disciple de T. Morikuni).

Un panorama illustré par cet artiste se trouve dans la section géographique sous le n°. 400.

Hasegawa Mitsinobu, artiste non-mentionné par Anderson (commencement du 18ième siècle).

1172.　繪　本　武　勇　櫻

Ye-hon mu-you sakura.

„Le cérisier (emblème d'une floraison exubérante) de la bravoure militaire". Dessins de guerriers; planches noires; texte en sinico-japonais cursif. Par Hasegawa Mitsinobu. 2 vols. in-8°. Yedo, Miyako 1756.

Nisigawa Sukenobu (né en 1671).

1173.　繪　本　龜　尾　山

Ye-hon kame no wo yama.

Recueil d'historiettes et de poésies, illustré par N. Sukenobu, également appelé N. Ukiyo et Bun-kuwa-dò; issu de l'école de Kano. Planches en noir. Texte en sinico-japonais cursif. 1 vol. in-8°. Yedo 1747. — Ce livre est mentionné par Anderson, Catalogue p. 340.

Un livre illustré par le même artiste a été mentionné sous le n°. 622 du présent catalogue.

Oho-oka Siyun-boku († entre 1751 et 1764 à l'âge de 84 ans).

1174. 畫 本 手 鑑
Ye-hon te-kagami.

„Miroir de main de l'illustration"; dessins recueillis par Siyun-boku, également appelé Boku-wô et Hô-gen, ou Ho-kiyo Siyun-boku. Voir Anderson, Catalogue p. 341. Sujets divers en noir. Le premier vol. d'une série de 6 vols. gr. in-8°. s. l. 1720.

Cet artiste a également publié les recueils, portés sous les nos 1145 et 1146.

Simokawabe Ziu-sui (entre 1765 et 1791).

Des livres, illustrés par cet artiste paraissent sur le présent catalogue sous les nos 5, 8, 256, 296, 632 et 1027.

Toriyama Seki-yen Toyofusa (entre 1770 et 1780).

1175. 鳥 山 石 燕 画
Toriyama Seki-yen guwa.

„Dessins du peintre Toriyama Seki-yen Toyofusa", issu de l'école de Kano. Planches en noir et en couleurs; sujets divers. 1 vol. pet. in-folio. s. l. 1772. — Ce livre est mentionné par Anderson, Catalogue p. 344.

1176. 今 昔 画 圖 續 百 鬼
Kou-seki ye-dzu tsuku-dzuku hiyaku-tsu-ki.

„Les revenants vus de près suivant les dessins anciens et modernes". Dessins de Toriyama Seki-yen Toyofusa. En noir. Texte en caractéres chinois peu cursifs et hiragana. 3 vols. in-8°. Yedo 1805. La première édition de 1775 est mentionnée par l'éditeur.

1177. 画 圖 百 器 徒 然 袋
Ye-dzu hiyak'-ki tsure-dzure fukuro.

„Réticule de toutes sortes de sujets fantastiques" (scènes de revenants, etc.). En noir. Par Toriyama Seki-yen Toyofusa. Explications en caractéres chinois peu cursifs et hiragana. 3 vols. in-8°. Yedo 1805. La première édition de 1784 est mentionnée par l'éditeur.

Kitawo Sigemasa (1739—1819).

1178. 繪 本 多 武 峯

Ye-hon tabu no mine.

„La montagne Tabu no mine (province de Yamato), album de
dessins"; illustrant le récit des événements, qui se sont passés sur
cette montagne. Par Kitawo Sigemasa, également appelé Kô-
sui-sai, Kuwa-ran et Sa-suke (Catalogue Anderson, p. 344). En
noir. Texte en caractères chinois peu cursifs et hiragana. 3 vols. in-8°.
Yedo, Ohosaka 1793.

1179. 寫 眞 花 鳥 圖 會

Siya-sin kuwa-teu dzu-e.

„Recueil de dessins de fleurs et d'oiseaux, exécutés d'après nature".
Par Kitawo Sigemasa. Planches en couleurs. 3 vols. in-8°. Yedo,
Ohosaka 1805. — Deuxième série en 3 vols. publiée en 1828.

1180. 繪 本 肇 二 色

Ye-hon fude no ni-siki.

„Album de planches en deux teintes"; modèles de dessins d'animaux et de plantes. Par Kitawo Sigemasa. 2 vols. in-8°. s. l. e. d.

Gaku-tei Harunobu (fin du 18ième siècle).

Un recueil de poésies illustrées par Gaku-tei (voir Anderson, p. 342)
a été décrit sous le n°. 735.

Kitagawa Utamaro (commencement du 19ième siècle, disciple
de Toriyama Seki-yen).

1181. 画 本 虫 撰

Ye-hon musi no erabi.

„Choix d'insectes, album de dessins" par Kitagawa Utamaro,
issu de l'école de Kano (voir Anderson, Catalogue p. 345). Reproduction de magnifiques aquarelles, représentant des insectes sur des
fleurs; explication en hiragana. 2 vols. gr. in-8°. Yedo 1823.

1182. 潮 干 朝 登

Ko-kan no teu-tou.

„Promenades matinales au bord du lac". Dessins de coquilles et d'herbes aquatiques, accompagnés de poésies. Planches en couleurs et gauffrées à la manière des surimono's. Par Kitagawa Utamaro. Texte en sinico-japonais cursif. 1 vol. pet. in-4°. Yedo s. d.

Kitagawa Siyun-sei, disciple de K. Utamaro.

Un album de tables votives, illustré par cet artiste (Anderson, Catalogue p. 345) en collaboration avec Avigawa Min-kuwa, a été décrit dans le présent catalogue sous le n°. 594.

Avigawa Min-kuwa, artiste non mentionné par Anderson.

Un album de tableaux miraculeux et un roman, illustrés par cet artiste ont été décrits dans le présent catalogue sous les n°s 595 et 639.

Takebara Siyun-tsiyo-sai (entre 1785 et 1795).

Les livres, décrits plus haut sous les n°s 235, 237, 239 et 295 ont été illustrés par cet artiste (Anderson, Catalogue p. 346).

Isida Giyoku-zan, (entre 1795 et 1806).

Les livres portés sur le présent catalogue sous les n°s 443, 593, 642 et 706 ont été illustrés par cet artiste (Anderson, Catalogue p. 346).

Nisimura (également appelé **Nakamura**) **Tsiu-wa.**

Cet artiste a illustré les ouvrages géographiques et historiques, décrits plus haut sous les n°s 241, 243, 248 et 437.

Kitawo Kei-sai Masayosi († 1824).

1183. 諸 職 画 鑑

Siyo-siyoku ye-kagami.

„Recueil de dessins à l'usage des artisans" (orfèvres, laqueurs, etc.). Par Kitawo Masayosi, surnommé Kei-sai et Ziyô-sin. Figures noires. 1 vol. gr. in-8°. Yedo 1795. — Ce livre a été mentionné par Anderson, Catalogue p. 347.

1184. 鳥 獸 畧 画 式

Teu-siu riyaku'-guwa-siki.

„Croquis modèles d'oiseaux et de quadrupèdes", par Kitawo Masayosi. Croquis rapides, en couleurs, contournés. 1 vol. gr. in-8°. Yedo 1797. — Une édition de 1795 de ce livre est mentionnée par Anderson, Catalogue p. 347.

1185. 人 物 畧 画 式

Nin-buts° riyaku-guwa-siki.

„Croquis de figures humaines", par Kitawo Masayosi. Croquis rapides en couleurs, contournés. 1 vol. gr. in-8°. Yedo 1799.

1186. 草 花 畧 画 式

Sau-kuwa riyaku-guwa-siki.

„Croquis modèles d'herbes et de fleurs", par Kitawo Masayosi. En couleurs. 1 vol. gr. in-8°. Yedo 1813.

1187. 蕙 齋 麁 畵

Kei-sai so-guwa.

„Ébauches du peintre Kei-saï" (Kitawo Masayosi). Dessins d'un trait rapide de plantes, de paysages, d'objets, en couleurs, non contournés. 2 vols. in-8°. s. l. e. d.

1187a. 蕙 齋 麁 畵 初 篇

Kei-sai so-guwa siyo-ben.

Supplément à l'ouvrage précédent. Planches en deux couleurs. 1 vol. in-8°. s. l. e. d.

Deux dessins panoramiques de la collection, décrits sous les nos 363 et 364 sont de la main de cet artiste.

Itsi-riu-sai Utagawa Toyohiro († 1828).

Un roman illustré par Toyohiro est porté sur le présent catalogue sous le n°. 640.

Itsi-yô-sai Utagawa Toyokuni (1772—1828).

Les livres de la présente collection, illustrés par cet artiste se trouvent décrits sous les n⁰ˢ 589, 636, 645, 658, 663, 665, 714, 716, 784, 789 et 816.

Hoku-sai (1760—1849).

1188.　東　都　勝　景　一　覽

Tou-to siyou-kei itsi-ran.

„Abrégé des vues célèbres de la ville de Yedo". Second titre: Ye-hon adzuma-asobi. „Promenades orientales illustrées". Paysages et scènes de grande rue en couleurs. Par Hoku-sai. Texte en sinico-japonais cursif. 2 vols. gr. in-8°. Éditions de 1800, de 1802 (en 3 vols.) et de 1815. — Ce livre est mentionné par Anderson, Catalogue p. 357.

1189.　繪　本　隅　田　川　兩　岸　一　覽

Ye-hon Sumida-gawa riyou-gan itsi-ran.

„Coup d'oeil sur les deux rives de la Sumida" (la rivière de Tôkiyô). Scènes de rue et paysages, en couleurs. Signé Ko-ziu Rô-sei-an, nom de pinceau de Hoku-sai. Explications en sinico-japonais cursif. 3 vols. pet. in-4°. — Ce livre est mentionné par Anderson, Catalogue p. 357, comme ayant paru l'an 1804.

1190.　比　齋　漫　画

Hok'-sai man-guwa.

„Dessins variés de Hoku-sai"; lavés en couleurs et contournés; toutes sortes de sujets. Les dix premiers vols. ont parus de 1812 à 1819, le 11ième vol. est sans date, le 12ième (en noir) est de 1834, le 13ième de 1849, le 14ième sans date, le 15ième est de 1878 (reproduction d'anciens dessins du maître). En tout 15 vols. in-8°. Yedo. Les vols. 1 (en deux pên) 7 et 9 (en 3 pên), sont en double et non datés. — Ce livre très répandu est décrit par M. Anderson dans son Catalogue p. 350.

1190a.　比　齋　漫　畫　草　筆　ノ　部

Hoku-sai man-guwa sau-hits' no bu.

„Les croquis à main levée parmi les dessins variés du peintre Hoku-sai". En couleurs. 1 vol. in-8°. Yedo 1843.

1191. 三 體 画 譜

San-tai guwa-fu.

„Dessins en trois styles", c. à. d.: dessins détaillés, à demi finis et
à l'état de croquis, désignés par l'artiste, à l'instar des trois genres
principaux d'écriture chinoise, par les caractères 眞行 et 草. Par
Zen Hoku-sai Tame-itsi-ou. Sujets divers, dessins lavés en
couleurs. 1 vol. in-8°. Yedo 1815. — Ce livre est mentionné par
Anderson, Catalogue p. 358.

1192. 比 齋 画 式

Hok'-sai guwa-siki.

„Dessins modèles du peintre Hoku-sai". Sujets divers, dessins
lavés en couleurs. 1 vol. gr. in-8°. Yedo, Miyako, Ohosaka 1819. —
Ce livre est mentionné par Anderson, Catalogue p. 358.

1193. 比 齋 寫 眞 画 譜

Hok'-sai siya-sin guwa-fu.

„Album de dessins d'après nature du peintre Hoku-sai". Figures,
occupant toute la page, sujets divers en couleurs. 1 vol. gr. in-8°.
Yedo 1819. — Ce livre est mentionné par Anderson, Catalogue
p. 362.

1194. 繪 本 兩 筆

Ye-hon riyau-hitsu.

„Une paire de pinceaux, album de dessins". Dessins de Hoku-
sai et de Riu-ko-sai d'Ohosaka. Paysages et figures en couleurs.
1 vol. gr. in-8°. Owari. Environ 1820 (Anderson, Catalogue, p. 360).

1195. 一 筆 画 譜

Ippits' guwa-fu.

„Dessins d'un seul trait". Petites figures, légèrement lavées en couleurs, et contournées sans interruption, c. à. d. sans lever le pinceau;
sujets divers. 1 vol. in-8°. Yedo, Owari 1823.

1196. 英 雄 圖 會

Yei-yuu dzu-e.

„L'album des héros". Dessins lavés en couleurs; explications en sinico-japonais cursif. Signé Gen-riu-sai Tai-to (c. à. d.: Hoku-sai). 1 vol. in-8°. Yedo, Miyako, Ohosaka 1835. — Ce livre est mentionné par Anderson, Catalogue p. 358.

1197. 富 嶽 百 景

Fu-gaku hiyak'-kei.

„Cent vues du mont Fuzi". Dessins lavés en couleurs. Par Hoku-sai. 3 vols. in-8°. en une reliure. Owari 1834, 1835. — Ce livre a été mentionné par Anderson, Catalogue p. 358. Une reproduction des gravures, accompagnée d'une excellente explication a été publiée par M. F. V. Dickins, Londres 1880.

1198. 萬 職 圖 考

Ban-siyoku dzu-kau.

„Modèles de dessins pour les artisans". Vignettes en noir et lavées en couleurs, surtout à l'usage des ouvriers en métal. Signé Katsu-sika Tai-to, un des noms de pinceau de Hoku-sai. 2 vols. in-8°. Ohosaka 1835. — Suivant M. Anderson la série complète du présent ouvrage consiste en 5 vols.

1199. 繪 本 魁

Ye-hon saki-gake.

„L'album des gens terribles". Dessins de guerriers, de monstres, etc. en noir. Par Hoku-sai. 1 vol. in-8°. s. l. 1838. La première édition de 1835 est mentionnée par l'éditeur. — Cet ouvrage est cité par Anderson dans son Catalogue p. 358.

1200. 繪 本 武 藏 鐙

Ye-hon Musasi abumi.

„Illustrations d'exemples à suivre". Musasi abumi, littéralement: étriers de Musasi (la province dont Tôkiyô est la capitale), est le nom d'une espèce de pied-de-veau, Arum ringens; les caractères chinois qui le représentent signifient: „suivre un exemple". Dessins en noir par Hoku-sai. 1 vol. in-8°. s. l. 1836. — Ce livre est mentionné par Anderson p. 358.

1201. 秀 画 一 覽

Siu-guwa itsi-ran.

„Coup d'oeil sur les chefs d'oeuvre". Dessins de sujets divers en couleurs. Par Hoku-sai. 1 vol. gr. in-8°. s. l. e. d. Environ 1836 (Anderson, Catalogue p. 359).

1202. 繪 本 和 漢 譽

Ye-hon Wa-Kan homare.

„Album de dessins (en noir) suivant les styles japonais et chinois". Scènes de combats prodigieux. Par Hoku-sai à l'âge de 76 ans. 1 vol. in-8°. Yedo 1850. La première édition de 1836 est mentionnée par l'éditeur. — Ce livre est cité par Anderson dans son Catalogue p. 359.

1203. 東 海 道 五 十 三 驛

Tou-kai-dou go-ziu'-san yeki.

„Cinquante-trois stations du Tôkaidô", la grande route de Miyako à Yedo. Par Hoku-sai. Quelques planches sont signées Yanagawa (voir le n°. 1218). Série d'estampes en couleurs, collées sur une longue feuille, pliée en forme d'album. 1 vol. gr. in-8°. obl. s. l. e. d. — Ce livre est mentionné par Anderson, Catalogue p. 361.

1204. 比 齋 画 譜

Hoku-sai guwa-fu.

„Recueil de dessins de Hoku-sai". Sujets divers en couleurs. 3 vols. in-8°. s. l. 1849. — Ce livre est mentionné par Anderson, Catalogue p. 361.

Les livres décrits sous les n°s 119, 373, 374, 426, 427, 588, 785 et 788 du présent catalogue contiennent également des dessins de Hoku-sai.

Katsugawa Siyun-sen (entre 1800 et 1818).

Les livres décrits sous les n°s 709 et 724 du présent catalogue contiennent des dessins de cet artiste (mentionné par Anderson, Catalogue p. 364).

Mori Siyun-kei (19ième siècle).

Les plantes du traité d'horticulture, décrit plus haut sous le n°. 1064 sont de la main de cet artiste (mentionné par Anderson, Catalogue p. 364).

Niwa Tô-kei (19ième siècle).

Auteur des illustrations du livre décrit sous le n°. 236 du présent catalogue (mentionné par Anderson, Catalogue p. 364).

Hasegawa Settan (19ième siècle).

Auteur des illustrations du Mei-siyo, décrit plus haut sous le n°. 300 (mentionné par Anderson, Catalogue p. 364).

Utagawa Tadasige, artiste non mentionné par Anderson.

Auteur des illustrations du roman, porté sur le présent catalogue sous le n°. 688.

Kô-so, artiste non mentionné par Anderson.

1205. 后 素 画 譜

Kou-so guwa-fu.

„Recueil de dessins du peintre Kô-so". Dessins d'animaux, de scènes populaires, de guerriers, etc. En noir. 1 vol. in-8°. s. l. 1832.

Kei-sai Ikeda Yei-sen (19ième siècle).

Les n°s 393, 661, 664, 667, 724 et 911 sont illustrés par cet artiste.

Utagawa Kunisada (1787—1865).

1206. 東 錦 繪

Adzuma nisiki ye.

„Estampes du brocart oriental" (c. à. d.: de la mode de Yedo). Série de dessins en couleurs représentant des individus des deux sexes, par Utagawa Kunisada, appelé également Go-tô-tei, Toyokuni second (Anderson, Catalogue p. 366), ou bien Itsi-yô-sai Go-Toyokuni, collés sur les deux cotés d'une longue feuille, pliée en album. pet. in-8°. obl. s. l. e. d.

Le même artiste a illustré les ouvrages décrits sous les n⁰ˢ 650, 652, 653, 659, 660, 666, 669, 670, 674 et 687 dans le présent catalogue.

Utagawa Kunimaru, disciple d'U. Toyokuni (Anderson p. 348).

Le roman décrit sous le n°. 647 a été illustré par cet artiste.

Utagawa Kuniyasu, disciple d'U. Toyokuni (Anderson p. 348).

Les livres portés sur le présent catalogue sous les n⁰ˢ 648, 656 et 790 ont été illustrés par cet artiste.

Utagawa Yosimaru, non mentionné par Anderson.

Cet artiste a illustré le livre décrit plus haut sous le n°. 668.

Itsi-yuu-sai Utagawa Kuniyosi, fils ou disciple d'U. Toyokuni, 1800—1861 (Anderson p. 367).

Auteur des dessins illustrant les ouvrages portés sur le présent catalogue sous les n⁰ˢ 442 et 716.

Utagawa Yositosi (voir Anderson, Catalogue p. 368).

Cet artiste a illustré le roman, décrit sous le n°. 643 du présent catalogue.

Utagawa Kunimasa (voir Anderson, Catalogue p. 368).

Le n°. 791 de la présente collection a été illustré par cet artiste.

Itsi-mô-sai Utagawa Yositora, artiste contemporain, disciple des Utagawa's (Anderson p. 368).

Cet artiste a illustré le n°. 684 de la présente collection.

Utagawa Kunihisa et U. Kunitsika, peut-être deux noms du même artiste? Non mentionné par Anderson.

Voir les illustrations du livre historique, décrit plus haut sous le n°. 438.

Artistes réunis du cercle des Utagawa's.

1207. 當 世 美 人 畫 帖

Tou-sei bi-zin guwa-teu.

„Portraits de femmes élégantes modernes". Série d'estampes en couleurs de Kikugawa, Kunisada, Kuniyasu, Toyokuni, Yei-sen, Ippó-sai, etc. collées sur les deux cotés d'une longue feuille, pliée en album gr. in-folio. s. l. e. d.

1208. 今 樣 美 人 鏡

Ima-yau bi-zin no kagami.

„Miroir de femmes élégantes habillées à la mode actuelle". Série d'estampes en couleurs de Kunisada, Kikugawa Yei-zan, Kei-sai Yei-sen, Tsukimaro, Toyokuni, Siyun-ô, Yanagawa, Kunimaru et Hirosige. Collées sur les deux cotés d'une longue feuille, pliée en album gr. in-folio. s. l. e. d.

1209. 東 錦 繪 美 人 容 貌

Adzuma nisiki-ye bi-zin sugata.

„Dessins d'individus habillés à la mode de Yedo". Série d'estampes en couleurs, représentant une fète nocturne à Yedo et une série de portraits d'individus des deux sexes. Par Toyokuni, Kikugawa, Kei-sai Yei-sen et Kuniyasu; collées sur les deux cotés d'une longue feuille, pliée en album gr. in-folio obl. s. l. e. d.

1210. 吉 原 美 人 見 立 五 九 三 驛

Yosivara bi-zin mi-date go-ziu'-san taugi.

„Série de cinquante-trois scènes du quartier de Yosiwara". Portraits de femmes galantes et de lutteurs, par Yei-sai, Kunisada, Kiku-gawa, Hirosige, Kunimaro et Siyun-tei, collés sur les deux cotés d'une longue feuille, pliée en album gr. in-folio. s. l. e. d.

1211. 吉 原 傾 城 江 戸 美 人 畫

Yosivara kei-sei Yedo bi-zin ye.

„Dessins de femmes galantes (litt. de citadelles déversentes ou fragiles) du quartier de Yosiwara, et de femmes élégantes de Yedo"; avec

des dessins de lutteurs et de bouquets. En couleurs. Par Siyun-ô,
Kikugawa, Kunimaru, Utamaro, Yei-sai. Les estampes sont
collées sur les deux cotés d'une longue feuille, pliée en album. gr.
in-fol. s. l. e. d.

1212. 美 人 繪 五 十 三 驛

Bi-zin ye go-ziu'-san tsugi.

„Série de cinquante-trois dessins d'individus élégants". Deux séries
d'estampes en couleurs. Quelques unes sont signées Kunisada, et une
seule Siyun-ô. Les estampes de la deuxième série ne sont pas
signées, elles sont également exécutées en couleurs, et gauffrées comme
des surimono's. Les estampes sont toutes collées sur les deux cotés
d'une longue feuille, pliée en album; la première série pet. in-8°. la
deuxième série in-8°. s. l. e. d.

1213. 江 戸 風 景

Yedo fuu-kei.

Vues de la ville de Yedo par Utamaro, Toyokuni et Yei-sen,
un dessin de bouquet par Kitagawa, des scènes populaires par
Hirosige, tous en couleurs, et quelques croquis en noir non signés.
Collés sur une longue feuille pliée en album gr. in-8°. obl. s. l. e. d.

1214. 東 錦 繪 集

Adzuma nisiki-ye atsume.

„Brocart de Yedo". Scènes populaires, vues de temples, etc. Série
d'estampes en couleurs par Siyun-ô, Kunitora, Utamaro, Yei-
sen, Toyohisa, Kuninaga et Kunimaru, collées sur les deux
cotés d'une feuille, pliée en album gr. in-8ª. obl. s. l. e. d.

1215. 江 戸 風 美 人 姿

Yedo-fuu bi-zin sugata.

„Dessins de belles femmes vêtues à la mode de Yedo". Planches
en couleurs non signées, collées dans un album in-8°. s. l. e. d.

Une anthologie japonaise, illustrée par le même cercle d'artistes a
été décrite sous le n°. 713 du présent catalogue.

Arisaka Tei-sai (disciple de Hoku-sai, Anderson, p. 367).

Des illustrations de cet artiste se trouvent dans le livre décrit sous
le n°. 434 de la présente collection.

Uwo-ya Hokkei († 18$\frac{44}{39}$), disciple de Hoku-sai, voir Anderson p. 367.

1216. 比 溪 及 岳 亭 之 畫

Hokkei oyobi Gaku-tei no guwa.

„Dessins des peintres Hokkei et Gaku-tei". Série de surimono's,
parmi lesquels il s'en trouve un signé par Kunisada, 1 vol. pet.
in-4°. s. l. e. d.

Pour un recueil de poésies burlesques illustré par cet artiste, voir
le n°. 750.

Hok'-un, disciple de Hoku-sai (Anderson p. 367).

1217. 比 雲 漫 畫 編

Hoku-un man-guwa.

Album de dessins variés de Hok'-un, lavés en couleurs. 1 vol.
in-8°. Yedo, Owari 1819.

Hasimoto Giyoku-ran-sai Sadahide, contemporain et
collaborateur de Kei-sai Yei-sen (Anderson, Catalogue
p. 368).

Deux publications géographiques mentionnées dans le présent Catalogue sous les n°s 208 et 301 sont illustrées par cet artiste; peut-être
le même que Utaga Sadahide, l'auteur des dessins du roman,
n°. 671 de la collection, et probablement identique avec l'artiste se
signant Sadahide et Go-un-tei Sadahide dans les panorama's
décrits sous les n°s 391 et 397.

Yanagawa Sigenobu († 1842, agé d'environ 55 ans).

1218. 繪 本 フ チ バ カ マ

Ye-hon fudzi-bakama.

„La valériane (appelée également „charme de femme") en dessins".
Belles planches en couleurs, gauffrées à la manière des surimono's,

accompagnant des contes en caractères chinois peu cursifs et hiragana. Par Yanagawa Sigeyama; M. Anderson, qui cite une édition de 1836 du même livre p. 368 de son Catalogue, y voit un nom de pinceau de Y. Sigenobu. 2 vols. in-8°. s. l. 1823.

Deux publications dont les planches sont signées Yanagawa Sigenobu ont été décrites sous les n⁰ˢ 432 et 649 du présent catalogue.

Boku-sen (ami de Hoku-sai, Anderson, Catalogue p. 369).

1219. 寫 真 學 筆 墨 倦 叢 畵

Siya-sin gaku-hitsu Bok'-sen sou-guwa.

„Cours de peinture d'après nature. Dessins d'une foule de choses disparates par Boku-sen". Dessins dans le genre de ceux de la Man-guwa de Hoku-sai. 1 vol. in-8°. Yedo 1815.

Itsi-riu-sai Utagawa Hirosige (1797—1858, Anderson p. 369).

1220. 諸 職 畵 通

Siyo-siyoku guwa-tsuu.

„Dessins modèles pour les artisans". En couleurs. Texte en sinico-japonais cursif. 2 vols. pet. in-8°. s. l. 1863.

Matsugawa Han-zan (19ᶦᵉᵐᵉ siècle, Anderson p. 369).

Des livres illustrés par cet artiste sont décrits dans le présent catalogue sous les n⁰ˢ 125, 128, 372, 429 et 894.

Kei-bun-sen, artiste non mentionné par Anderson.

1221. 文 川 畫 譜

Bun-sen guwa fu.

„Recueil de dessins de Kei-bun-sen". Dessins de fleurs et d'oiseaux, de personages légendaires et autres. En couleurs. 1 vol. in-8°. s. l. 1855.

Siyô-fu Kiyô-sai (né en 1831, artiste contemporain, Anderson, Catalogue p. 370 et Guimet, Promenades Japonaises).

1222. 狂 齋 畫 譜

Kiyo-sai guwa-fu.

„Recueil de dessins du peintre **Kiyô-sai**". Scènes burlesques et fantastiques, en couleurs. 1 vol. in-8°. s. l. 1860. — Ce livre a été mentionné par Anderson, Catalogue p. 371.

1223. 曉 齋 樂 畫

Keu-sai raku-guwa.

„Dessins élégants de **Kiyô-sai**". Animaux et fleurs en couleurs. 2 vols. in-8°. Tôkiyô 1881. — Ce livre a été mentionné par Anderson, Catalogue p. 371.

Deux ouvrages illustrés par le même artiste sont portés sur le présent catalogue sous les nos 804 et 818.

Sen-zai Ei-taku, artiste contemporain (Anderson, Catalogue p. 371).

La présente collection contient des livres illustrés par cet artiste, sous les nos 447, 449, 450 et 467.

Différents artistes inconnus, suivant le style de l'école Ukiyo-ye.

1224. 繪 本 武 者 鞋

Ye-hon mu-siya waradzi.

„Les sandales du soldat, album de dessins". Scènes de combats, en couleurs. Par 彩色. 2 vols. gr. in-8°. s. l. 1847.

1225. 倭 人 物 畫 譜

Yamato nin-butsu guwa-fu.

Dessins de genre. Croquis à l'encre de Chine d'une conception bizarre. Sans texte ni titre. Le titre en tête de ce numéro a été copié d'une note M. S. de feu M. le Dr. Hoffmann, se trouvant dans l'exemplaire. Le 2ième vol. d'une série de 3 vols. gr. in-8°. s. l. e. d.

1226. 繪 本 江 都 櫻

Ye-hon Yedo sakura.

„Les cérisiers de Yedo, album de dessins". Dessins de différents quartiers de la capitale. Planches en couleurs non signées. Par Hokusai? Texte en sinico-japonais cursif. 2 vols. gr. in-8°. s. l. 1803.

1227. 子 宝 山

Ko-takara yama.

Dessins fantastiques de la petite vérole. La dernière planche représente la fête du patron de cette maladie. Entièrement imprimé en rouge. Dessins d'un artiste de l'école Ukiyo-ye, se signänt 貞 (Sada). 1 vol. in-8°. s. l. e. d.

ÉCOLE DE KÔ-RIN.

O-gata Kô-rin, prototype de l'école (1660—1716).

1228. 光 琳 百 圖

Kuwau-rin hiyak'-dzu.

„Cent tableaux de Kô-rin". Planches en noir, sujets divers. Avec préface de Bô-sai. 2 vols. gr. in-8°. s. l. 1815. — Ce livre est mentionné par Anderson p. 405. Suivant cet auteur c'est la première série, la deuxième ayant été publiée en 1826.

1228a. 光 琳 新 撰 百 圖

Kuwau-rin sin-sen hiyak'-dzu.

„Nouvelle édition des cent dessins de Kô-rin". Suivant M. Anderson, p. 405 de son Catalogue, c'est la troisième série. Planches noires. 2 vols. gr. in-8°. s. l. 1864.

1229.

Dessins de plantes et de chevaux en noir. Sans titre. Signés par Kôrin. 1 vol. in-8°. Owari 1817.

Hô-itsu (fondateur de l'école, 1751—1828, Anderson p. 405).

1230. 鶯 邨 畫 譜

Au-son guwa-fu.

Recueil de tableaux par Hô-itsu. Planches en couleurs; sujets divers. Peut-être l'ouvrage cité par Anderson p. 406 sous le titre de Ô-hô guwa-fu. 1 vol. pet. in-4°. Yedo 1817.

Yeu-getsu So-sin, artiste non mentionné par Anderson, (école de Kô-rin?).

1231. 素 真 畫 譜

So-sin guwa-fu.

Recueil de dessins du peintre Yeu-getsu So-sin. En couleurs. 1 vol. in-8°. Yedo 1858.

ÉCOLE SI-ZIYÔ.

Ô-zui (fils du fondateur de l'école † 1829, Anderson p. 415).

1232. 應 翠 畫 譜

Ou-zui guwa-fu.

„Album de dessins d'Ô-zui". Sujets divers, figures noires. Signé par l'artiste à l'âge de 72 ans. 3 vols. in-8°. Yedo 1880.

Yama-gutsi So-ziyun, disciple du fondateur de l'école, Anderson p. 416.

1233. 素 絢 画 譜

So-ziyun guwa-fu.

„Album du peintre So-ziyun". Dessins d'herbes et de fleurs, en noir. 3 vols. gr. in-8°. Miyako 1806. Ce livre est mentionné par Anderson, Catalogue p. 416.

Watanabe Nan-gaku (1767—1813).

Un album de cet artiste, dessiné en collaboration avec Bun-bô, de l'école Gan-ku se trouve mentionné sous le n°. 1234.

Suzuki Nan-rei (19ième siècle, Anderson, Catalogue p. 417).

Un livre illustré par cet artiste se trouve dans la collection sous le n°. 342.

Nakamura Tetsu-guwai (19ième siècle, Anderson, Catalogue p. 419).

Une série d'aspects de la Fuzi-yama de la main de cet artiste, célèbre pour ce genre de peinture, se trouve parmi les livres du présent catalogue, décrit sous le n°. 375.

Différents artistes de l'école.

1234.　京　城　画　苑

Kei-ziyau guwa-yen.

„Recueil de dessins des maitres de Miyako". Choix de dessins des peintres de l'école Si-ziyo, tels que Kei-bun, So-ziyun, etc., et la reproduction d'une estampe européenne, représentant un vannier. Planches en noir et en couleurs. 1 vol. pet. in-4°. Miyako 1814.

ÉCOLE DE GAN-KU.

Kamawura Bun-bô, disciple du fondateur de l'école (Anderson, Catalogue p. 449).

1235.　南　岳　文　鳳　街　道　雙　画

Nan-gaku Bun-bou kai-dou sau-guwa.

„Une couple de dessins de scènes de grand chemin". Par Nan-gaku I-kô de l'école Si-ziyô, et Bun-bô Ba-sei de l'école Gan-ku. Paysages et scènes populaires, très originales en deux couleurs. 1 vol. pet. in-8°. s. l. 1811.

1236. 文 鳳 山 水 画 譜

Bun-bou san-sui guwa-fu.

„Album de paysages du peintre Bun-bô. En couleurs. Signé Bun-bô Iu-mô. 1 vol. gr. in-8°. Miyako 1824.

1237. 帝 都 雅 景 一 覽

Tei-to ga-kei itsi-ran.

„Coup d'oeil sur les beaux sites de la capitale impériale (Miyako)". Paysages en couleurs; signé Bun-bô Ba-sei. 4 vols. gr. in-8°. Miyako, Yedo, Ohosaka 1807—1814.

1238. 漢 畵 指 南 二 編

Kan-guwa si-nan ni-ben.

„L'art de dessiner à la manière chinoise, deuxième volume". Suite à l'ouvrage décrit sous le numéro 1154, mais publié par Bun-bô Iu-mô. Dessins de paysages, d'arbres, de scènes populaires en deux couleurs. 3 vols. gr. in-8°. Miyako 1810.

1239. 文 鳳 漢 畫

Bun-bou kan-guwa.

„Dessins chinois de Bun-bô Siyun-sei". Petits croquis légèrement teintés de rouge. Explications en caractères chinois classiques. 1 vol. in-8°. s. l. 1803.

1240. 文 鳳 麁 畫

Bun-bou so-guwa.

„Rudes ébauches de Bun-bô". Petits croquis en couleurs, sans texte. 1 vol. in-8°. s. l. 1800.

Aoki Ren-zan, disciple du fondateur de l'école (Anderson p. 449).

1241. 繪 本 婚 禮 道 シ ル ベ

Ye-hon kon-rei mitsi sirube.

„Guide pour le rite du mariage; album de dessins". Par Horida Ren-zan Gan-toku. Intérieurs de maisons et scènes de rue en couleurs. Texte en caractères chinois peu cursifs et hiragana. 2 vols. in-8°. Miyako 1813.

Albums de dessins de différents maîtres.

1242. 画 本 必 用

Ye-hon hitsu-you.

„L'essentiel des albums de dessins". Recueil composé par Nakadzi Un-kô. Planches en noir. Explications en caractères chinois classiques et hiragana. 3 vols. gr. in-8°. Miyako 1751.

1243. 群 蝶 画 英

Gun-teu guwa-yei.

„L'abondance du dessin; nuée de papillons". Recueil de croquis divers. En noir. Par Rei-boku Rin-siyo. 2 tomes en 1 vol. gr. in-8°. Miyako, Yedo, Ohosaka 1769.

1244. 画 本 返 花

Ye-hon hen-kuwa.

„Fleurs remontantes, album de dessins". Recueil de reproductions d'anciens dessins. En noir. 3 vols. gr. in-8°. Miyako 1775.

1245. 花 鳥 画 譜

Kwa-teu kwa-bu.

Dessins modèles de fleurs et d'oiseaux de différents maîtres. Planches en noir. 1 vol. gr. in-8°. s. l. e. d.

1246. 画 本 無 名

Ye-hon mu-mei.

„Album de peintres anonymes". Paysages avec figures. En couleurs. 1 vol. in-8°. s. l. e. d.

1247. 繪 本 心 農 種

Ye-hon sin-nou no tane.

„La graine de l'esprit, album de dessins". Dessins d'animaux et de fleurs. En noir. Une note M. S. attribue cet ouvrage à Yosida Sin-bei. 2 vols. gr. in-8°. s. l. e. d.

1248. 新 鐫 銅 版 細 画 帖

Sin-sen dou-han zai-guwa teu'.

„Album de petits dessins, gravés sur cuivre", 14 planches représentant des endroits célèbres du Japon. Paraît être le deuxième vol. in-12°. obl. s. l. e. d.

1249. 櫻 花 画 帖

Sakura-bana guwa-teu'.

„Album de dessins de fleurs du cérisier". En couleurs. 1 vol. gr. in-8°. s. l. e. d.

1250. 將 軍 二 十 五 容 貌

Siyau-gun ni-ziu'-go mi-ei.

Vingt cinq portraits du Siyo-gun's", et de quelques autres personages illustres. En couleurs. Un portefeuille in-8°. s. l. e. d.

1251. 名 家 畵 譜

Mei-ka guwa-fu.

„Album d'artistes célèbres". Publié par Tô-kei, le dessinateur du frontispice du livre, décrit sous le n°. 392. Planches en noir et en couleurs. Explications dans les deux systèmes d'écriture. 2 vols. pet. in-folio. Owari 1812.

1252. 朝 日 山 合 戰 時 山 氏 討 死 之 圖

Asahiyama no ai-tatakavi ni Tokiyama uzi tau-si no dzu.

„La mort de Tokiyama au champ de bataille d'Asahiyama". Série de trois estampes en couleurs. s. l. e. d.

1253. 韻 ノ 賑

Ketsu no sin.

Titre général d'une série d'estampes, intitulées séparément:

富 世 武 勇 傳

Tou-se mu-you dan.

„Histoire des héros du siècle actuel". Cinquante estampes en couleurs, illustrant les événements de la révolution au Japon; accompagnées de notices biographiques en caractères chinois classiques et hiragana. s. l. e. d.

Manuels de dessin.

1254. 繪 本 手 引 草

Ye-hon te-biki no gusa.

„Recueil de modèles servant de guide pour les illustrations". Dessins d'animaux et de plantes en noir. 1 vol. in-8°. Miyako 1735.

1255. 竹 譜 詳 錄

Tsiku-hu siyau-roku.

„Mémoire détaillé sur l'art de dessiner le bambou". Par Soku-sai. Planches noires. Texte en caractères chinois classiques et katakana. 2 vols. gr. in-8°. Miyako 1756.

1256. 古 畫 要 覽

Ko-guwa yeu-ran.

„Coup d'oeil sur l'essentiel des anciens dessins". Par Mu-siya Siyu-ei. En noir. 1 vol. gr. in-8°. Yedo 1786.

1257. 繪 本 物 心 柱 立

Ye-hon buts'-sin hasira-date.

„Le commencement de la peinture". Planches en noir; texte en caractères chinois cursifs et hiragana. 3 vols. gr. in-8°. Ohosaka 1794. La première édition de 1715 est mentionnée par l'éditeur.

1257a. 寫 生 畵 帖 初 心 柱 立

Siya-sei guwa-hon siyo-sin hasira-date.

„Les éléments (du dessin) pour le novice, modèles de dessin d'après nature". Réédition des deux premiers vols. du numéro précédent. En noir; explications en caractères chinois cursifs et hiragana. 2 vols. in-8°. Miyako 1818.

1258. 菊 譜

Kiku-fu.

Modèles à dessiner le chrysanthème. Par le Chinois Gai Si-yen (prononciation japonaise). Planches en couleurs, détails techniques en noir. Texte en caractères chinois classiques. Édition japonaise d'un ouvrage chinois. 1 vol. gr. in-8°. Relié en brocart. s. l. 1800.

1259. 新 刻 金 氏 畵 譜

Sin-koku Kin-si guwa-fu.

„Répertoire du dessin suivant la méthode du peintre Kin; nouvellement gravé". Publié par Kiu-hô Kei-den de Nagoya. Croquis de plantes, planches en noir; explications en caractères chinois cursifs. 1 vol. pet. in-folio. Miyako, Yedo, Ohosaka 1813.

1260. 花 鳥 畵 式

Kuwa-teu guwa-siki.

„Dessins de fleurs et d'oiseaux". Par Asahina Yuu-kao. Détails techniques de l'art du dessin. En noir. Explications en caractères chinois classiques. 1 vol. gr. in-8°. Yedo 1814.

1261. 風 流 繪 合 手 引 ノ 園

Fuu-riu ye-avase te-biki no sono.

„Jardin de l'enseignement, ou dessins élégants". Par Kinuya Uhei. En noir; texte en caractères chinois peu cursifs et hiragana, occupant le haut des pages. 3 vols. in-8°. Ohosaka 1826.

1262. 墨 竹 發 業

Boku-tsiku tatsu-mou.

„Leçons sur l'art de peindre le bambou". Par Yosi-take. En noir. 4 tomes en 1 vol. gr. in-8°. s. l. Deuxième édition 1857; la première édition de 1831 est mentionnée par l'éditeur.

1263. 畫 學 教 授 法

Guwa-gaku kiyo-ziyu hau.

Manuel de dessin suivant la méthode européenne (théorie de la perspective, etc.). Dessins mathématiques de monuments, etc. en noir. Texte en caractères chinois classiques et katakana. Par Honda Kinkitsi. Publié par le Ministère de l'Instruction Publique. 1 vol. pet. in-8°. Tôkiyô 1879.

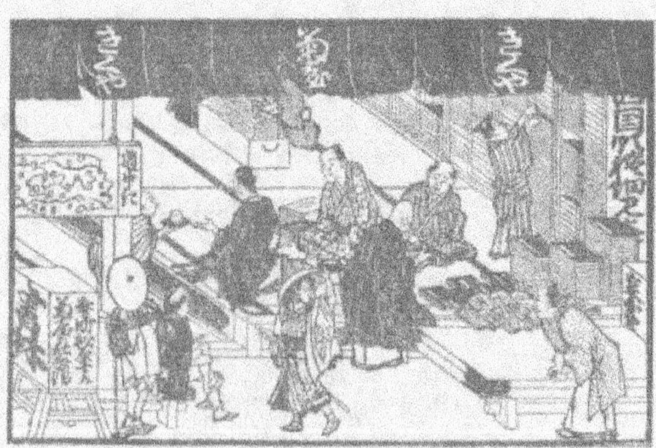

ERRATUM.

Page 201 lignes 27 et 32 :

au lieu de . . . . *caractères classiques*,
lire . . . . . . *caractères chinois classiques*.

DE WAJANG POERWÅ

EENE ETHNOLOGISCHE STUDIE

door

D^r. L. SERRURIER.

Un fort volume in-4o. illustré, avec un portefeuille, contenant 27 planches in-folio, la plupart chromolithographiées. Publié aux frais et sur les ordres du Gouvernement des Pays-Bas.